# 一个人的悠闲时光

[日] 小津万里子 著绘
小岩井 译

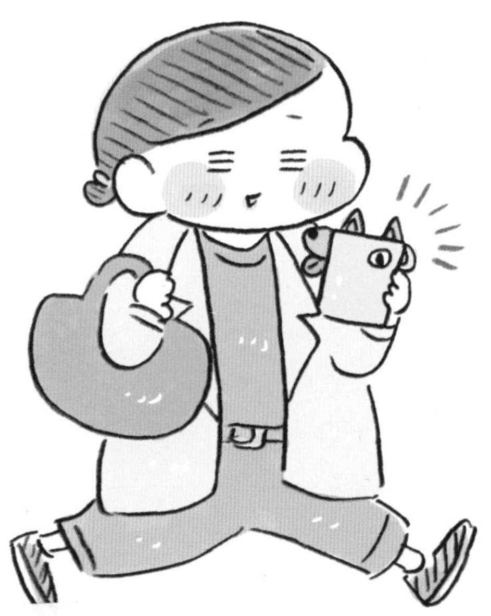



与建设出版社
·北京·

**图书在版编目（CIP）数据**

一个人的悠闲时光 /（日）小津万里子著绘；小岩井译. -- 北京：民主与建设出版社, 2023.4
ISBN 978-7-5139-4172-3

Ⅰ. ①一… Ⅱ. ①小… ②小… Ⅲ. ①漫画 - 连环画 - 日本 - 现代 Ⅳ. ①J238.2

中国国家版本馆CIP数据核字(2023)第071597号



著作权合同登记号：01-2023-2695

# 一个人的悠闲时光

YIGE REN DE YOUXIAN SHIGUANG

**著　　绘**　[日] 小津万里子
**译　　者**　小岩井
**责任编辑**　郭丽芳　周　艺
**封面设计**　笛　舒
**出版发行**　民主与建设出版社有限责任公司
**电　　话**　（010）59417747　59419778
**社　　址**　北京市海淀区西三环中路 10 号望海楼 E 座 7 层
**邮　　编**　100142
**印　　刷**　运河（唐山）印务有限公司
**版　　次**　2023 年 4 月第 1 版
**印　　次**　2023 年 6 月第 1 次印刷
**开　　本**　880mm × 1230mm　1/32
**印　　张**　4.75
**字　　数**　100 千字
**书　　号**　ISBN 978-7-5139-4172-3
**定　　价**　58.00 元

**注：如有印、装质量问题，请与出版社联系。**

一个人的悠闲时光

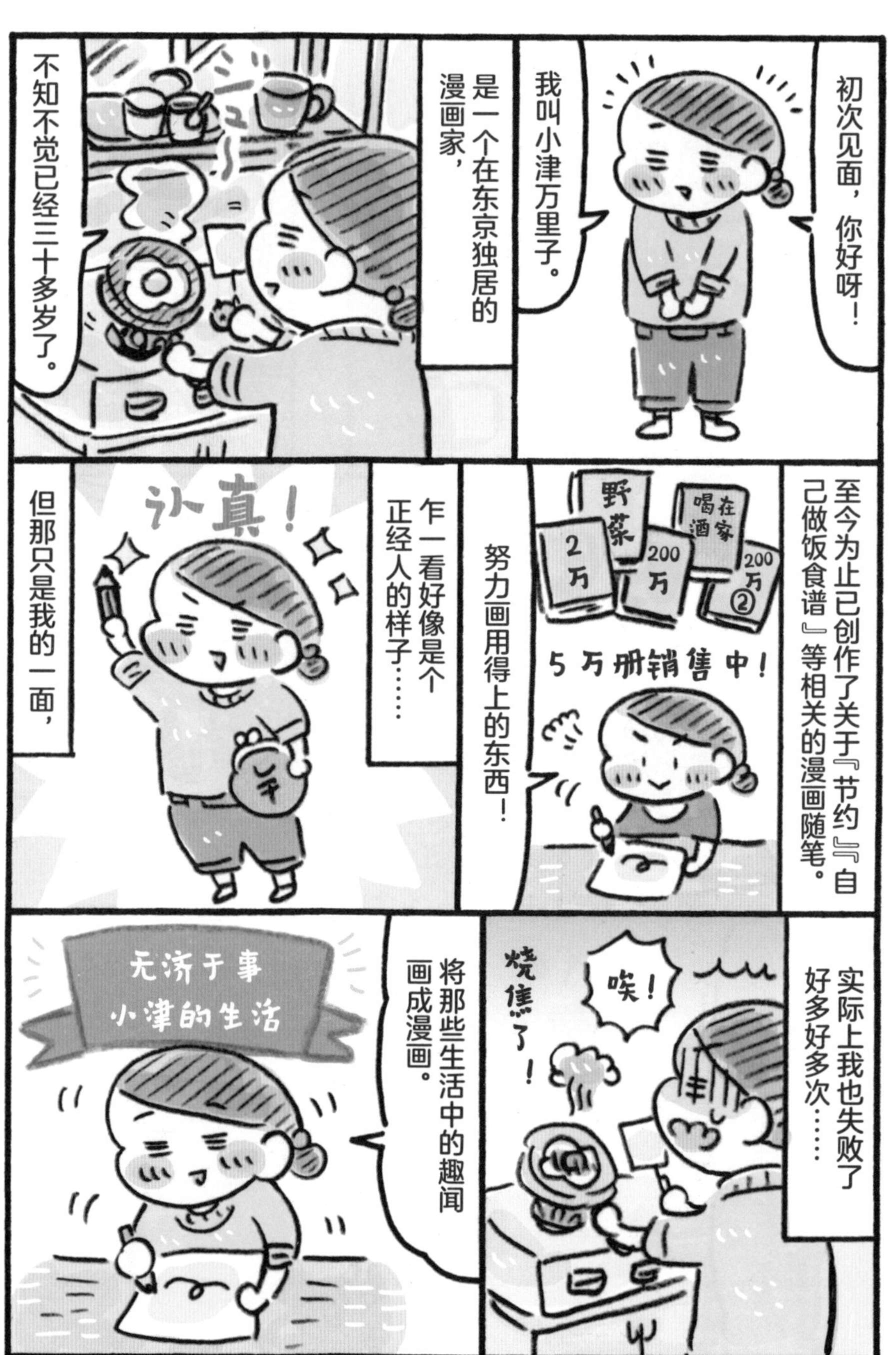
初次见面，你好呀！
我叫小津万里子。
是一个在东京独居的漫画家，
不知不觉已经三十多岁了。
至今为止已创作了关于『节约』『自己做饭食谱』等相关的漫画随笔。
野菜
2万
喝在酒家
200万
200万②
5万册销售中！
努力画用得上的东西！
乍一看好像是个正经人的样子……
认真！
但那只是我的一面，
实际上我也失败了好多好多次……
烧焦了！
唉！
将那些生活中的趣闻画成漫画。
无济于事
小津的生活

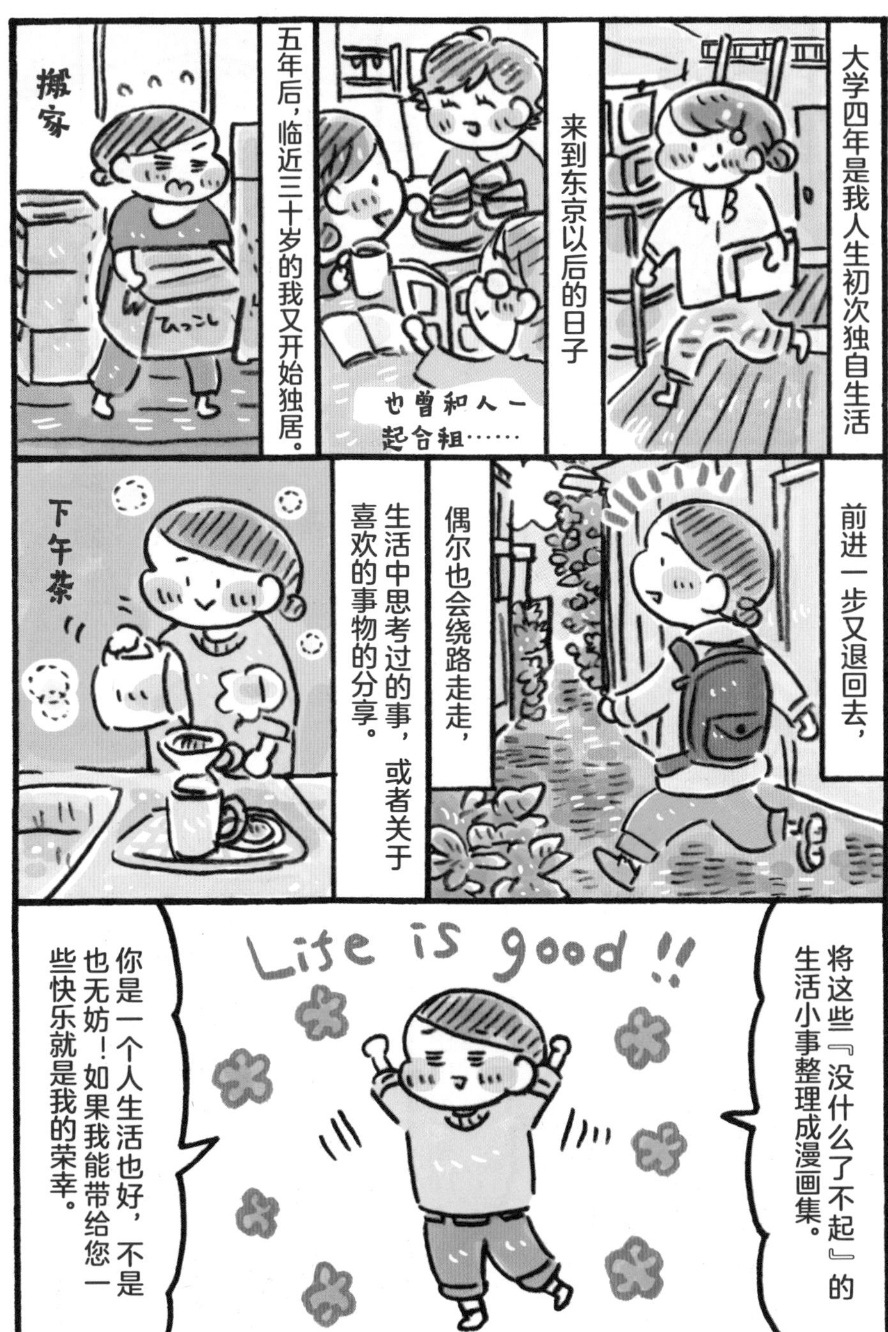

大学四年是我人生初次独自生活
来到东京以后的日子
也曾和人一起合租……
五年后，临近三十岁的我又开始独居。
搬家
ひっこし
前进一步又退回去，
偶尔也会绕路走走，
生活中思考过的事，或者关于喜欢的事物的分享。
下午茶
将这些『没什么了不起』的生活小事整理成漫画集。
Life is good!!
你是一个人生活也好，不是也无妨！如果我能带给您一些快乐就是我的荣幸。

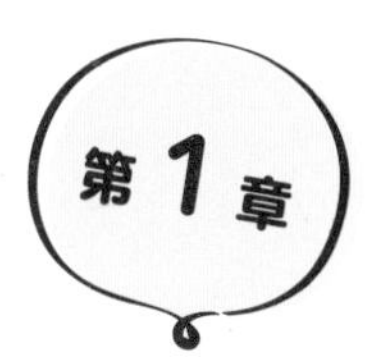


# 悠闲自娱

## 一个人的生活



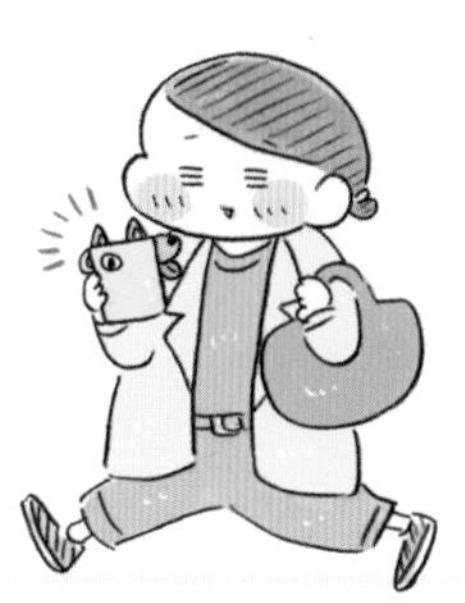

# 悠闲的独居

## 京都初体验



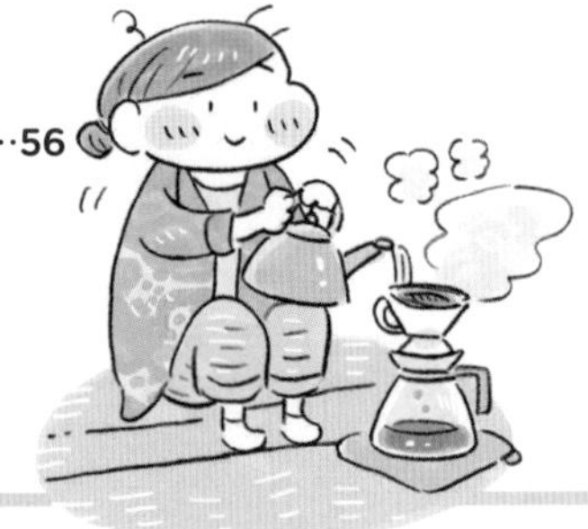

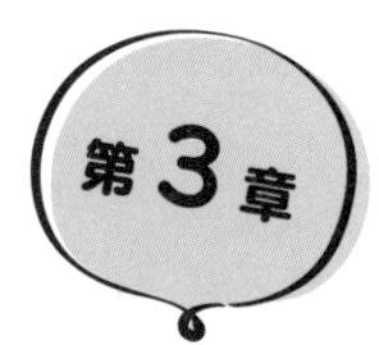


# 悠闲去东京

## 三个人的生活

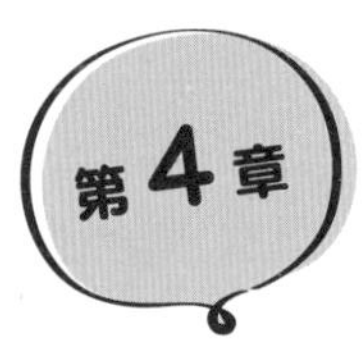


# 悠闲绕道

## 临近三十的单身生活



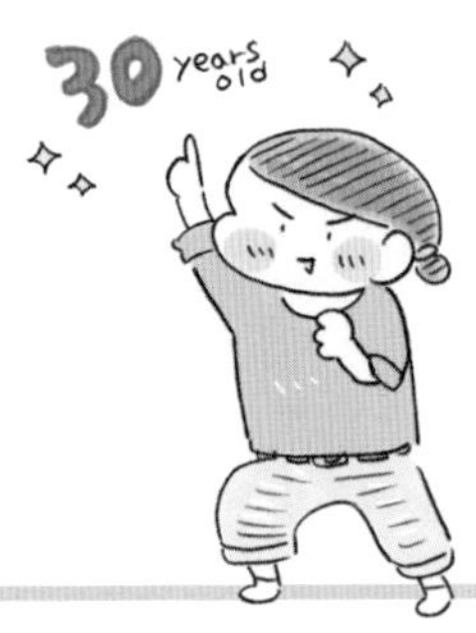

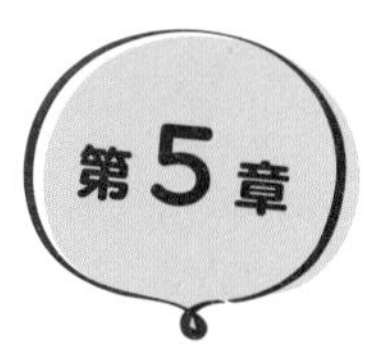


# 悠闲自得

## 转变心境的独居生活



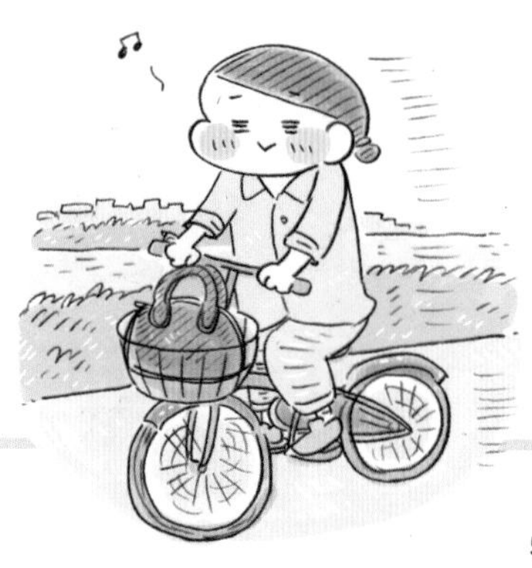

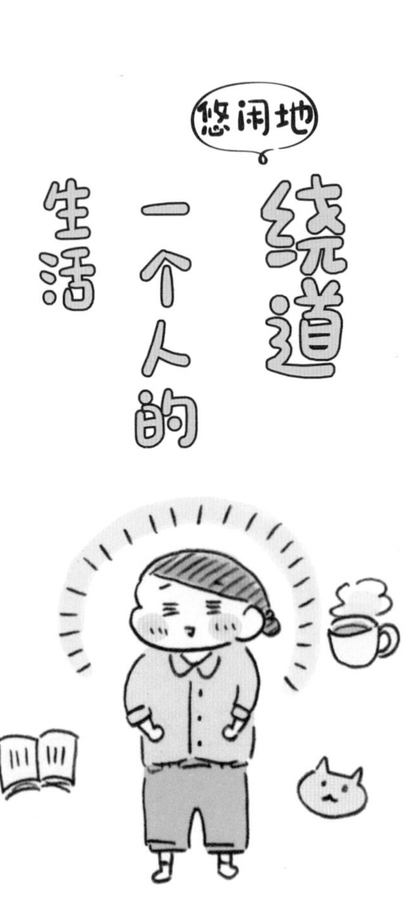
悠闲地
绕道
一个人的
生活

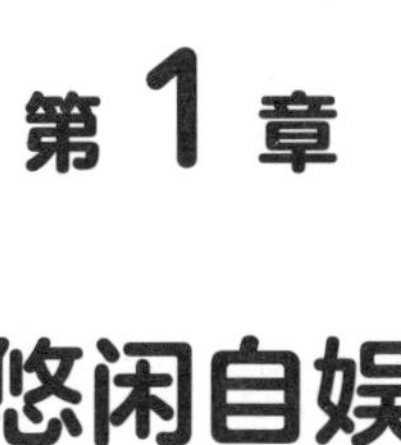

# 第1章

# 悠闲自娱

## 一个人的生活

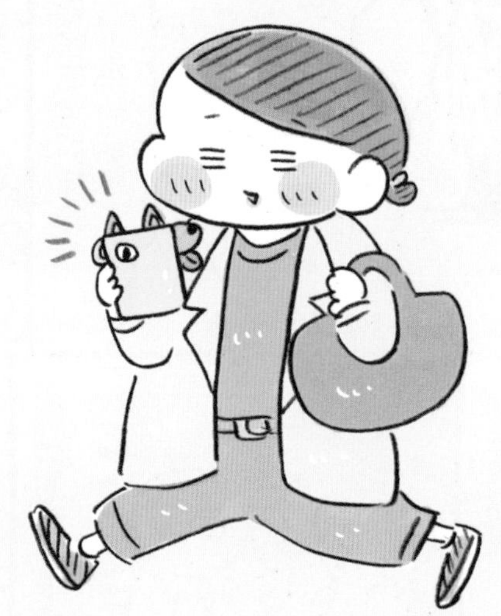

# 填充空白空间·一个人的游戏

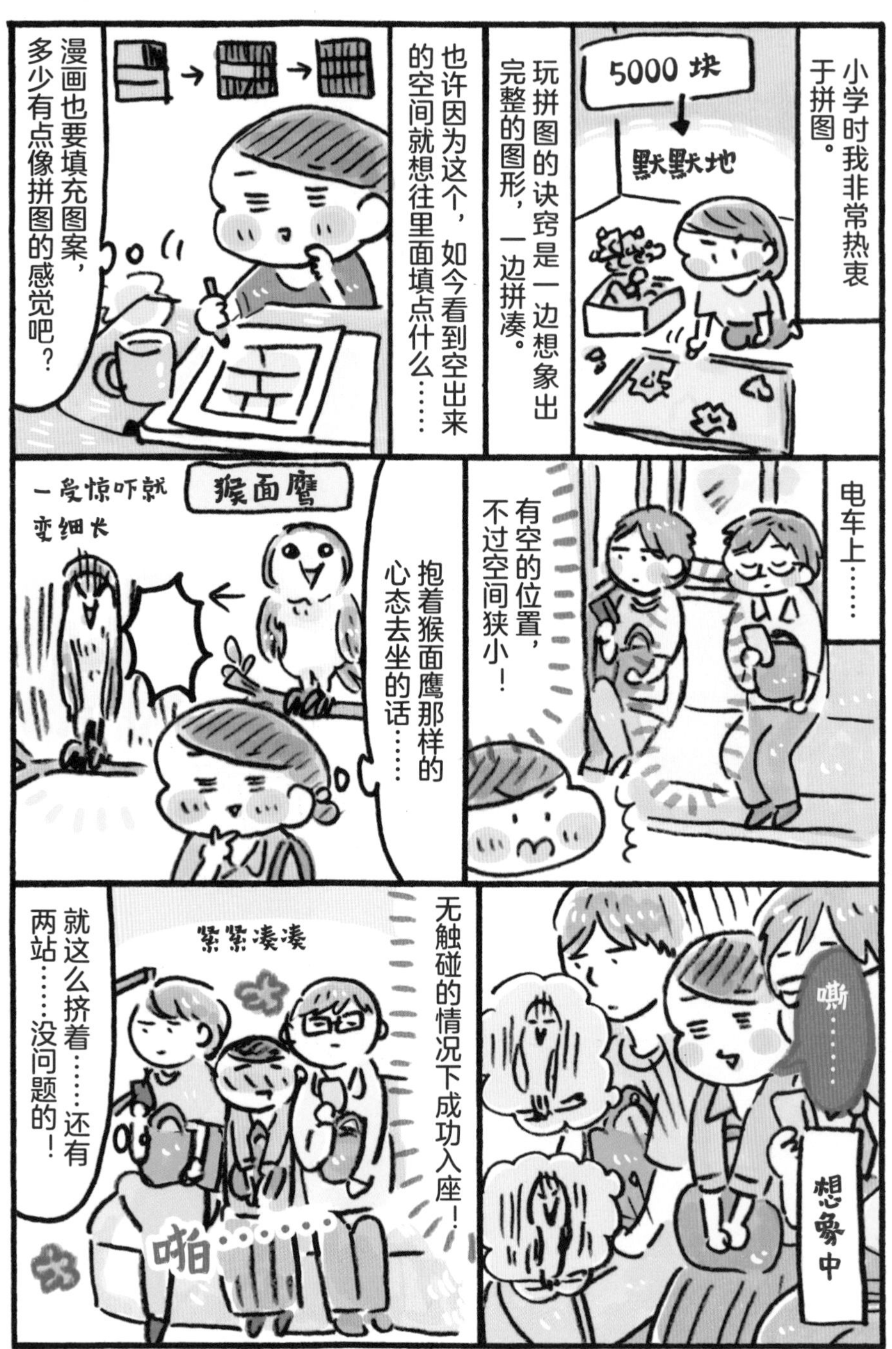

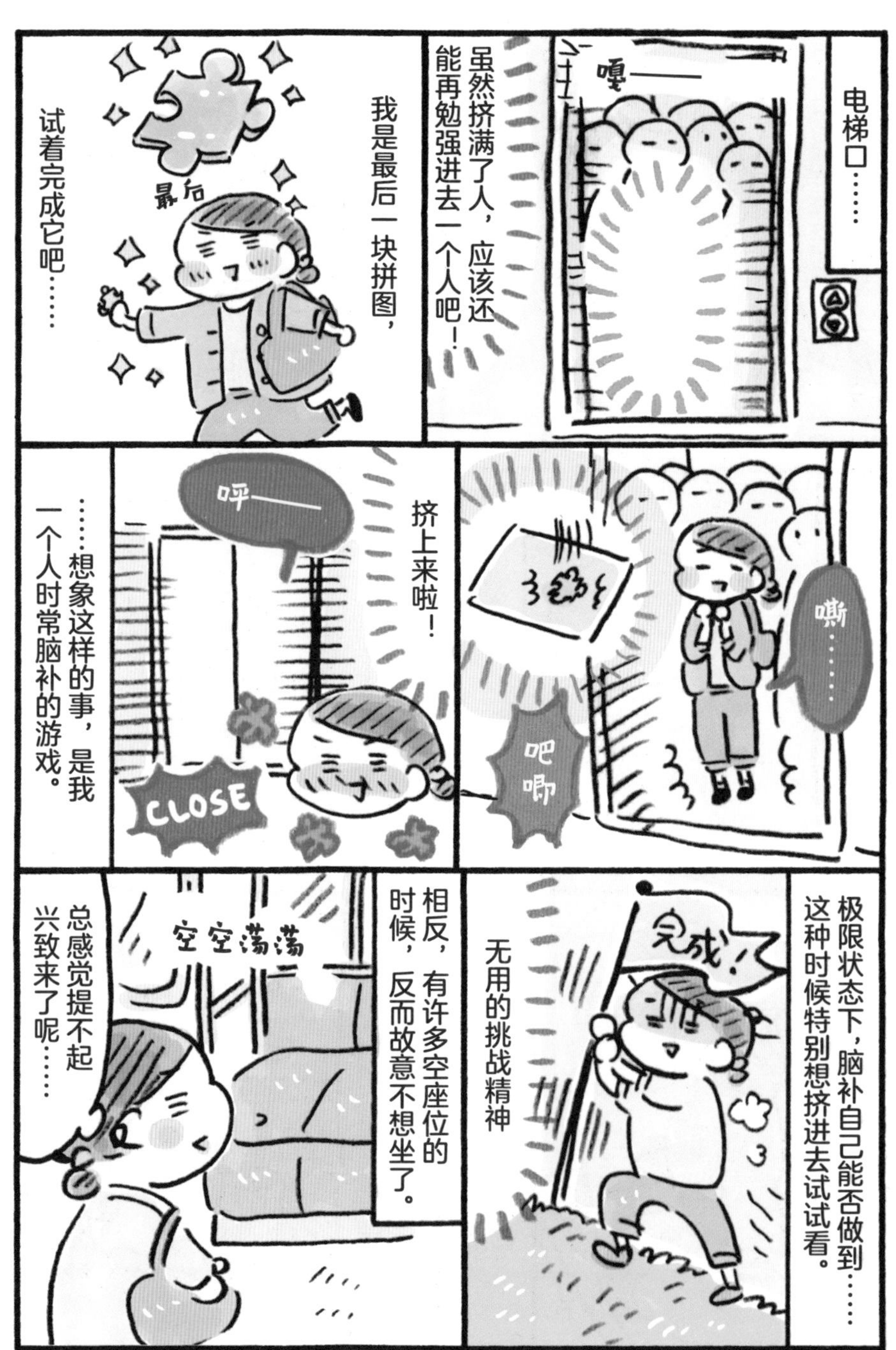
电梯口……
嘎——
虽然挤满了人，应该还能再勉强进去一个人吧！
我是最后一块拼图，
最后
试着完成它吧……
嘶……
吧唧
挤上来啦！
呼——
CLOSE
……想象这样的事，是我一个人时常脑补的游戏。
极限状态下，脑补自己能否做到……这种时候特别想挤进去试试看。
完成！
无用的挑战精神
相反，有许多空座位的时候，反而故意不想坐了。
空空荡荡
总感觉提不起兴致来了呢……

## 在家喝酒，是选择星期三呢还是星期五？

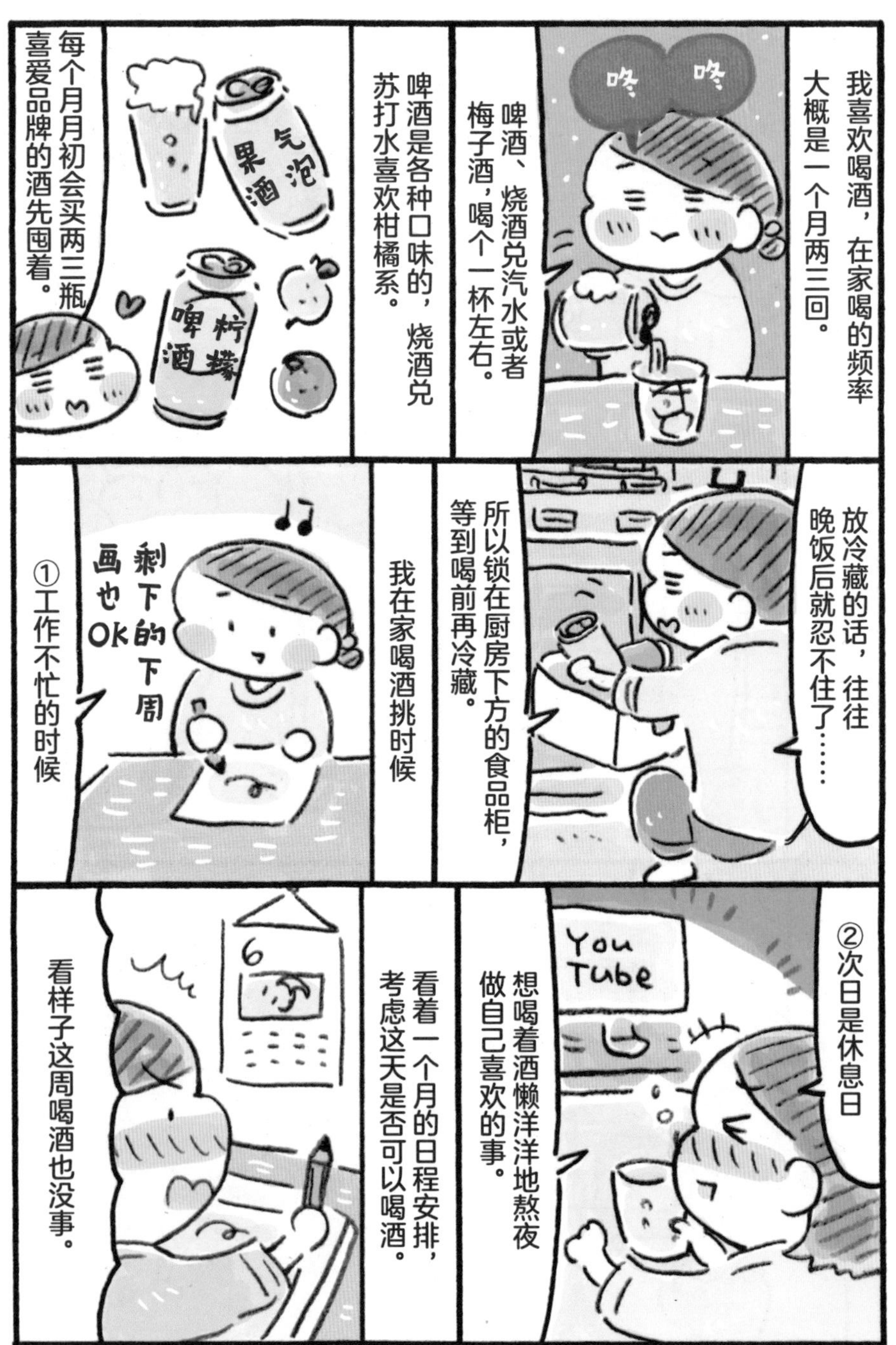

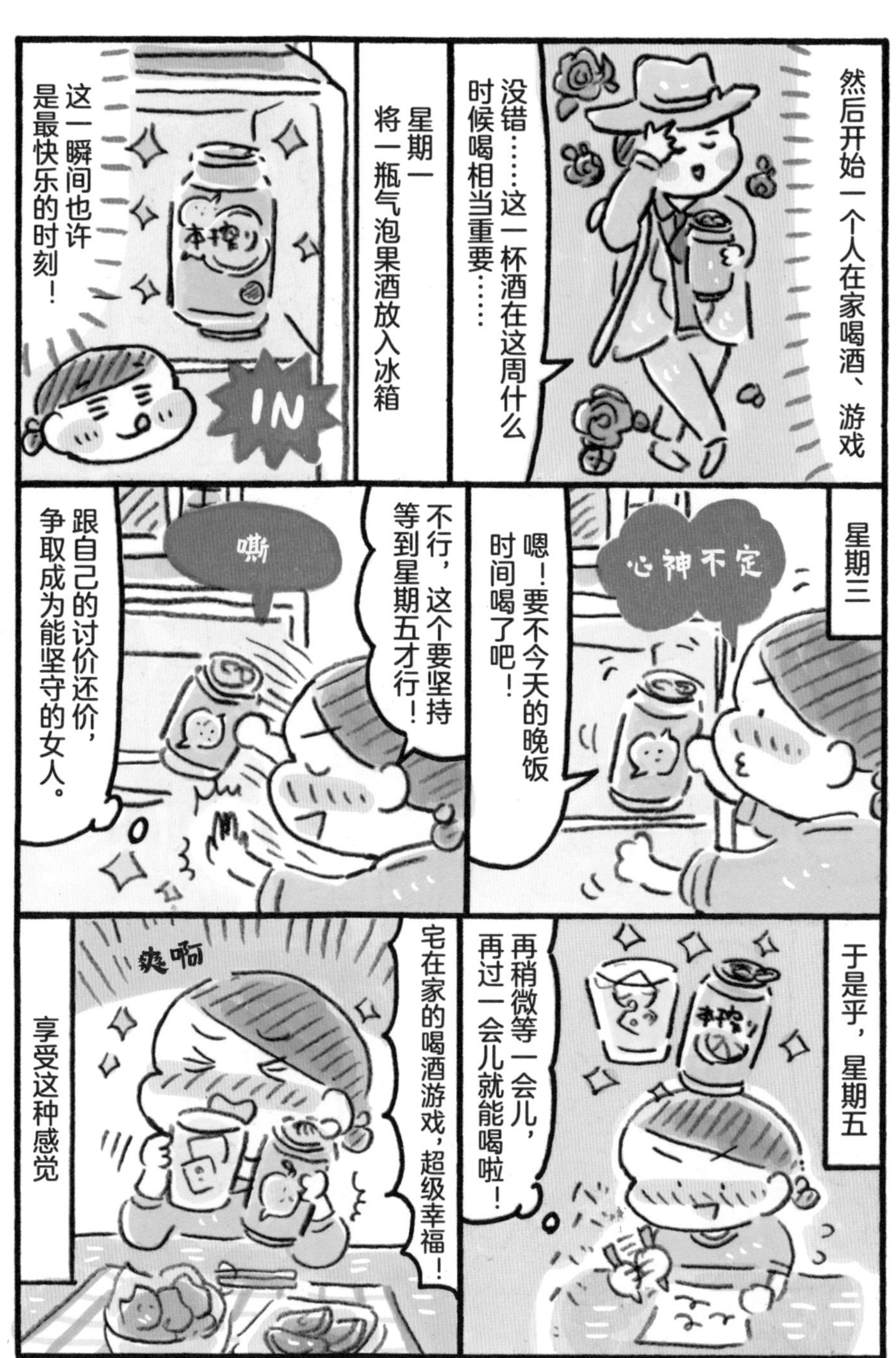
然后开始一个人在家喝酒、游戏
没错……这一杯酒在这周什么时候喝相当重要……
星期一
将一瓶气泡果酒放入冰箱
IN
这一瞬间也许是最快乐的时刻！
星期三
心神不定
嗯！要不今天的晚饭时间喝了吧！
嘶
不行，这个要坚持等到星期五才行！
跟自己的讨价还价，争取成为能坚守的女人。
于是乎，星期五
再稍微等一会儿，再过一会儿就能喝啦！
爽啊
宅在家的喝酒游戏，超级幸福！
享受这种感觉

## 想改变形象的年纪

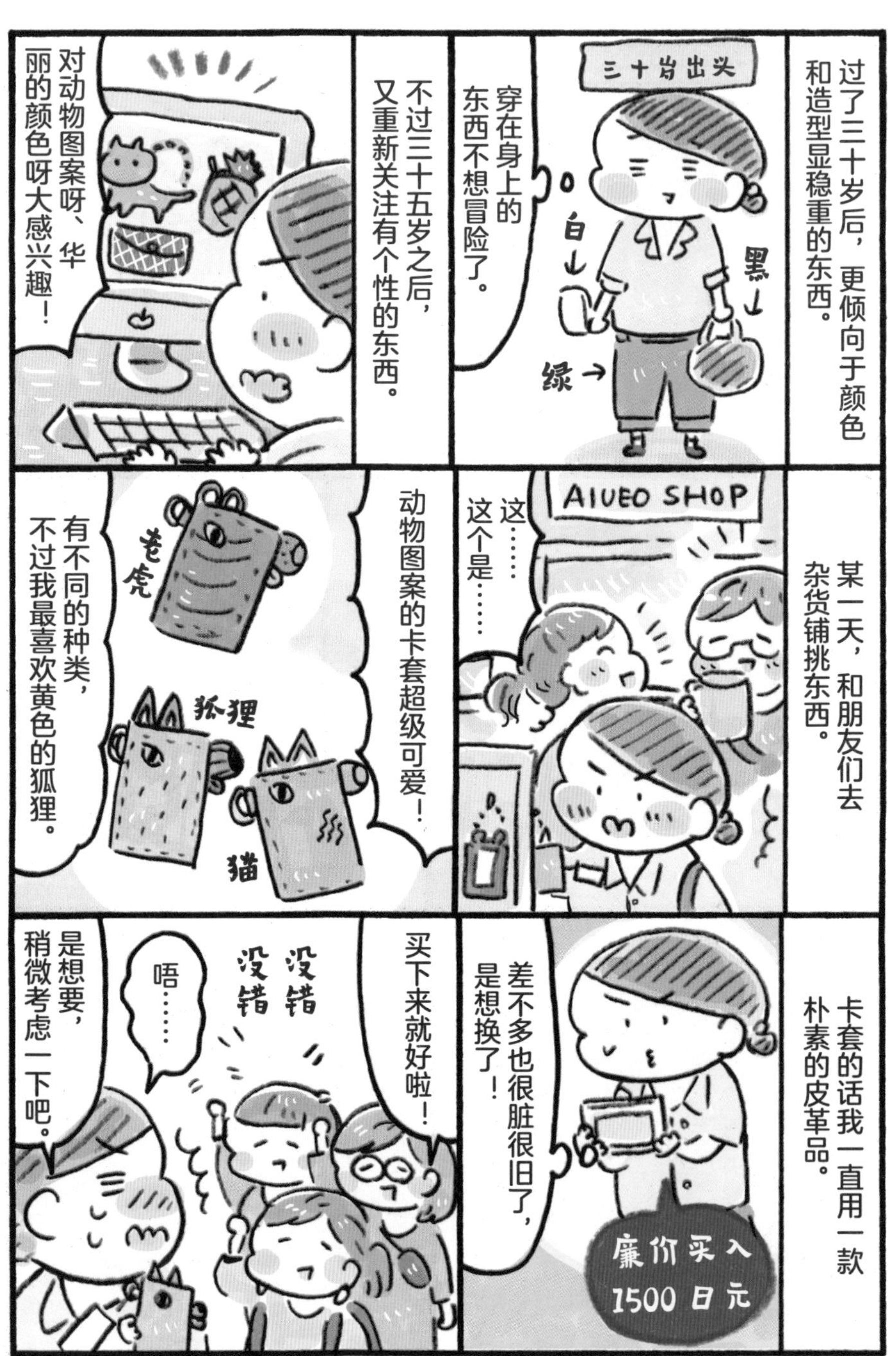

过了三十岁后，更倾向于颜色和造型显稳重的东西。
三十岁出头
白
黑
绿
穿在身上的东西不想冒险了。
不过三十五岁之后，又重新关注有个性的东西。
对动物图案呀、华丽的颜色呀大感兴趣！
某一天，和朋友们去杂货铺挑东西。
AIUEO SHOP
这……这个是……
动物图案的卡套超级可爱！
老虎
狐狸
猫
有不同的种类，不过我最喜欢黄色的狐狸。
卡套的话我一直用一款朴素的皮革品。
廉价买入 1500日元
差不多也很脏很旧了，是想换了！
买下来就好啦！
没错
没错
唔……
是想要，稍微考虑一下吧。

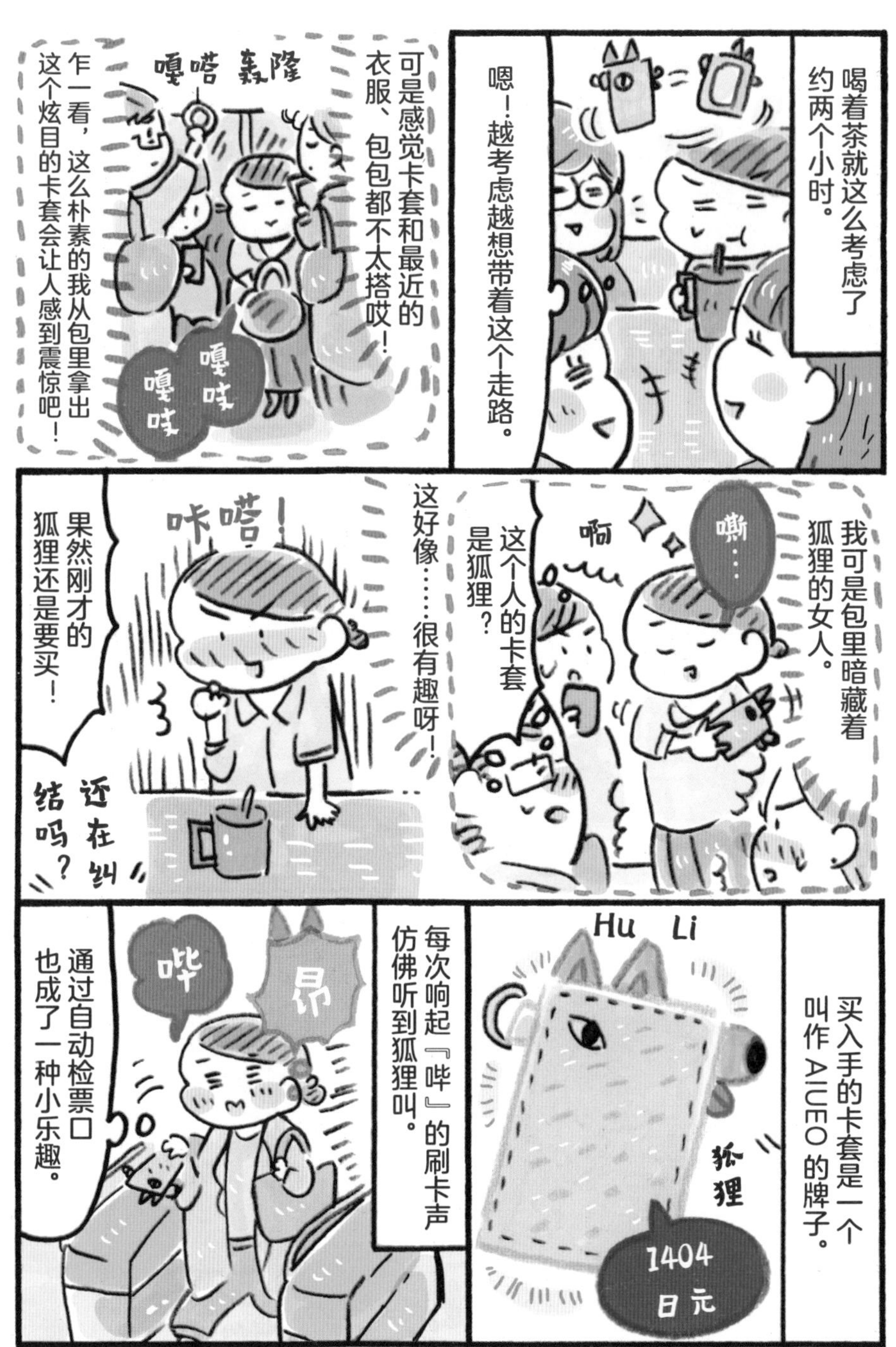
喝着茶就这么考虑了约两个小时。
嗯！越考虑越想带着这个走路。
可是感觉卡套和最近的衣服、包包都不太搭哎！
嘎嗒 轰隆
嘎吱
嘎吱
乍一看，这么朴素的我从包里拿出这个炫目的卡套会让人感到震惊吧！
我可是包里暗藏着狐狸的女人。
嘶……
啊
这个人的卡套是狐狸？
这好像……很有趣呀！
咔嗒！
果然刚才的狐狸还是要买！
还在纠结吗？
买入手的卡套是一个叫作AIUEO的牌子。
Hu Li
狐狸
1404日元
每次响起『哔』的刷卡声仿佛听到狐狸叫。
哔
昂
通过自动检票口也成了一种小乐趣。

# 为了找苹果派走了一万五千步

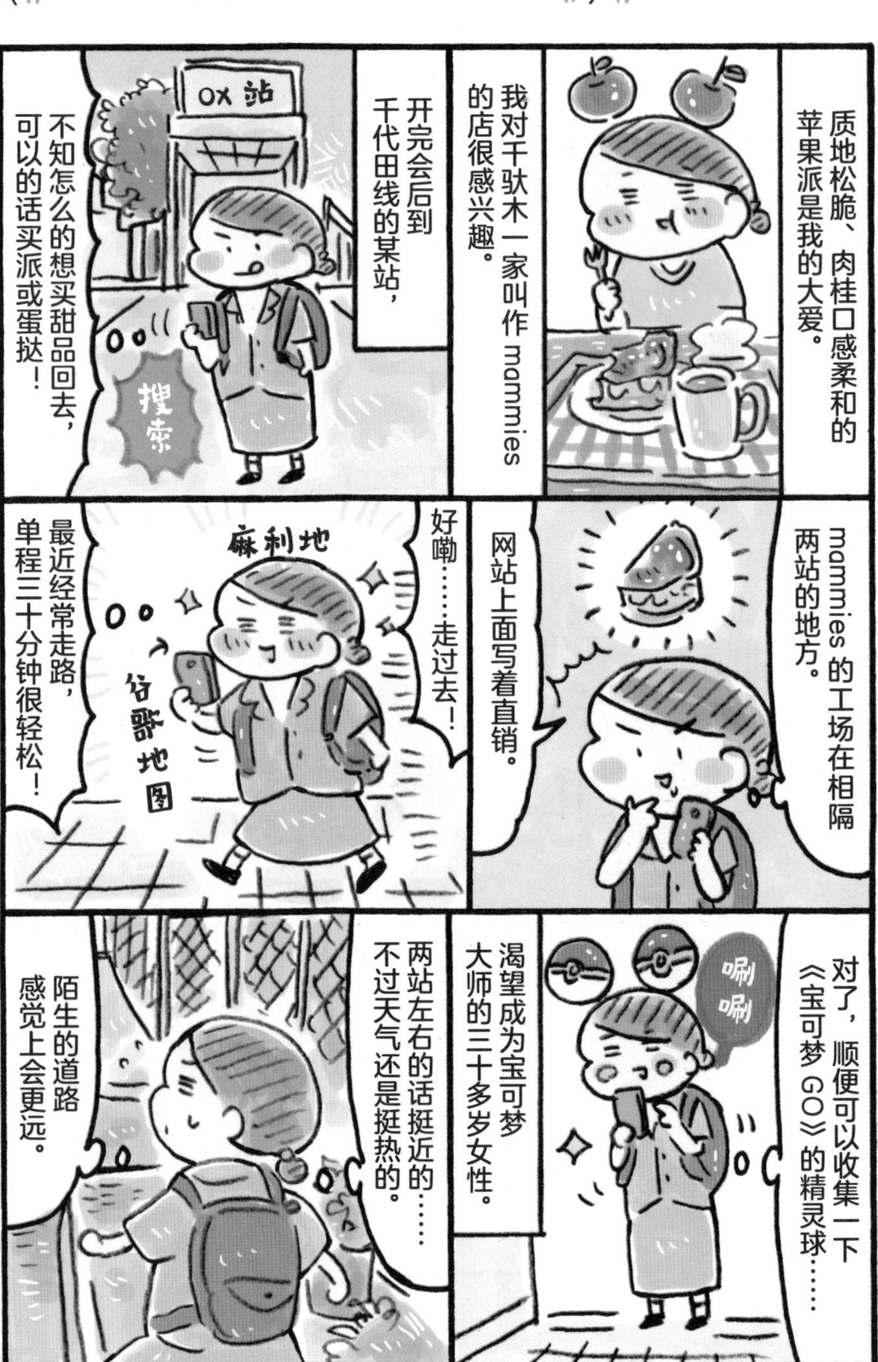


*注释：《宝可梦GO》是一款能对现实世界中出现的宝可梦进行探索捕捉、战斗以及交换的游戏。

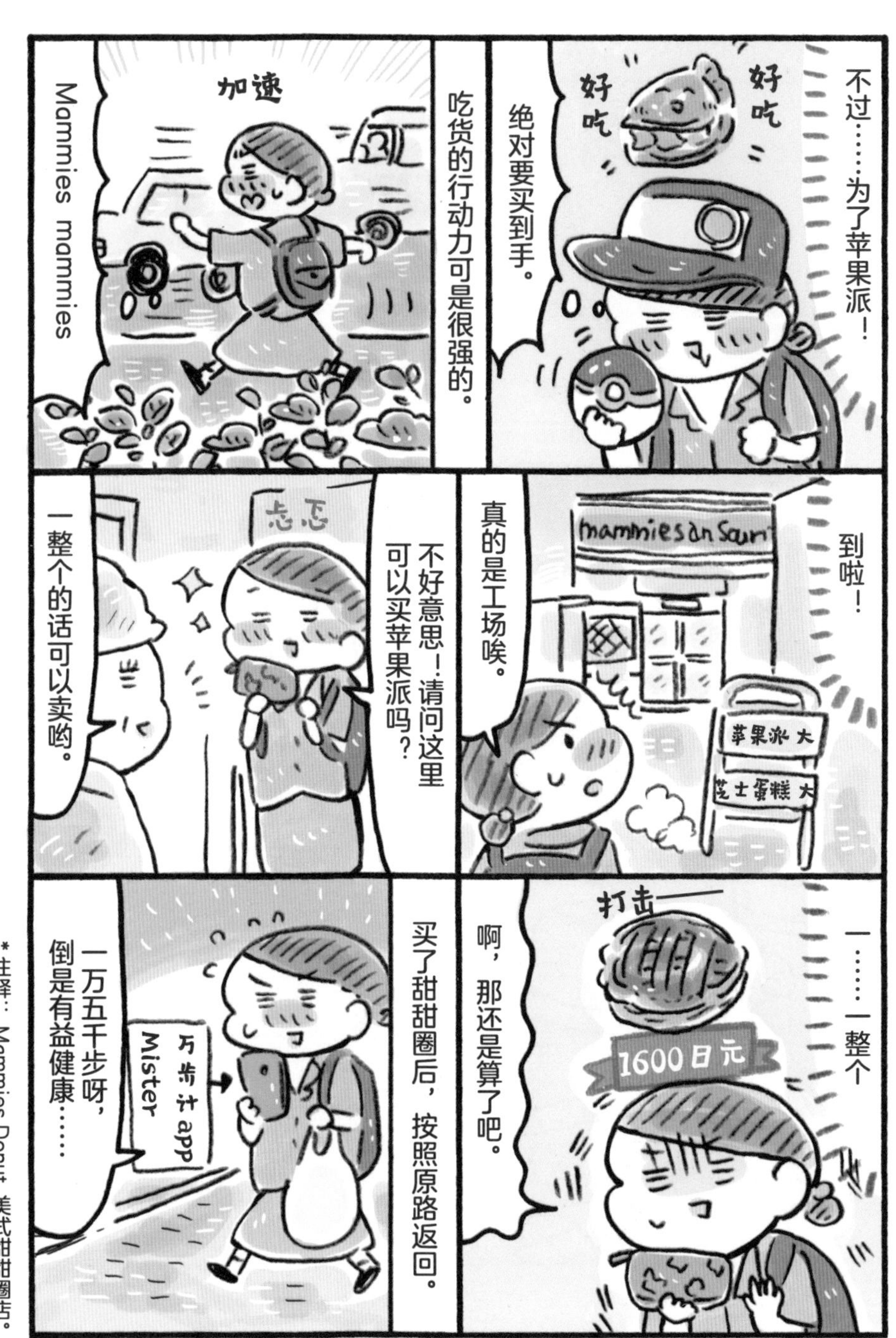


*注释：Mammies Donut 美式甜甜圈店。

column

# 一个人生活的乐趣

## 腹带 styel

天气变冷的时候腹部也容易着凉，睡觉时会穿腹带。

一个人的时候无所谓，从衣服外面添加一件腹带，好像动画《笨蛋爸爸》里面那个爸爸的状态……

至少我买的腹带有着可爱的图案。

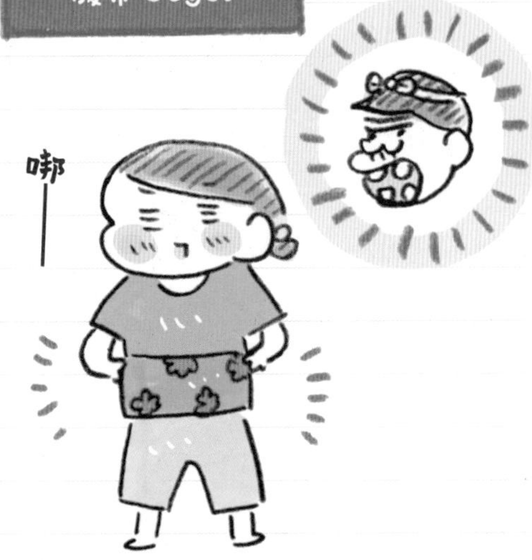


## 早上泡澡

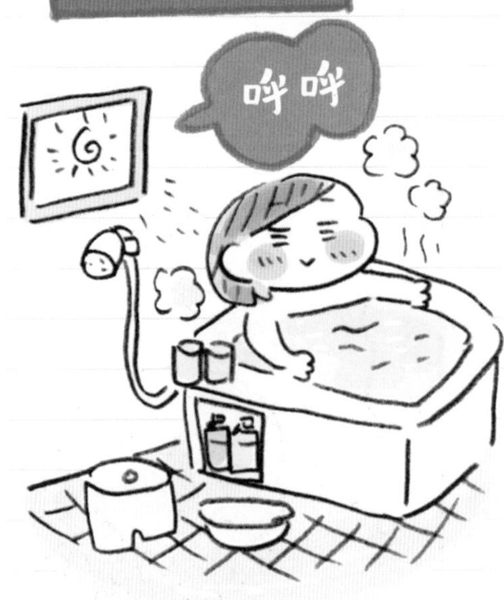


由于非常疲劳，一般都是晚上九点左右就睡了；有时候是夜猫子状态的话，就要到凌晨四点左右才泡澡。浴缸里面放入入浴剂，超级放松！

沐浴在清晨的阳光下，发着呆沉浸在热水中，实在是非常不错的体验。

## 漫画一口气读完

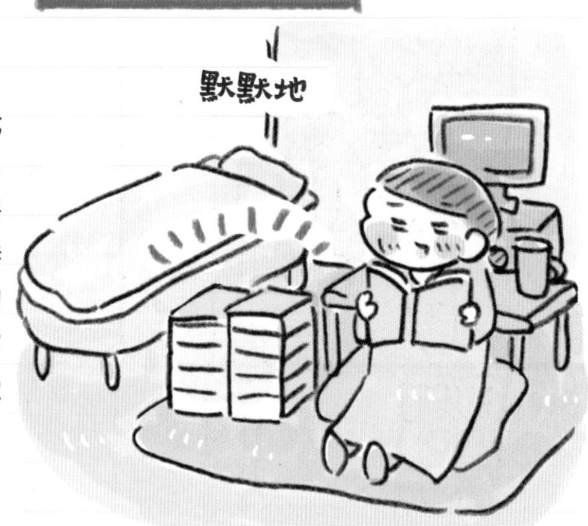


休息日的午后，我会重读经典漫画作品。拿出十五册左右放在房间中央叠起来，一卷卷慢慢重读是一种莫大的乐趣。读的过程中常常有新的发现，十分享受这种慢阅读时光。

## 一个人去电影院

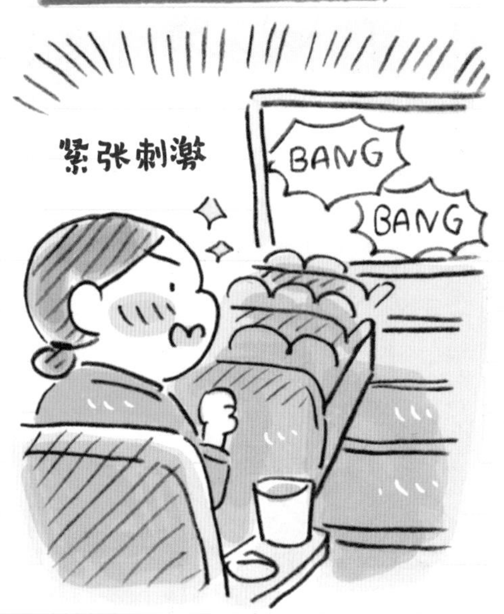


平日的晚上六点以后我会一个人去电影院，这是隔几个月来一次的乐趣。我会选择和当天心情相符合的电影，一只手拿着牛奶咖啡沉浸地观看。自从开始一个人生活后，我开始觉得能与其他陌生人一起观赏同一个作品，是电影院有意思的地方。

## 喜爱不是自己养的猫

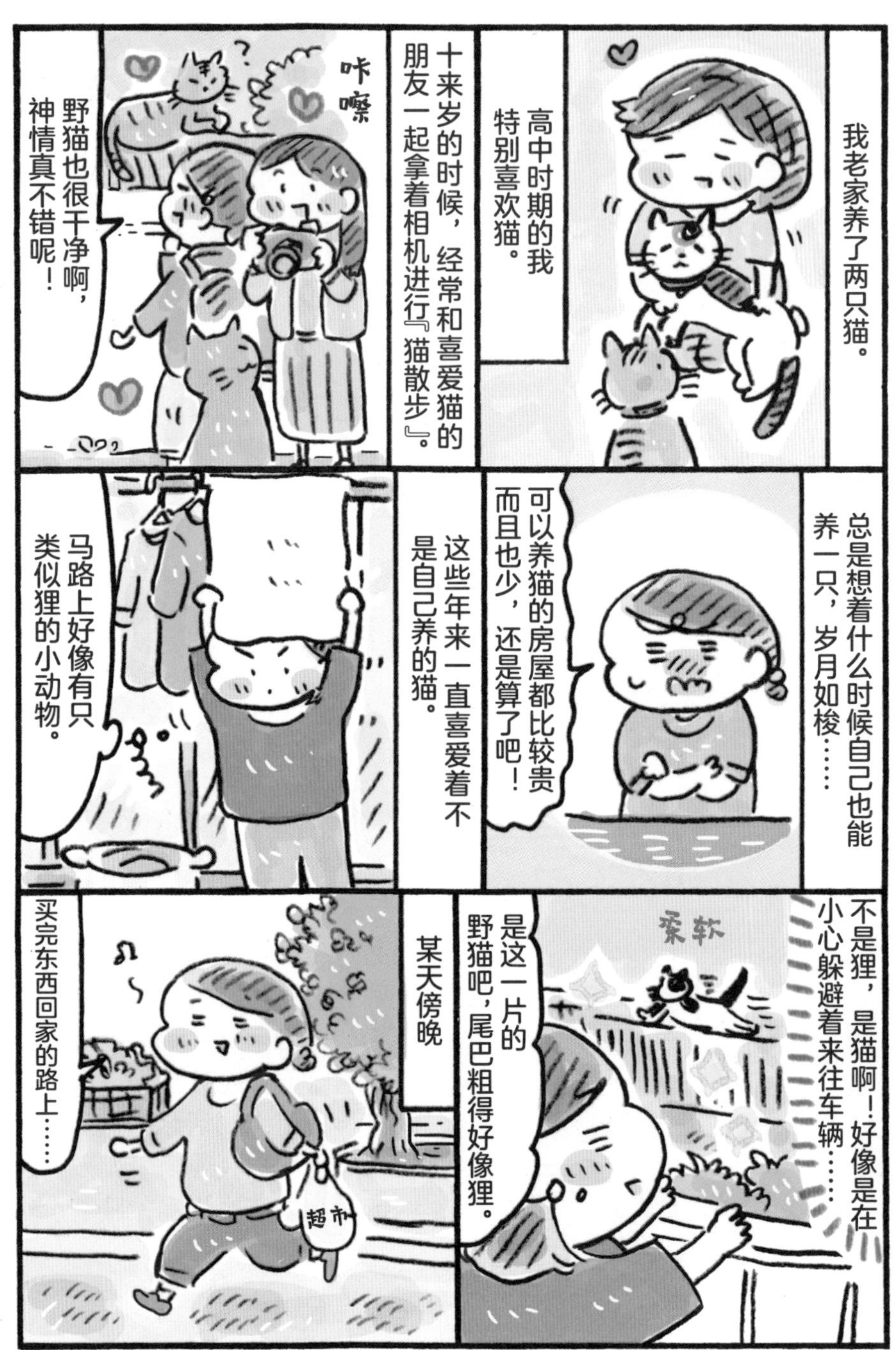

我老家养了两只猫。
高中时期的我特别喜欢猫。
十来岁的时候，经常和喜爱猫的朋友一起拿着相机进行『猫散步』。
咔嚓
野猫也很干净啊，神情真不错呢！
总是想着什么时候自己也能养一只，岁月如梭……
可以养猫的房屋都比较贵而且也少，还是算了吧！
这些年来一直喜爱着不是自己养的猫。
马路上好像有只类似狸的小动物。
不是狸，是猫啊！好像是在小心躲避着来往车辆……
柔软
是这一片的野猫吧，尾巴粗得好像狸。
某天傍晚
买完东西回家的路上……
超市

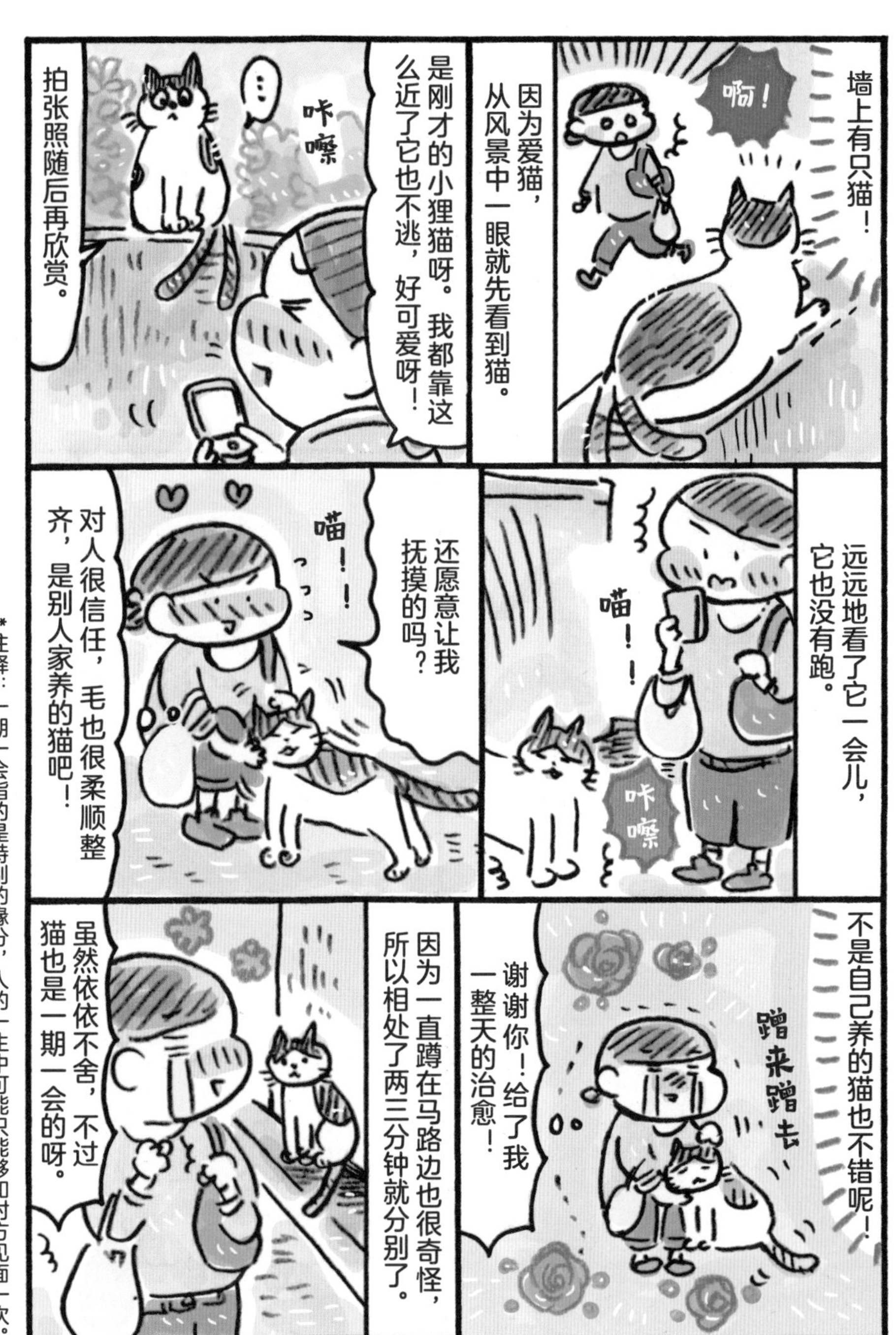


*注释：一期一会指的是特别的缘分，人的一生中可能只能够和对方见面一次。

## 一个人唱卡拉OK悲喜交加

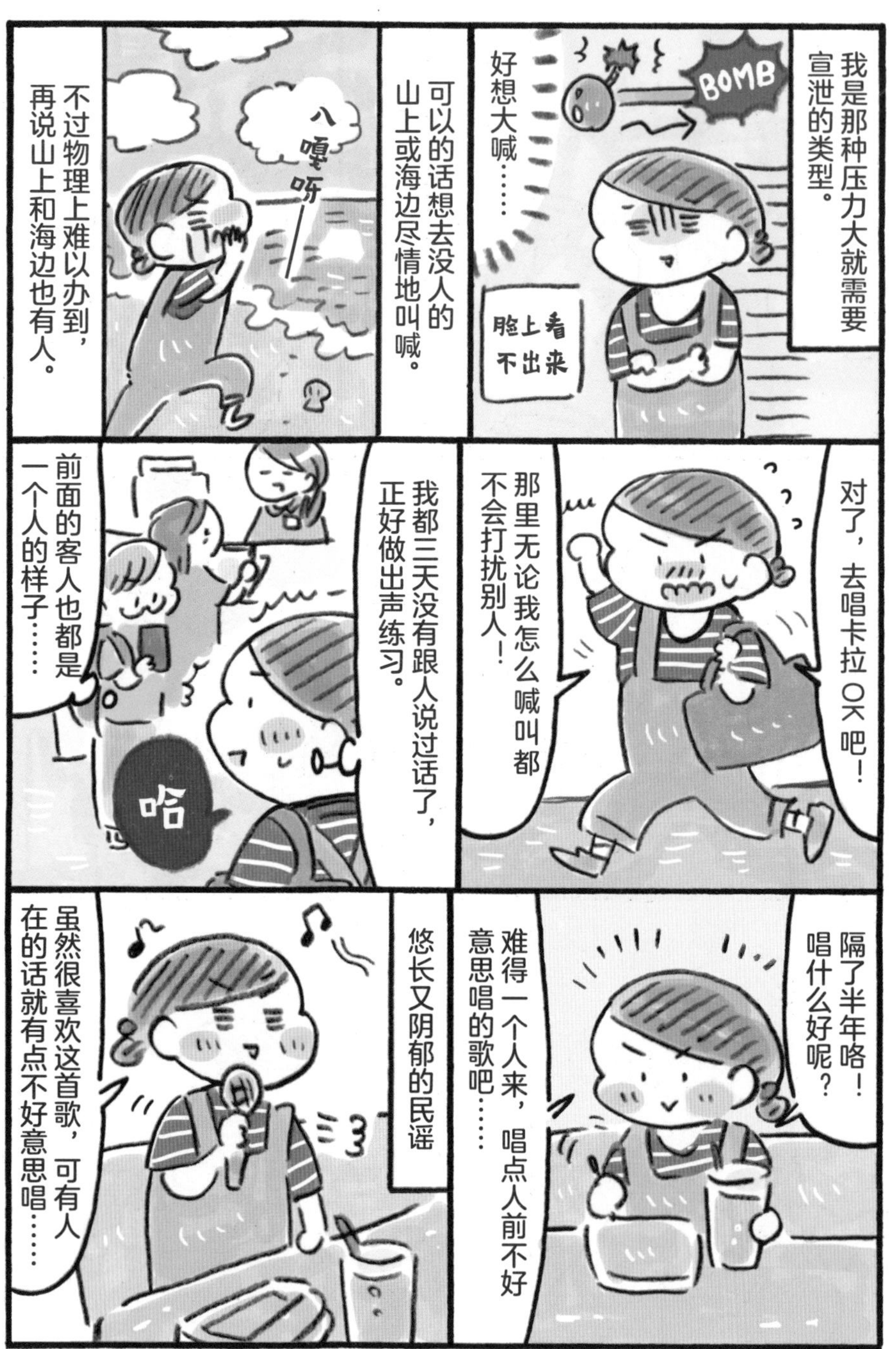

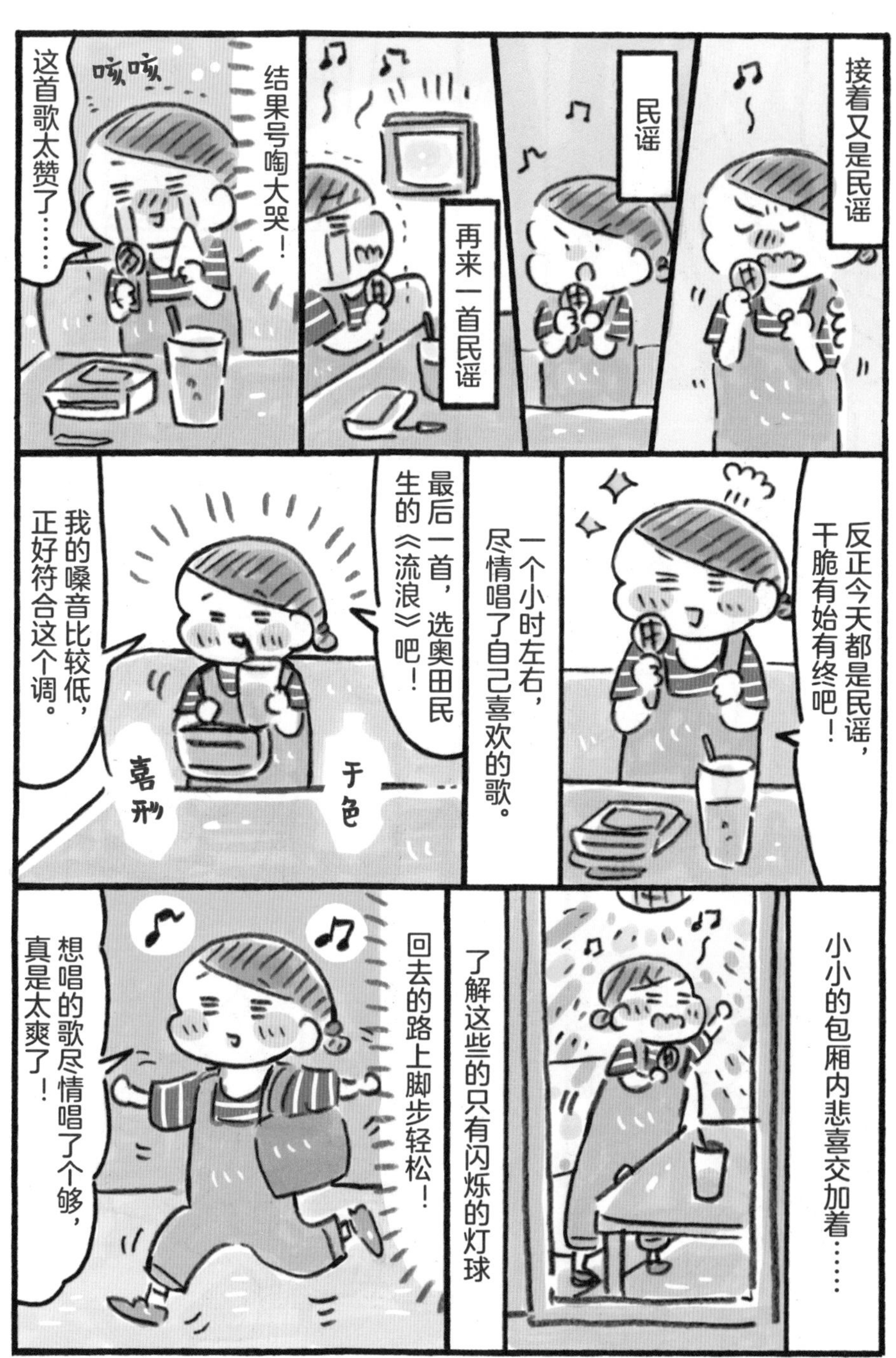
接着又是民谣
民谣
再来一首民谣
结果号啕大哭！
咳咳
这首歌太赞了……
反正今天都是民谣，干脆有始有终吧！
一个小时左右，尽情唱了自己喜欢的歌。
最后一首，选奥田民生的《流浪》吧！
我的嗓音比较低，正好符合这个调。
于色
喜形
小小的包厢内悲喜交加着……
了解这些的只有闪烁的灯球
回去的路上脚步轻松！
想唱的歌尽情唱了个够，真是太爽了！

## 不知为何很在意，苹果的图案

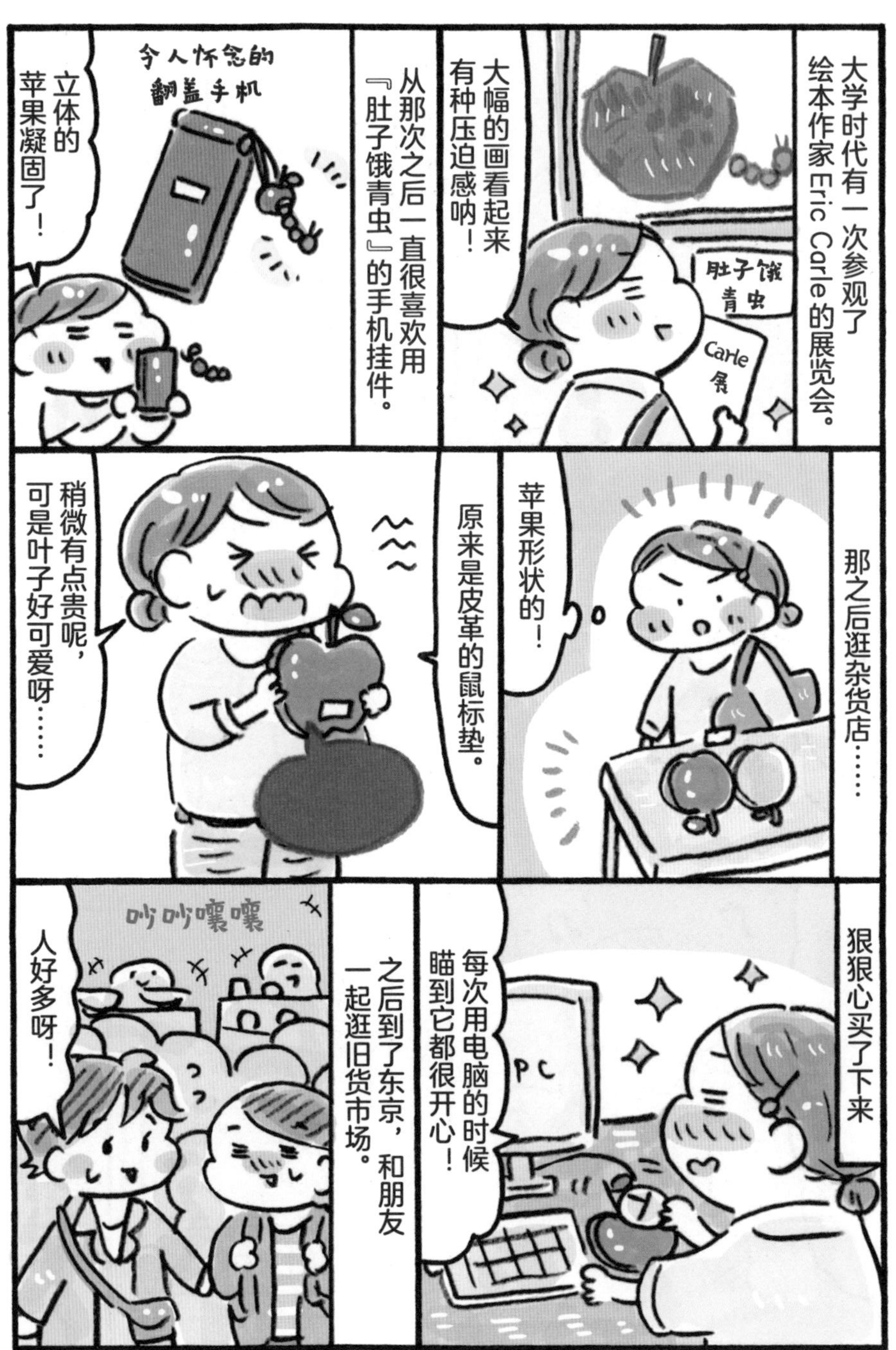

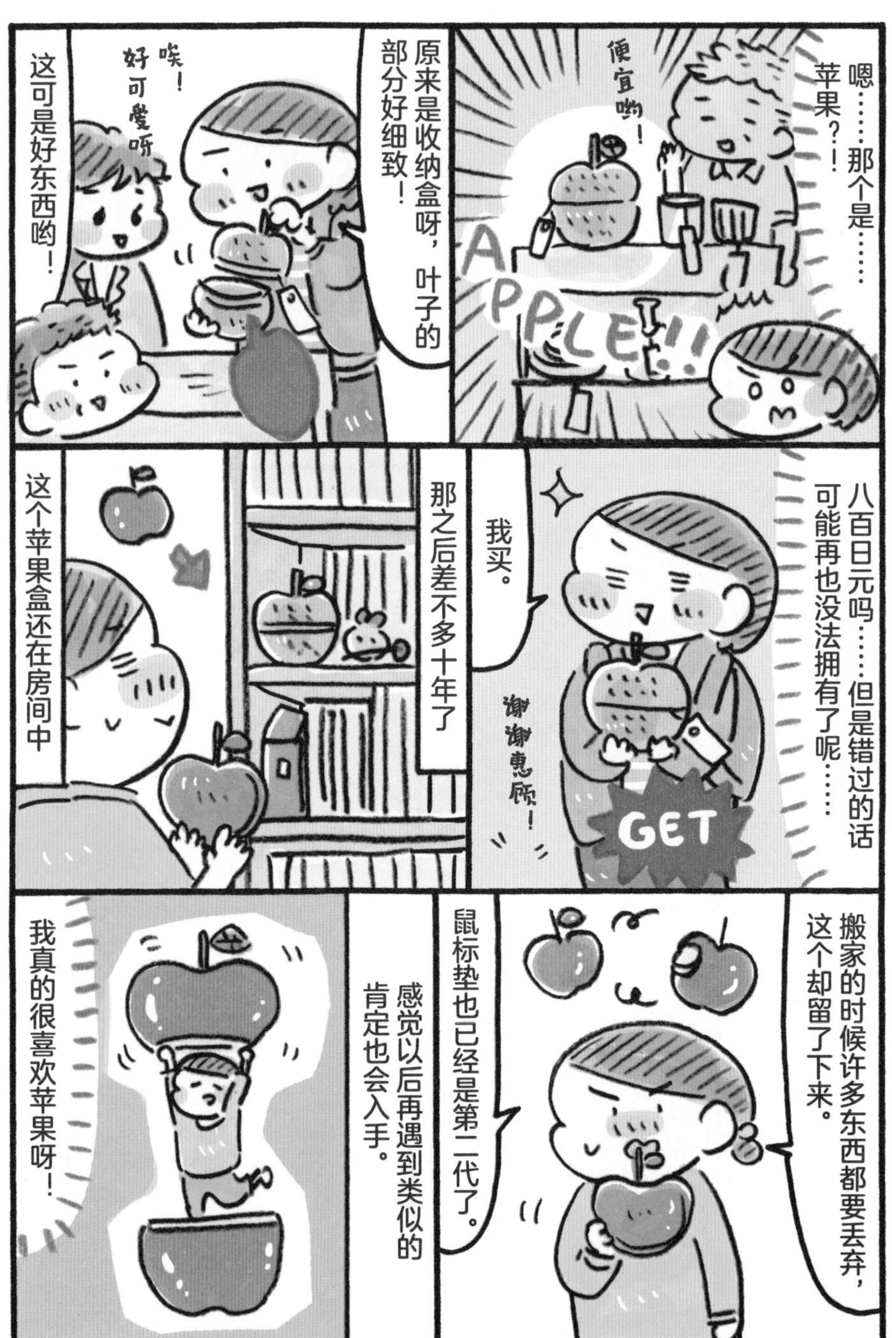


我喜欢的也许是红色和绿色混合的圆状物

## 大人的乐趣，慵懒的城崎温泉

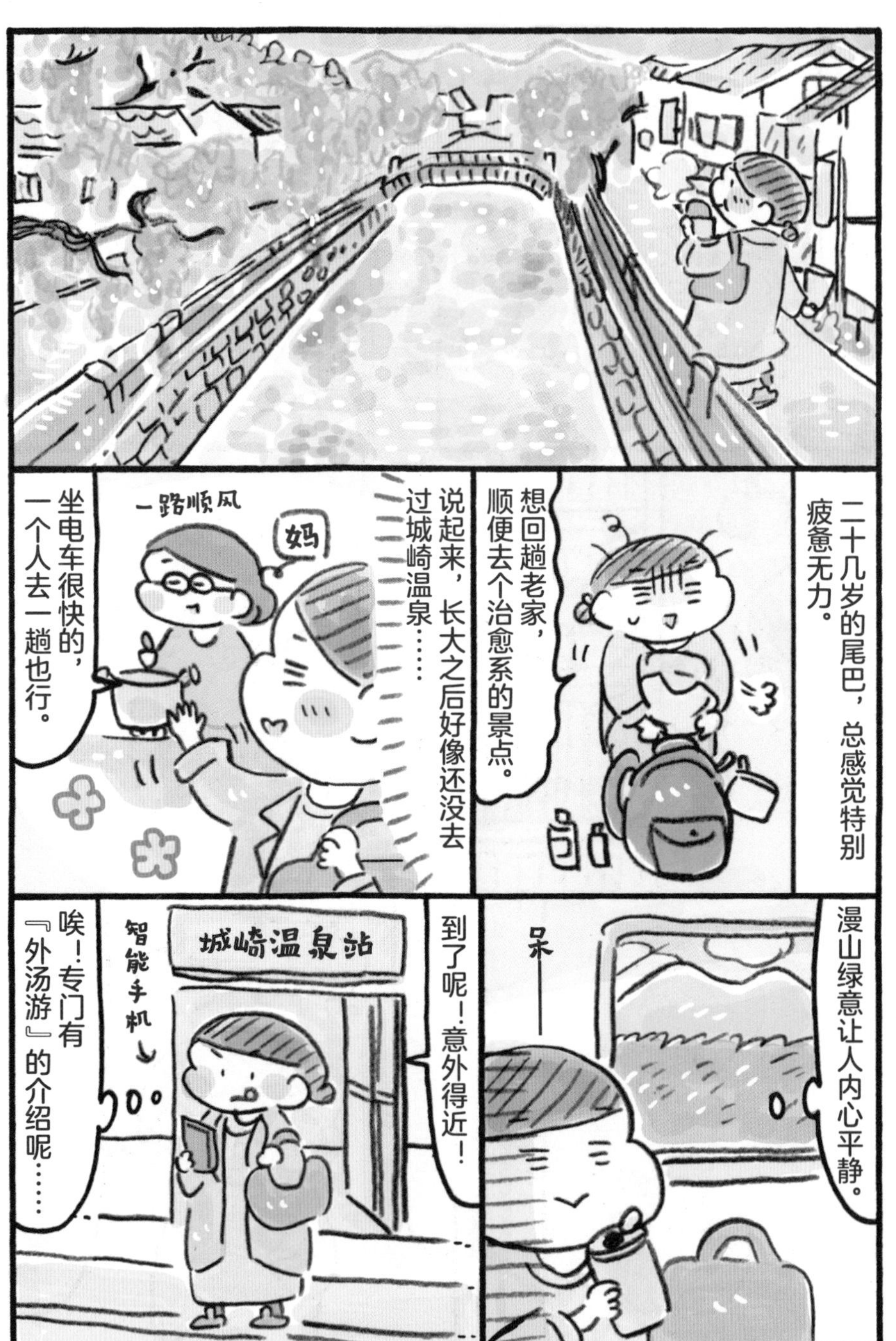


*注释：外汤就是设在旅馆四周的温泉。

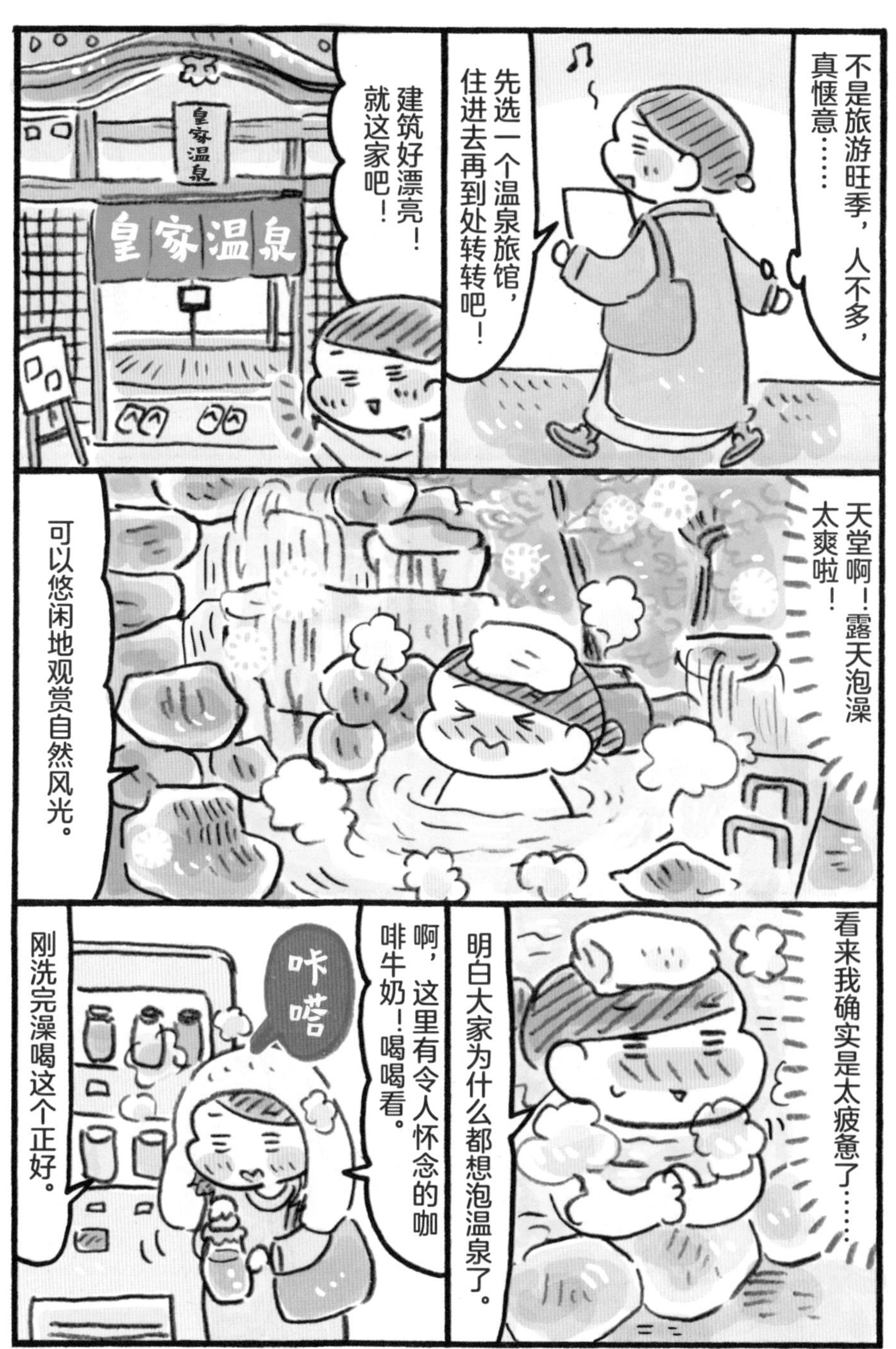
不是旅游旺季，人不多，真惬意……
先选一个温泉旅馆，住进去再到处转转吧！
皇家温泉
皇家温泉
建筑好漂亮！就这家吧！
天堂啊！露天泡澡太爽啦！
可以悠闲地观赏自然风光。
看来我确实是太疲惫了……
明白大家为什么都想泡温泉了。
啊，这里有令人怀念的咖啡牛奶！喝喝看。
咔嗒
刚洗完澡喝这个正好。

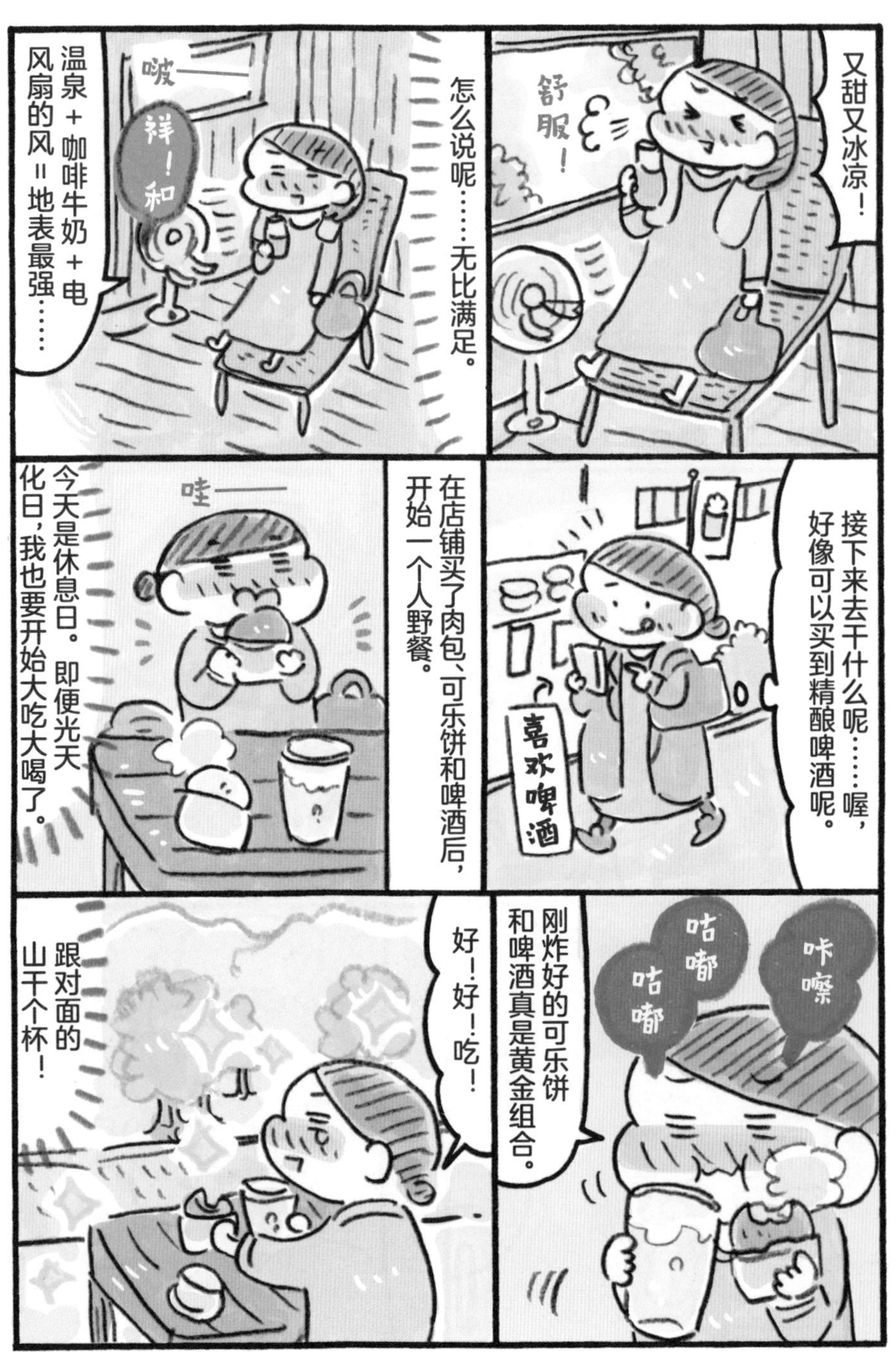
又甜又冰凉！
舒服！
怎么说呢……无比满足。
啵——
祥！和
温泉＋咖啡牛奶＋电风扇的风＝地表最强……
接下来去干什么呢……喔，好像可以买到精酿啤酒呢。
喜欢啤酒
在店铺买了肉包、可乐饼和啤酒后，开始一个人野餐。
哇——
今天是休息日。即便光天化日，我也要开始大吃大喝了。
刚炸好的可乐饼和啤酒真是黄金组合。
咕嘟
咕嘟
咔嚓
好！好！吃！
跟对面的山干个杯！

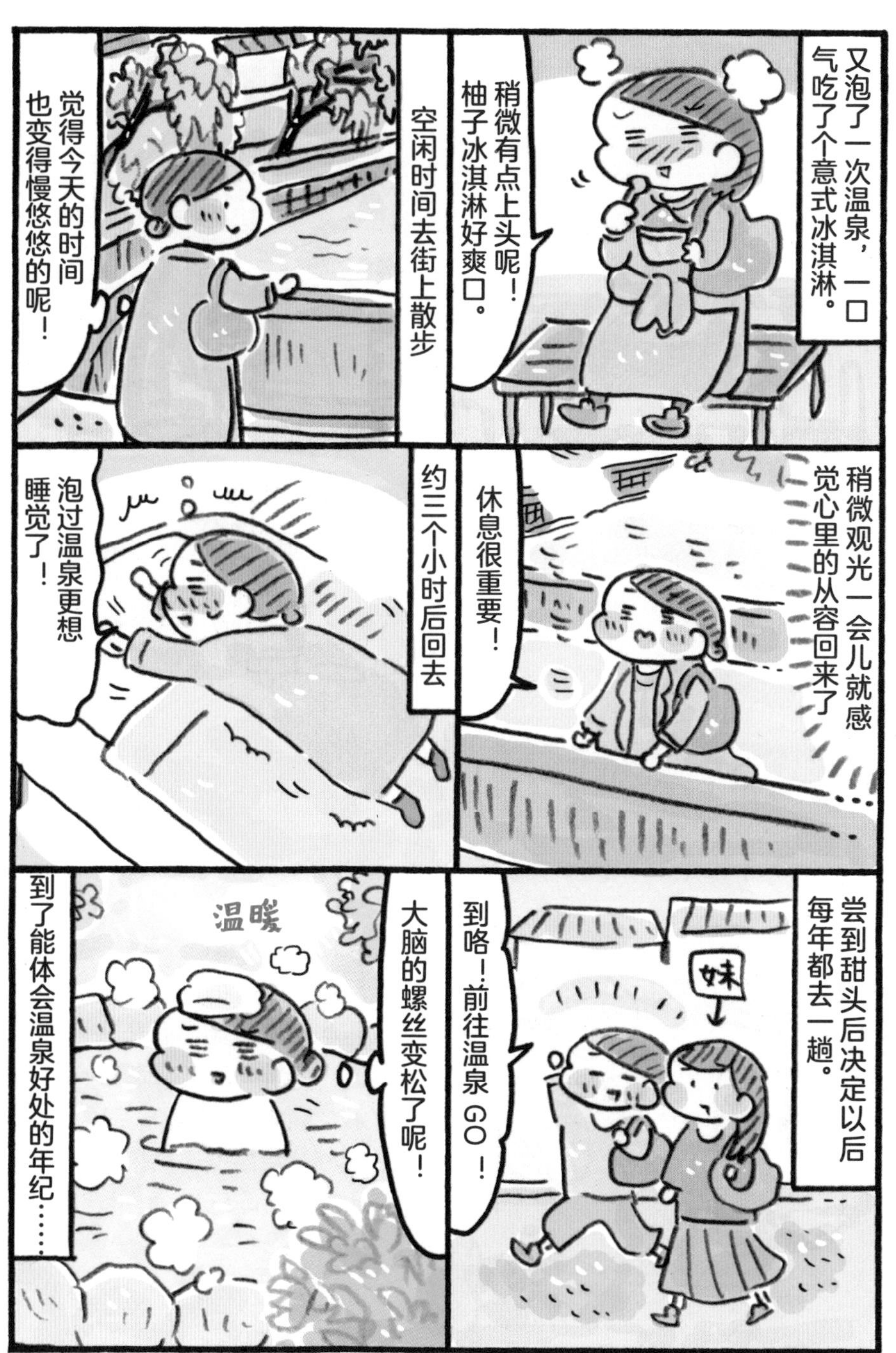
又泡了一次温泉，一口气吃了个意式冰淇淋。
稍微有点上头呢！柚子冰淇淋好爽口。
空闲时间去街上散步
觉得今天的时间也变得慢悠悠的呢！
稍微观光一会儿就感觉心里的从容回来了
休息很重要！
约三个小时后回去
泡过温泉更想睡觉了！
尝到甜头后决定以后每年都去一趟。
妹
到咯！前往温泉 GO！
大脑的螺丝变松了呢！
温暖
到了能体会温泉好处的年纪……

column

# 在城崎温泉发现的事物

## 又漂亮又可爱！封皮是毛巾的书

有卖以城崎温泉作为主题创作的小说。

装订十分有趣，是用毛巾包裹的。

我买了本万城目学的小说《城崎裁判》作为给自己的纪念品。

凑佳苗的小说也很特别，装订成特产蟹肉的模样，很精致！

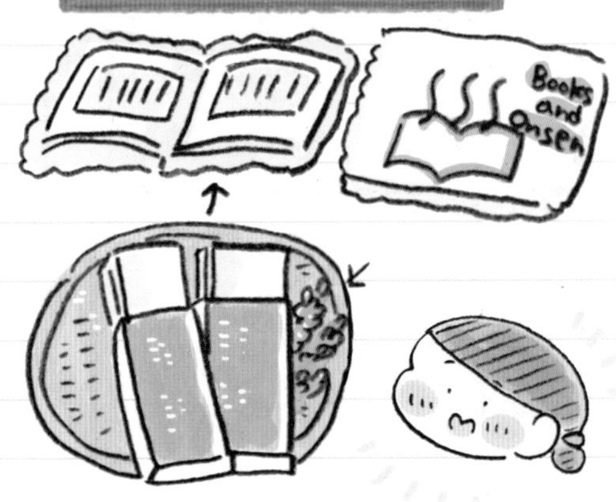


## 黏黏的、超好吃的澡后布丁

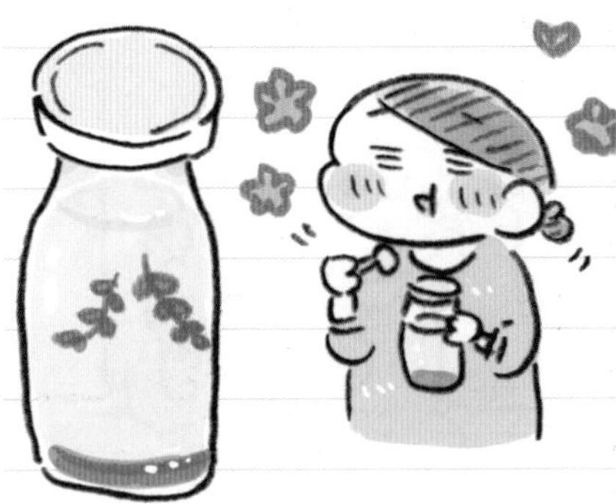

我听妹妹和朋友们说，圆山果寮出品的“澡后布丁”非常好吃！

相当甜，黏糊糊的非常可口的味道，一不留神就全都吃光了。

我之前都是“硬布丁派”，入口一瞬间让我感慨，原来黏黏的软布丁也这么好吃呀！

## 划算的午餐寿司，绝品！“折鹤”

我本来不太擅长吃生的食物，对寿司的喜爱程度也就“普通”。

朋友推荐我去一家叫“折鹤”的午餐寿司店，好吃到让我震撼。

鱿鱼咔嚓一口就能咬断！

鱼都是闪闪发亮的，味道甘甜，超赞。对不擅长吃海胆和鲑鱼之类的我来说，原料全都是我能吃完的食物也是幸运（笑）。

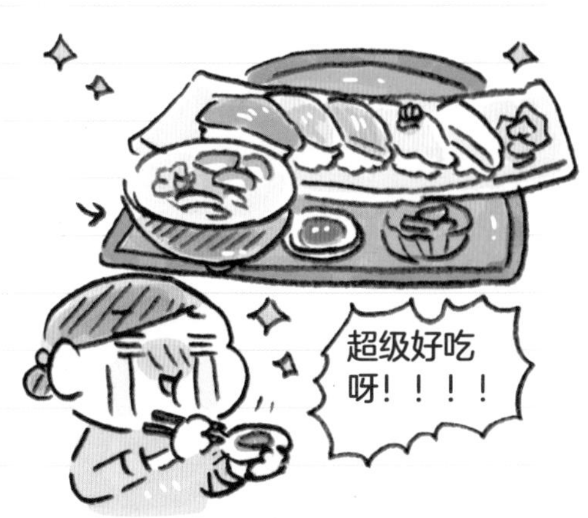


## 一排排柳树充满风情

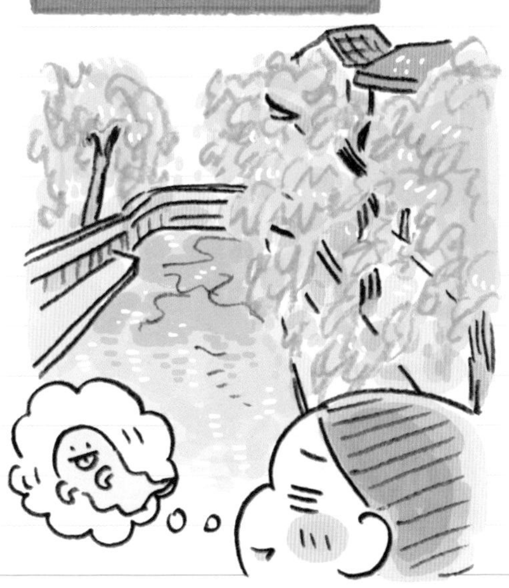

流经温泉旅馆前的河流，两岸种了一排排柳树，相当有风情。

想起我小时候特别害怕“柳树下会出现幽灵”的传言，好遥远的记忆……白天也不错，不过晚上有了灯光之后更美了。有机会想在这住一晚……

从这里开始，是我上大学后在京都开始一个人生活期间发生的故事。

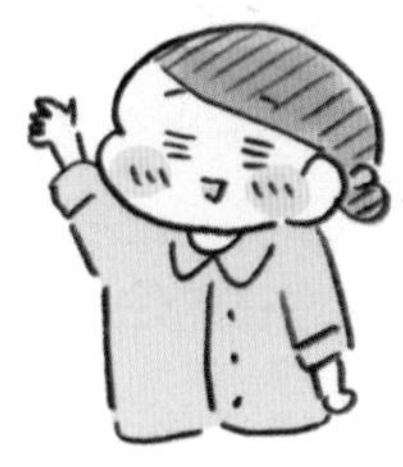

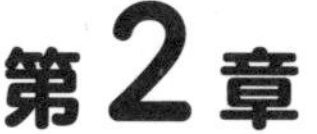


# 悠闲的独居

## 京都初体验

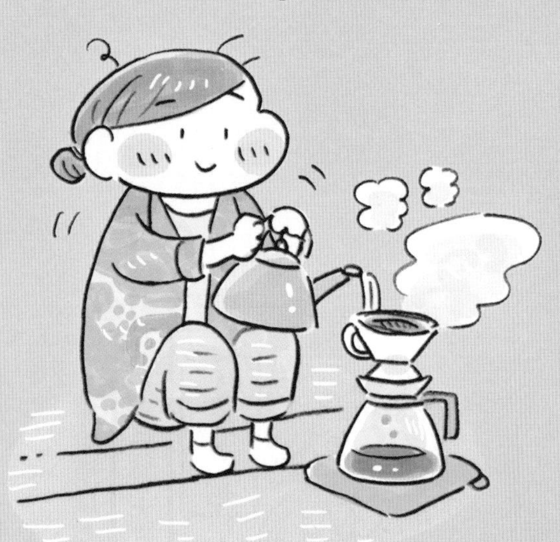

# 初次一个人生活

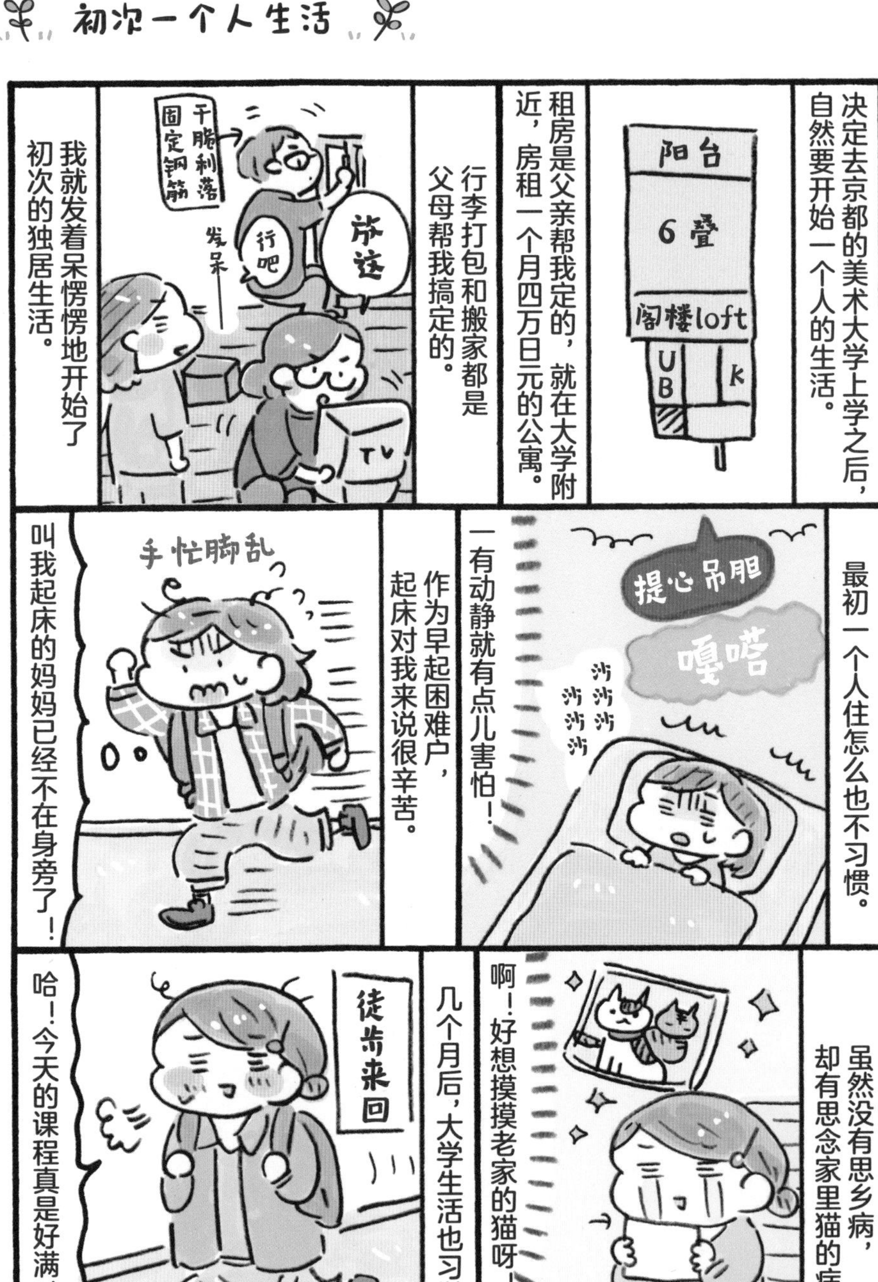


*注释：1叠约为1.62平方米。

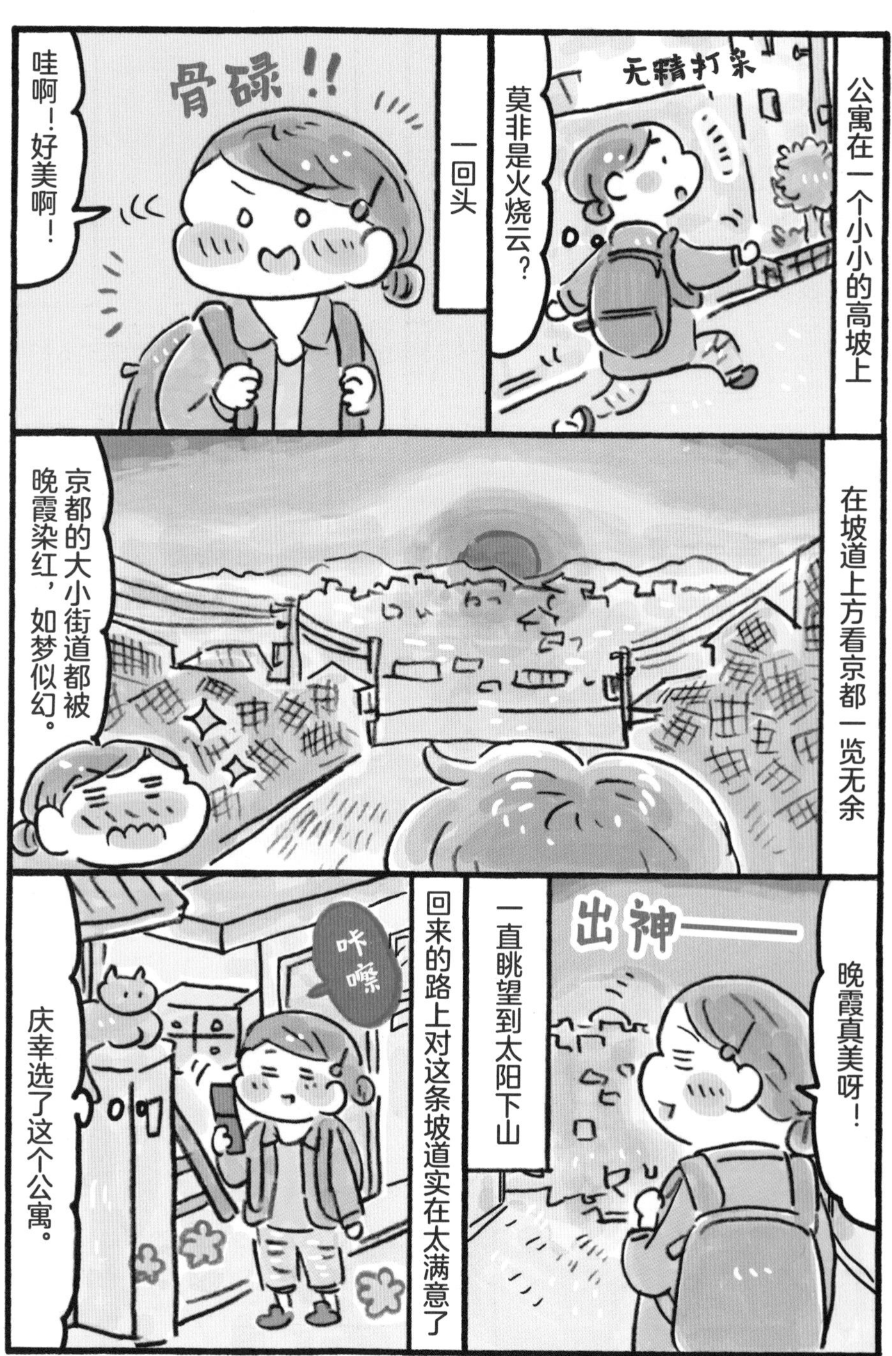
公寓在一个小小的高坡上
无精打采
莫非是火烧云？
一回头
骨碌！！
哇啊！好美啊！
在坡道上方看京都一览无余
京都的大小街道都被晚霞染红，如梦似幻。
晚霞真美呀！
出神——
一直眺望到太阳下山
回来的路上对这条坡道实在太满意了
咔嚓
庆幸选了这个公寓。

## 做饭初体验，进三步，退两步

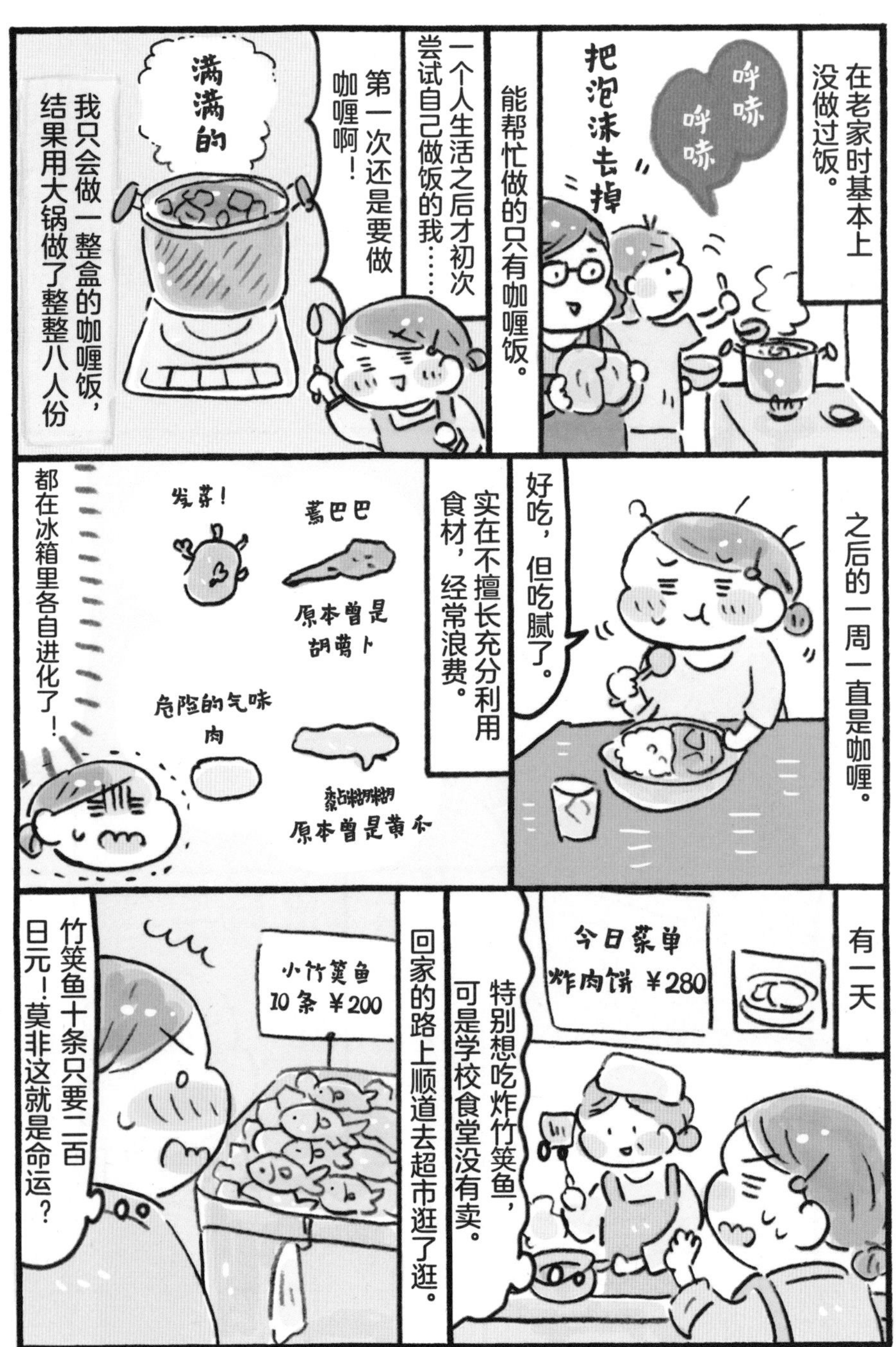

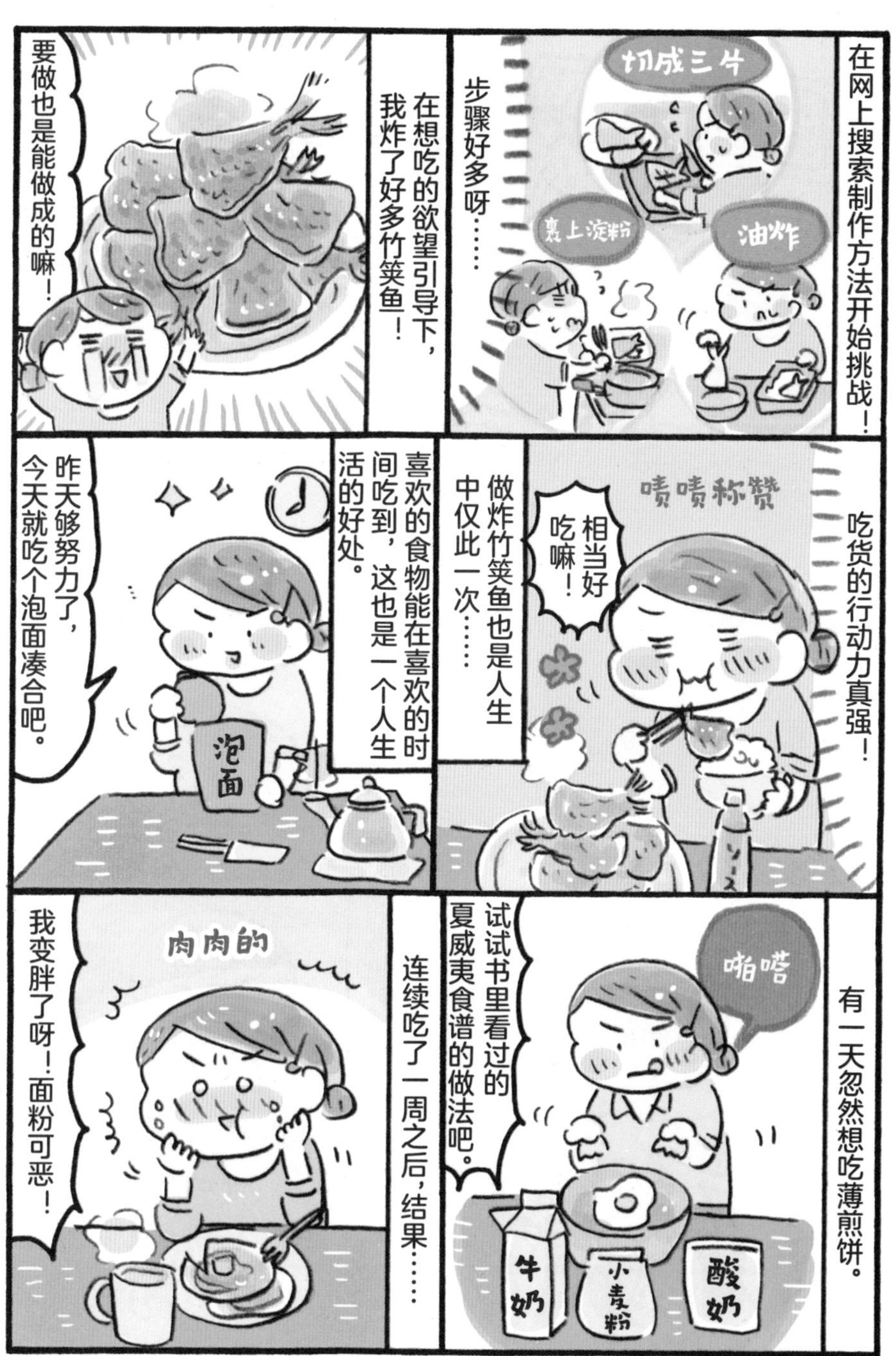

在网上搜索制作方法开始挑战！
切成三片
裹上淀粉
油炸
步骤好多呀……
在想吃的欲望引导下，我炸了好多竹筴鱼！
要做也是能做成的嘛！
吃货的行动力真强！
啧啧称赞
相当好吃嘛！
做炸竹筴鱼也是人生中仅此一次……
喜欢的食物能在喜欢的时间吃到，这也是一个人生活的好处。
泡面
昨天够努力了，今天就吃个泡面凑合吧。
有一天忽然想吃薄煎饼。
啪嗒
试试书里看过的夏威夷食谱的做法吧。
牛奶
小麦粉
酸奶
连续吃了一周之后，结果……
肉肉的
我变胖了呀！面粉可恶！

## 挑战时髦的一年级生

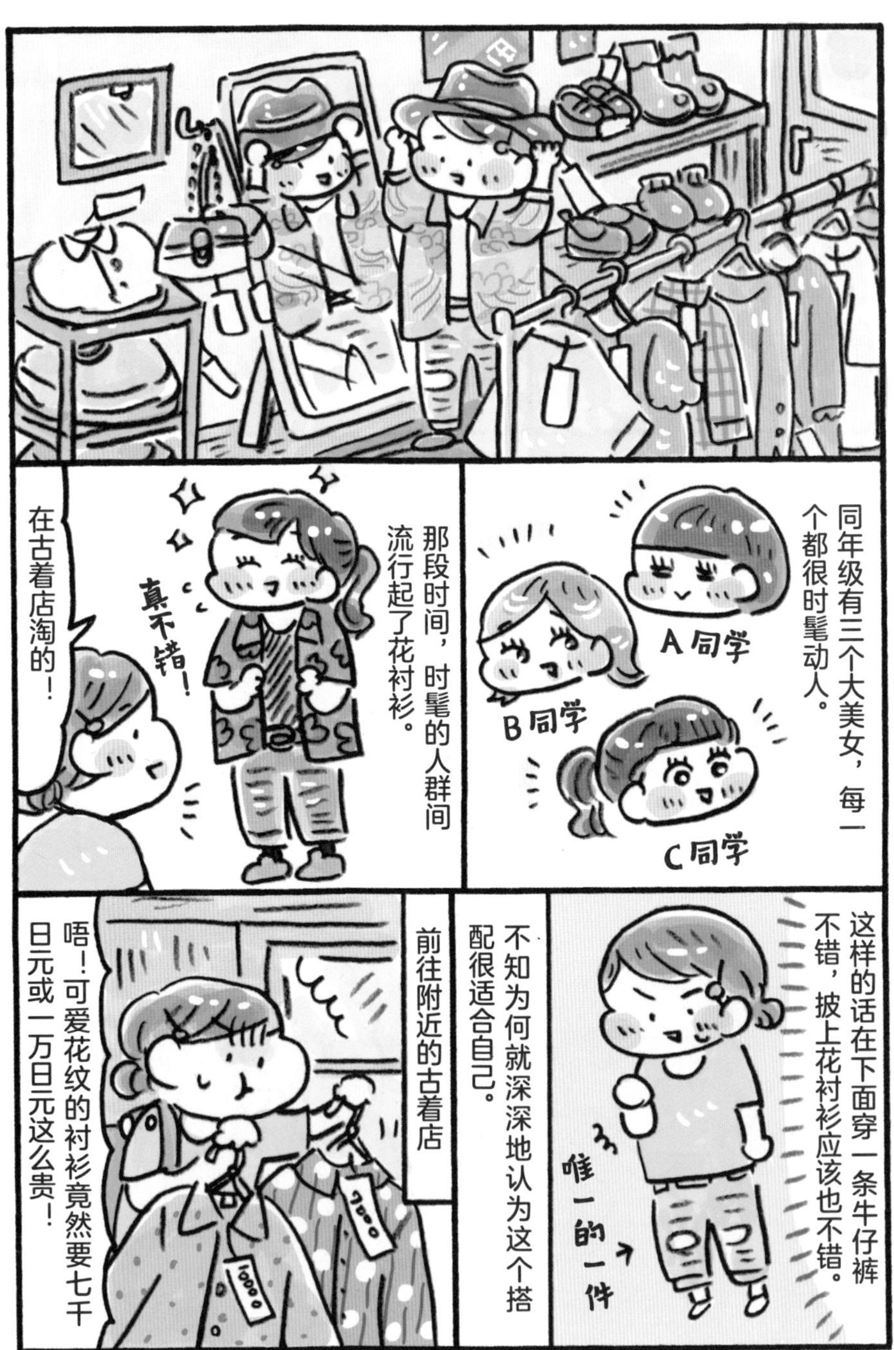

同年级有三个大美女，每一个都很时髦动人。
A同学
B同学
C同学
那段时间，时髦的人群间流行起了花衬衫。
真不错！
在古着店淘的！
这样的话在下面穿一条牛仔裤不错，披上花衬衫应该也不错。
唯一的一件
不知为何就深深地认为这个搭配很适合自己。
前往附近的古着店
唔！可爱花纹的衬衫竟然要七千日元或一万日元这么贵！
7000
10000

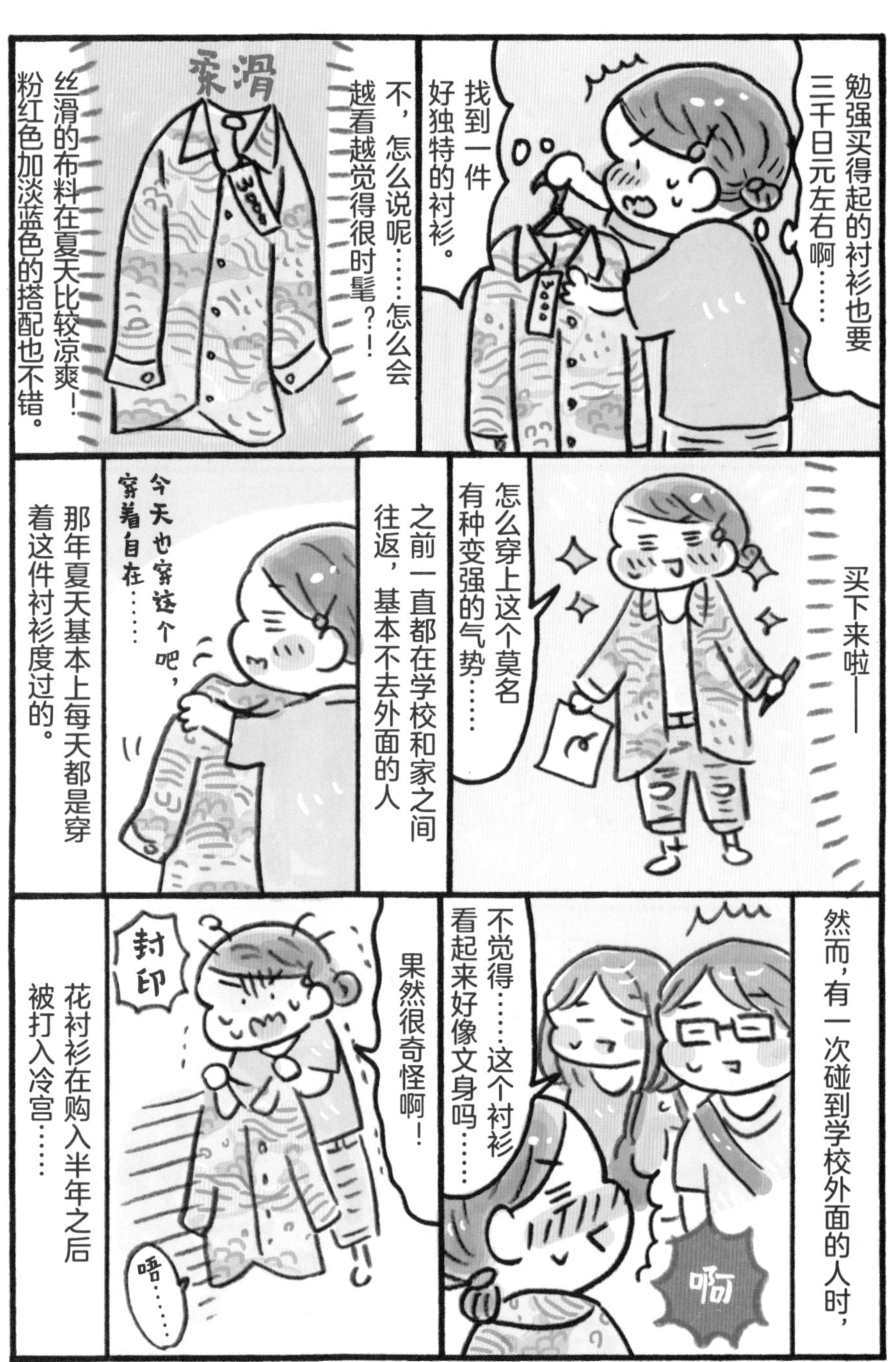

勉强买得起的衬衫也要三千日元左右啊……
找到一件好独特的衬衫。
不，怎么说呢……怎么会越看越觉得很时髦？！
柔滑
丝滑的布料在夏天比较凉爽！粉红色加淡蓝色的搭配也不错。
买下来啦——
怎么穿上这个莫名有种变强的气势……
之前一直都在学校和家之间往返，基本不去外面的人
今天也穿这个吧，穿着自在……
那年夏天基本上每天都是穿着这件衬衫度过的。
然而，有一次碰到学校外面的人时，
不觉得……这个衬衫看起来好像文身吗……
啊
果然很奇怪啊！
封印
唔……
花衬衫在购入半年之后被打入冷宫……

# 目标是画室一般的房间

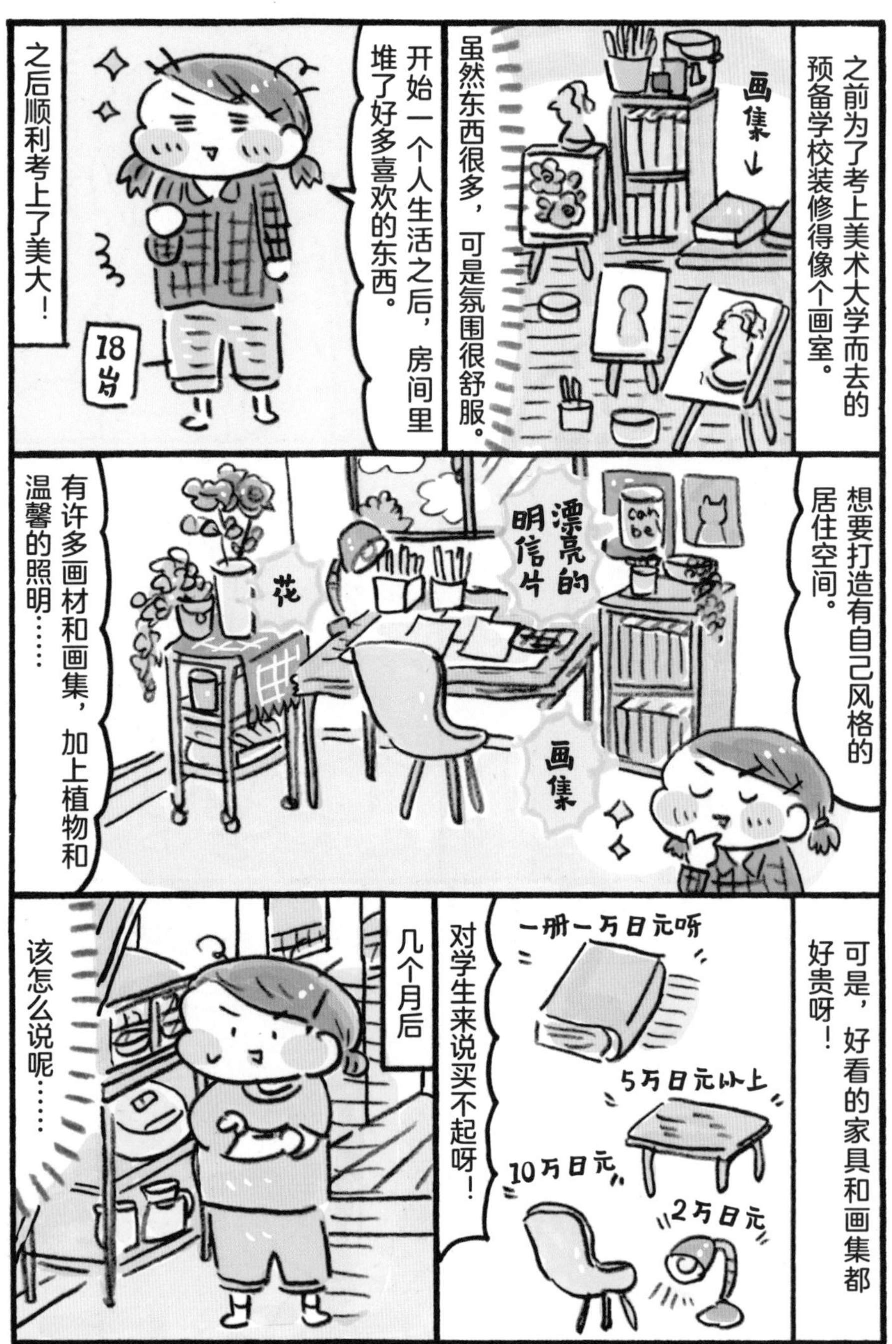

之前为了考上美术大学而去的预备学校装修得像个画室。
画集
虽然东西很多，可是氛围很舒服。
开始一个人生活之后，房间里堆了好多喜欢的东西。
18岁
之后顺利考上了美大！
想要打造有自己风格的居住空间。
漂亮的明信片
花
画集
有许多画材和画集，加上植物和温馨的照明……
可是，好看的家具和画集都好贵呀！
一册一万日元呀
5万日元以上
10万日元
2万日元
对学生来说买不起呀！
几个月后
该怎么说呢……

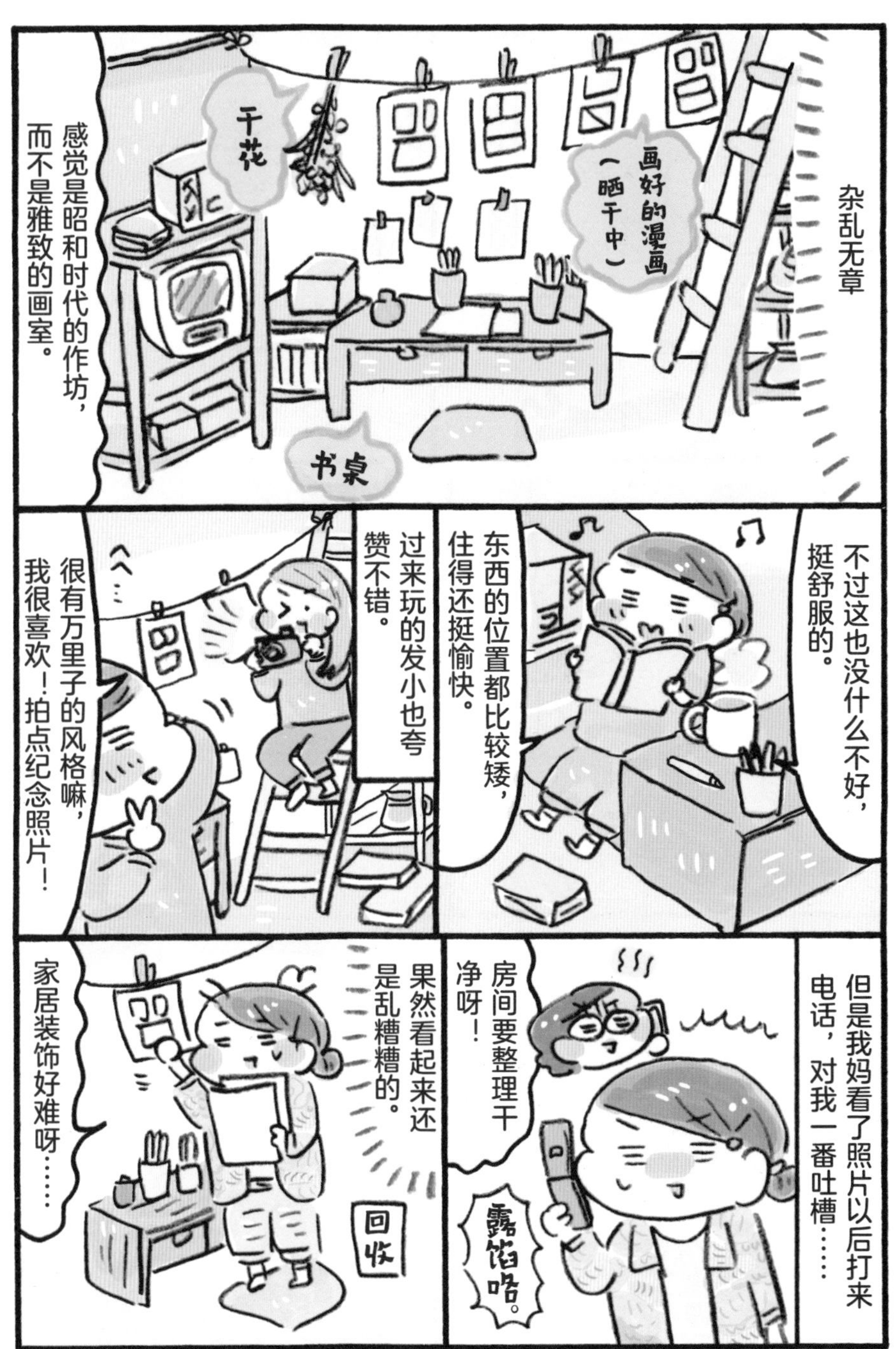
杂乱无章
感觉是昭和时代的作坊，
而不是雅致的画室。
干花
画好的漫画
（晒干中）
书桌
不过这也没什么不好，
挺舒服的。
东西的位置都比较矮，
住得还挺愉快。
过来玩的发小也夸
赞不错。
很有万里子的风格嘛，
我很喜欢！拍点纪念照片！
但是我妈看了照片以后打来
电话，对我一番吐槽……
房间要整理干
净呀！
露馅咯。
果然看起来还
是乱糟糟的。
回收
家居装饰好难呀……

# 不花钱的娱乐——游山

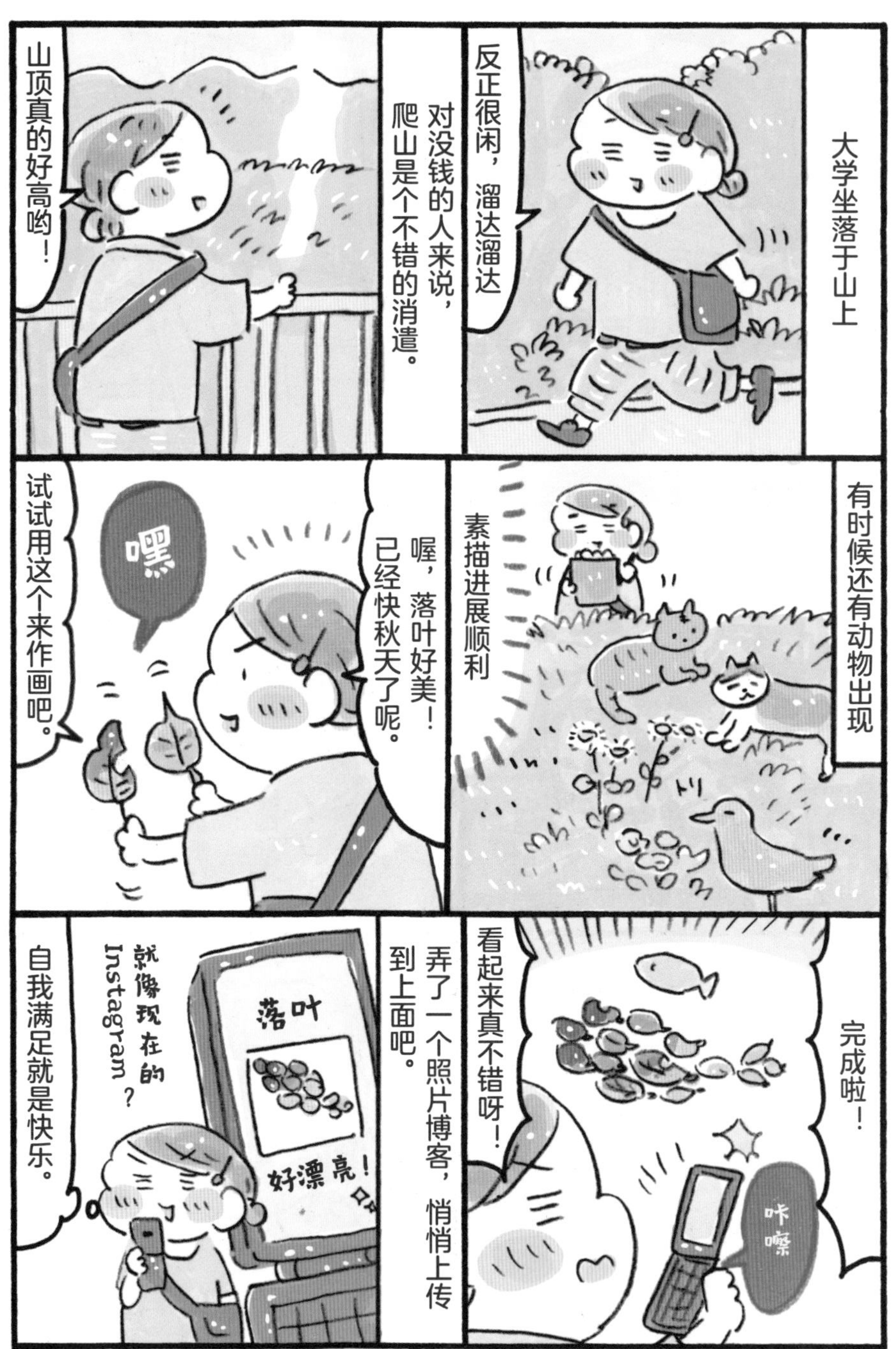

大学坐落于山上
反正很闲，溜达溜达
对没钱的人来说，爬山是个不错的消遣。
山顶真的好高哟！
有时候还有动物出现
素描进展顺利
喔，落叶好美！已经快秋天了呢。
嘿
试试用这个来作画吧。
完成啦！
咔嚓
看起来真不错呀！
弄了一个照片博客，悄悄上传到上面吧。
落叶
好漂亮！
就像现在的Instagram？
自我满足就是快乐。

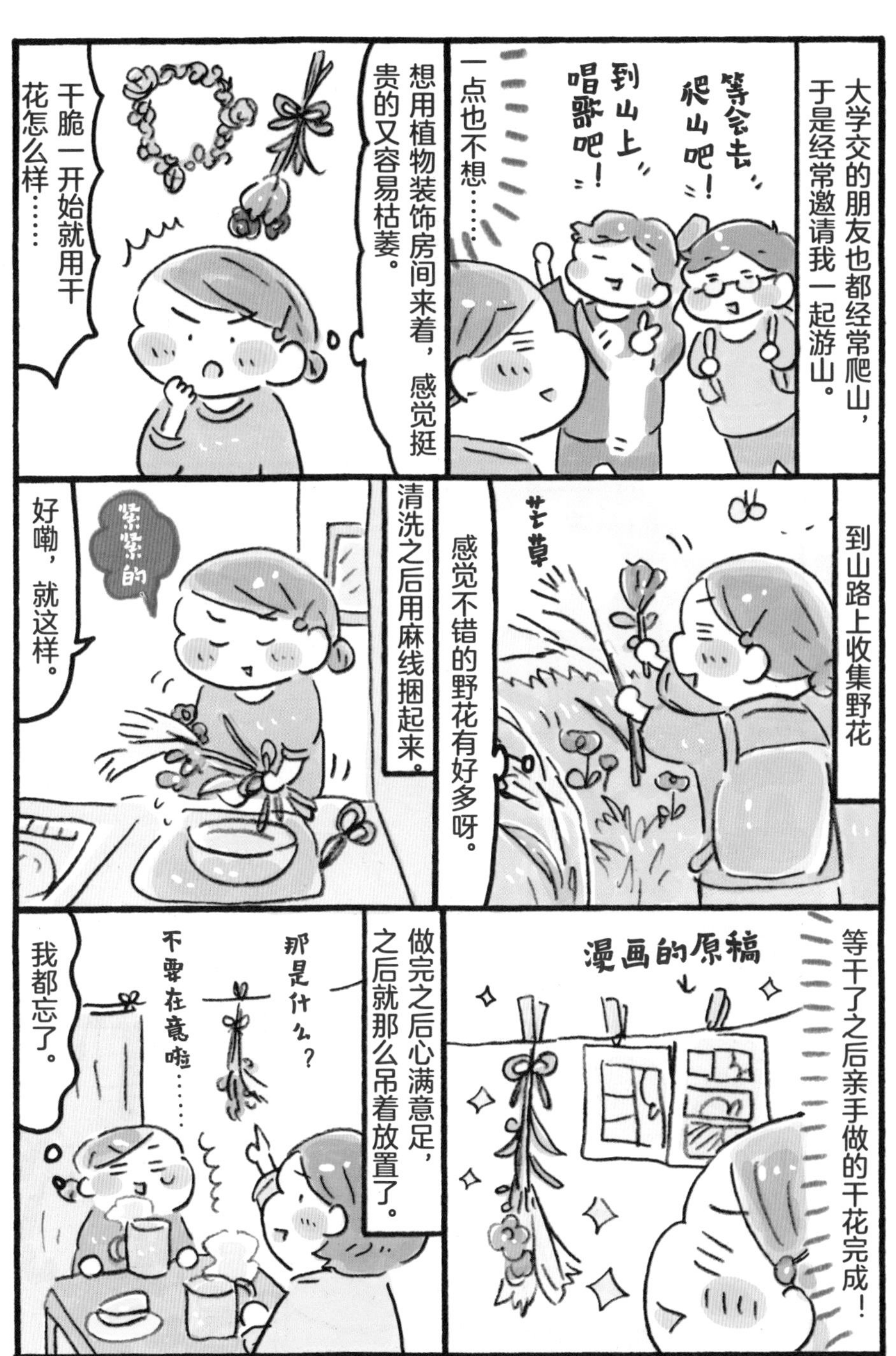
大学交的朋友也都经常爬山，于是经常邀请我一起游山。
等会去爬山吧！
到山上唱歌吧！
一点也不想……
想用植物装饰房间来着，感觉挺贵的又容易枯萎。
干脆一开始就用干花怎么样……
到山路上收集野花
芒草
感觉不错的野花有好多呀。
清洗之后用麻线捆起来。
紧紧的
好嘞，就这样。
等干了之后亲手做的干花完成！
漫画的原稿
做完之后心满意足，之后就那么吊着放置了。
那是什么？
不要在意啦……
我都忘了。

# 在京都感受到了旧书的魅力

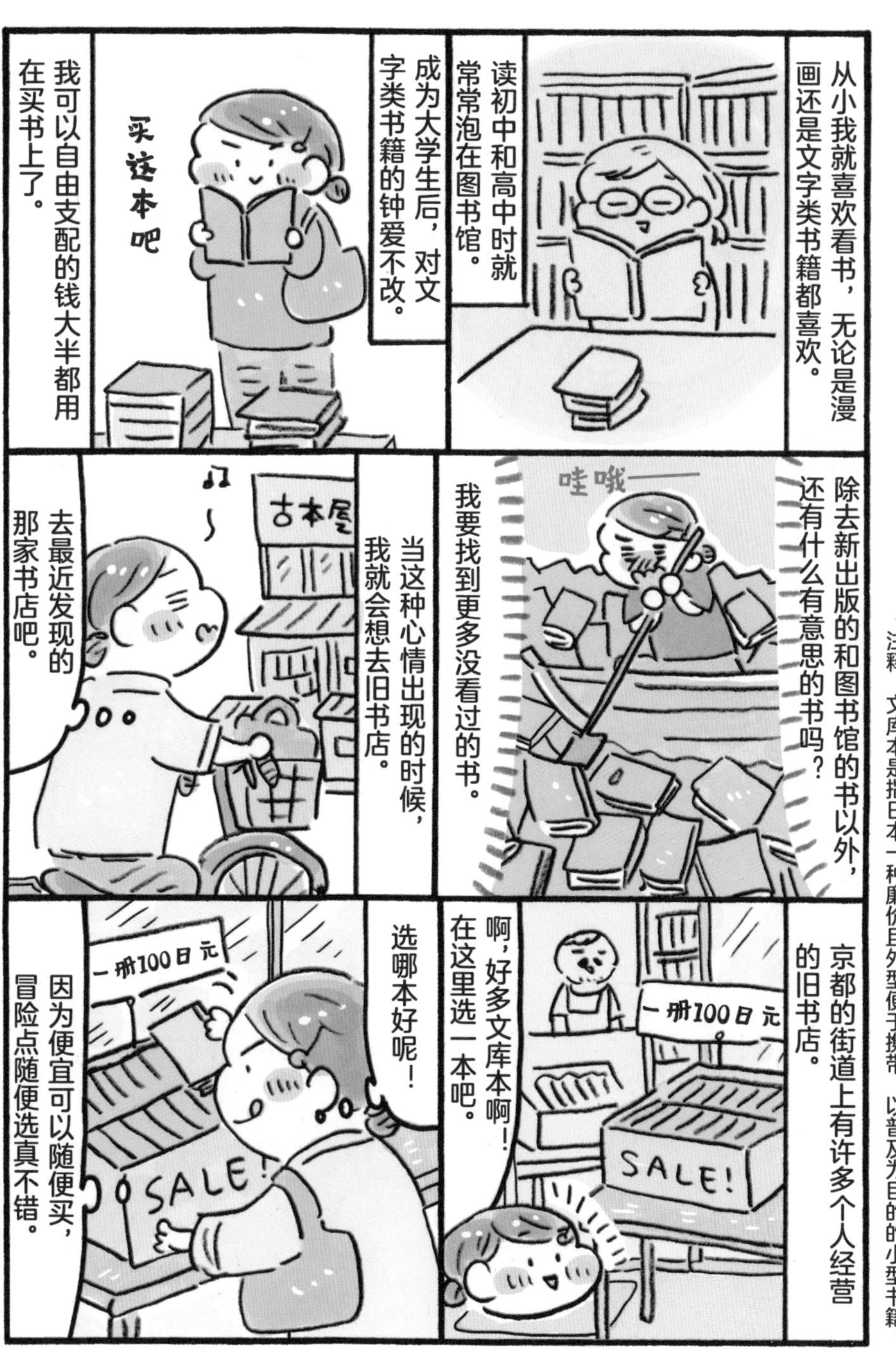


*注释：文库本是指日本一种廉价且外型便于携带，以普及为目的的小型书籍。

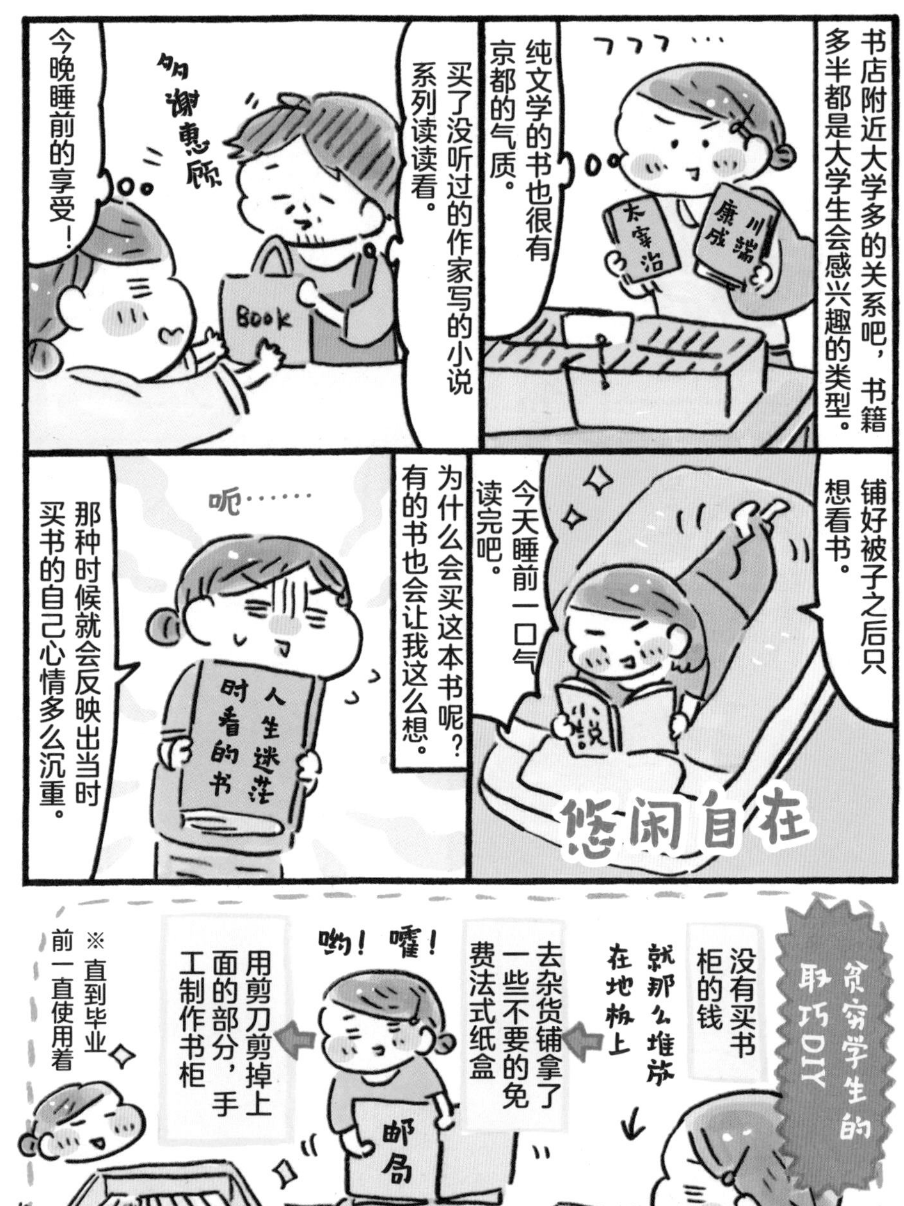
书店附近大学多的关系吧，书籍多半都是大学生会感兴趣的类型。
纯文学的书也很有京都的气质。
太宰治
川端康成
买了没听过的作家写的小说系列读读看。
谢谢惠顾
BOOK
今晚睡前的享受！
铺好被子之后只想看书。
今天睡前一口气读完吧。
小说
悠闲自在
为什么会买这本书呢？有的书也会让我这么想。
呃……
人生迷茫时看的书
那种时候就会反映出当时买书的自己心情多么沉重。
贫穷学生的取巧DIY
没有买书柜的钱
就那么堆放在地板上
去杂货铺拿了一些不要的免费法式纸盒
哟！嘿！
邮局
用剪刀剪掉上面的部分，手工制作书柜
※直到毕业前一直使用着

熬夜与咖啡与我

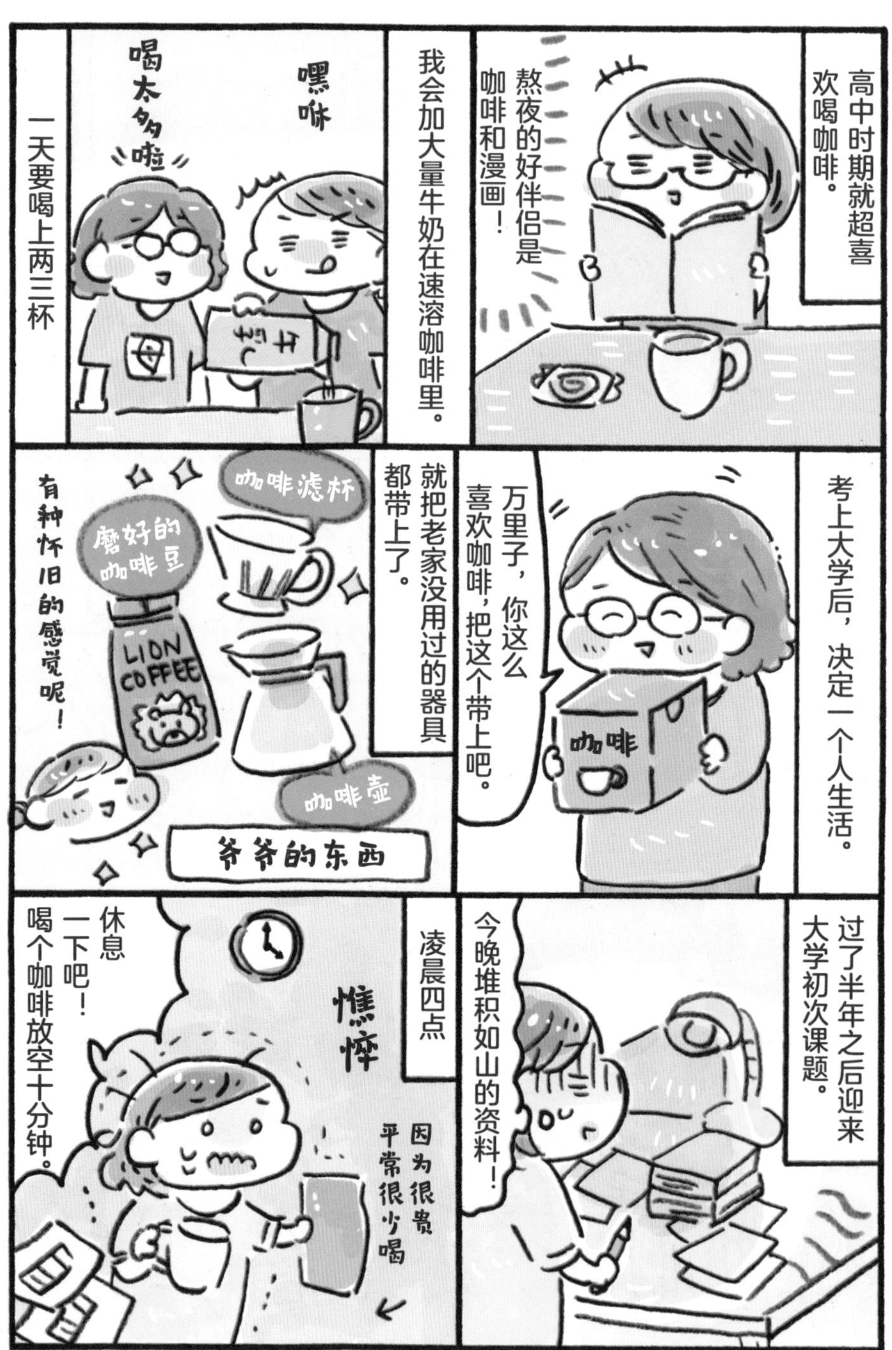

高中时期就超喜欢喝咖啡。
熬夜的好伴侣是咖啡和漫画！
我会加大量牛奶在速溶咖啡里。
嘿咻
喝太多啦
牛奶
一天要喝上两三杯
考上大学后，决定一个人生活。
万里子，你这么喜欢咖啡，把这个带上吧。
咖啡
就把老家没用过的器具都带上了。
咖啡滤杯
磨好的咖啡豆
LION COFFEE
咖啡壶
爷爷的东西
有种怀旧的感觉呢！
过了半年之后迎来大学初次课题。
今晚堆积如山的资料！
凌晨四点
憔悴
因为很贵平常很少喝
休息一下吧！
喝个咖啡放空十分钟。

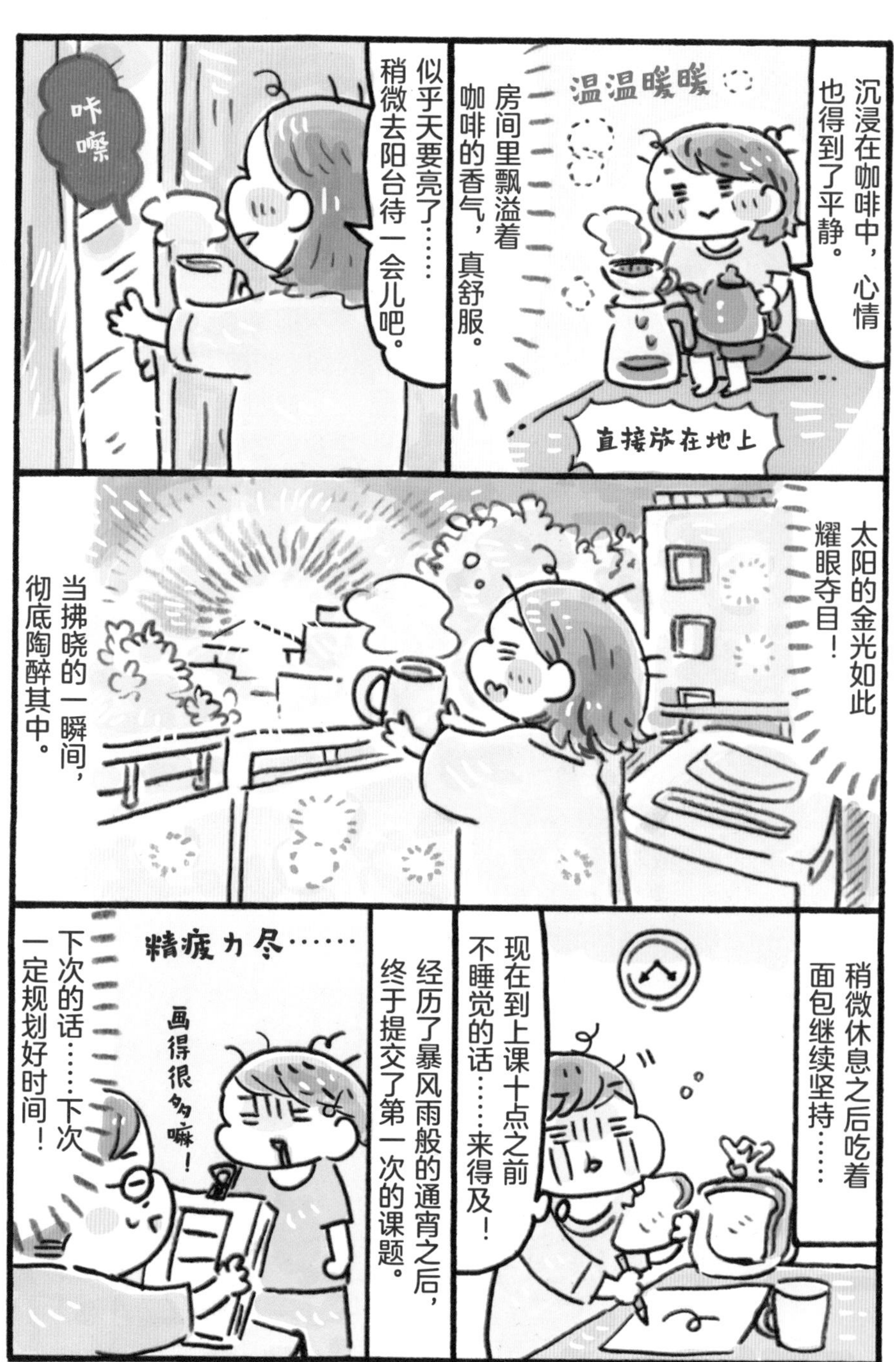

沉浸在咖啡中，心情也得到了平静。
温温暖暖
房间里飘溢着咖啡的香气，真舒服。
直接放在地上
似乎天要亮了……稍微去阳台待一会儿吧。
咔嚓
太阳的金光如此耀眼夺目！
当拂晓的一瞬间，彻底陶醉其中。
稍微休息之后吃着面包继续坚持……
现在到上课十点之前不睡觉的话……来得及！
经历了暴风雨般的通宵之后，终于提交了第一次的课题。
精疲力尽……
画得很多嘛！
下次的话……下次一定规划好时间！

column

# 初次一个人生活的失败集

## 春天第一场南风将被子吹走了

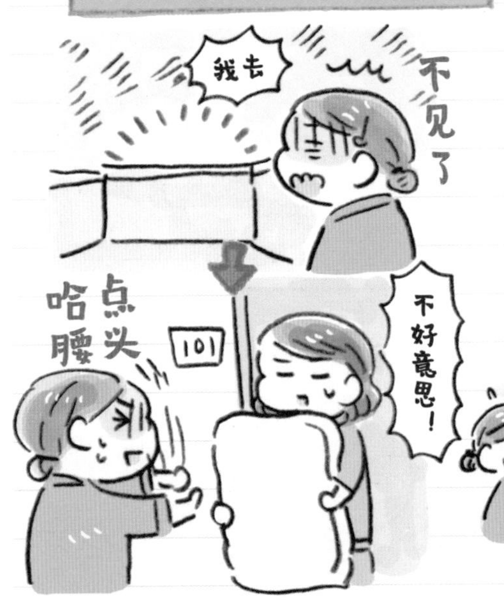


去上课之前晒着的被子，回来后发现不见了。

那是春天的第一阵强南风，将被子吹到了一楼。

厚着脸皮问一楼的住户拿来了被子，没想到连续两年发生了此类事……

## 房间打扫

实在搞不清楚什么时候使用吸尘器比较好，经常忘了使用它，直到朋友要来做客才匆匆忙忙地使用它。

那时才发现，因为住的地方不大，打扫起来其实很快，从此开始慢慢改善打扫频率……

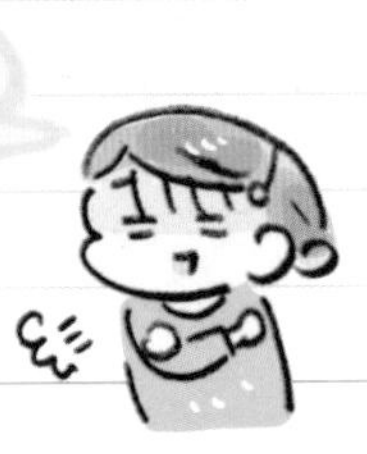


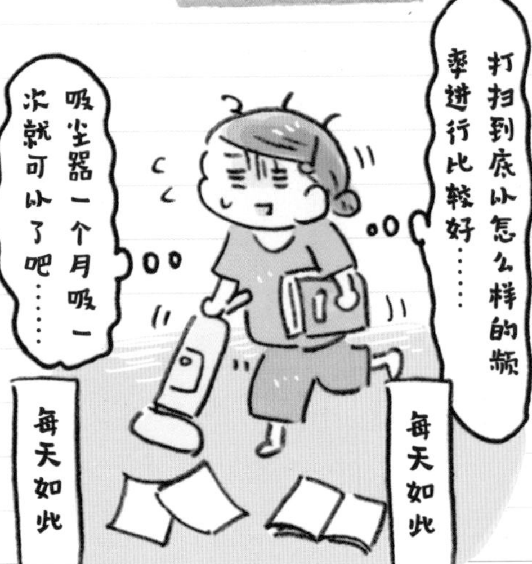

## 放一块就OK了吧?

不擅长整理东西，暖炉桌上堆满了杂七杂八的物品，经常等到吃饭的时候才发现无处安放碗筷。

只有晚饭的时候会利落地一口气收拾好，心想“搞定”。

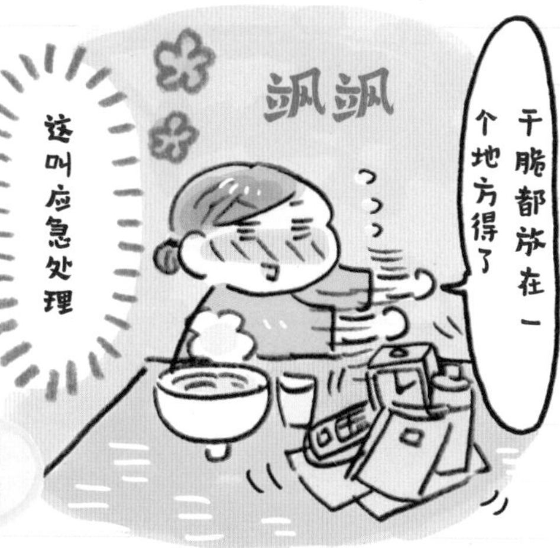


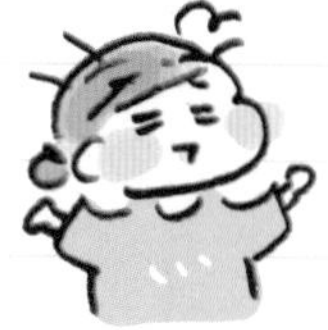


## 只要有米饭和味噌汤!

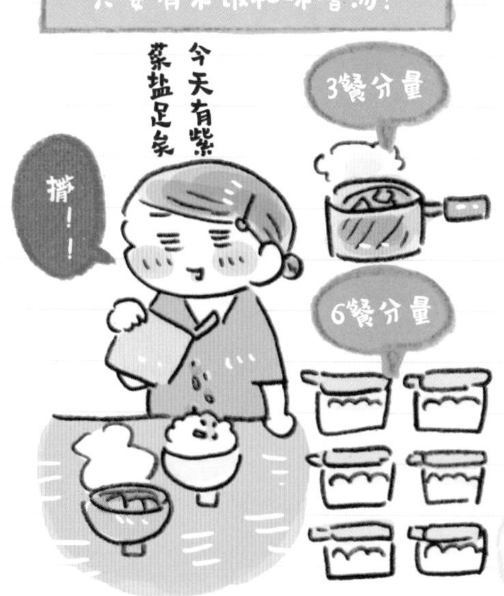


我不太擅长自己做饭，经常不做菜吃饭。

不过我保存了大量做好的米饭放在冰箱。（当时还不清楚冷藏知识……）

味噌汤也调好了三顿的分量。

另外靠茶泡饭和紫菜盐，以及买来的熟菜等凑合解决一顿饭。

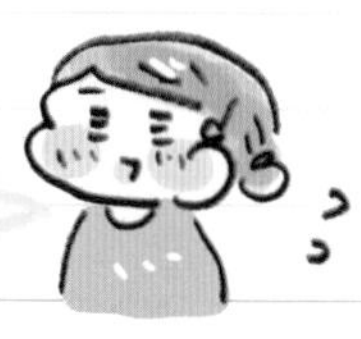

## 初次逛高级面包店

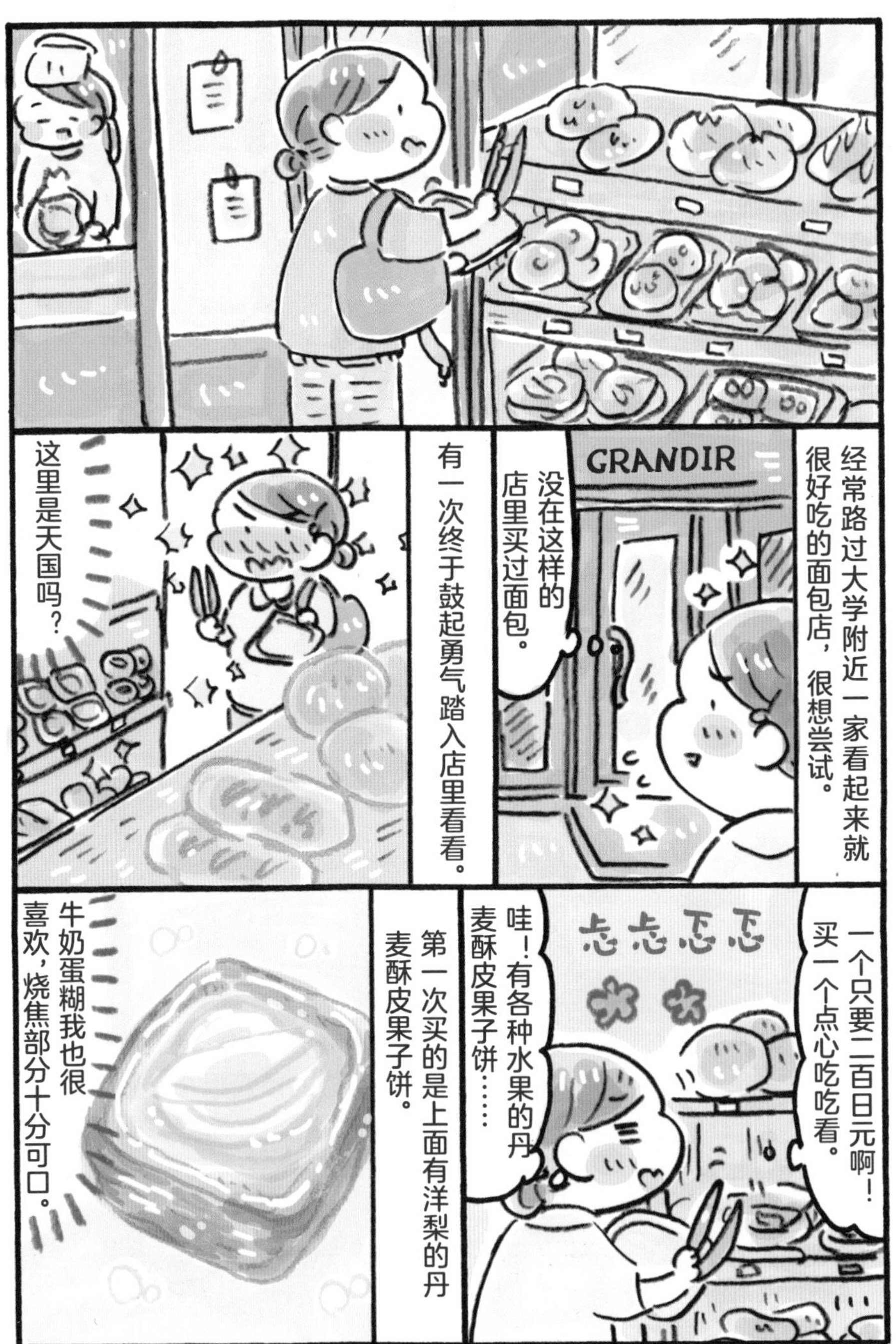
经常路过大学附近一家看起来就很好吃的面包店，很想尝试。
GRANDIR
没在这样的店里买过面包。
有一次终于鼓起勇气踏入店里看看。
这里是天国吗？
一个只要二百日元啊！买一个点心吃吃看。
哇！有各种水果的丹麦酥皮果子饼……
第一次买的是上面有洋梨的丹麦酥皮果子饼。
牛奶蛋糊我也很喜欢，烧焦部分十分可口。

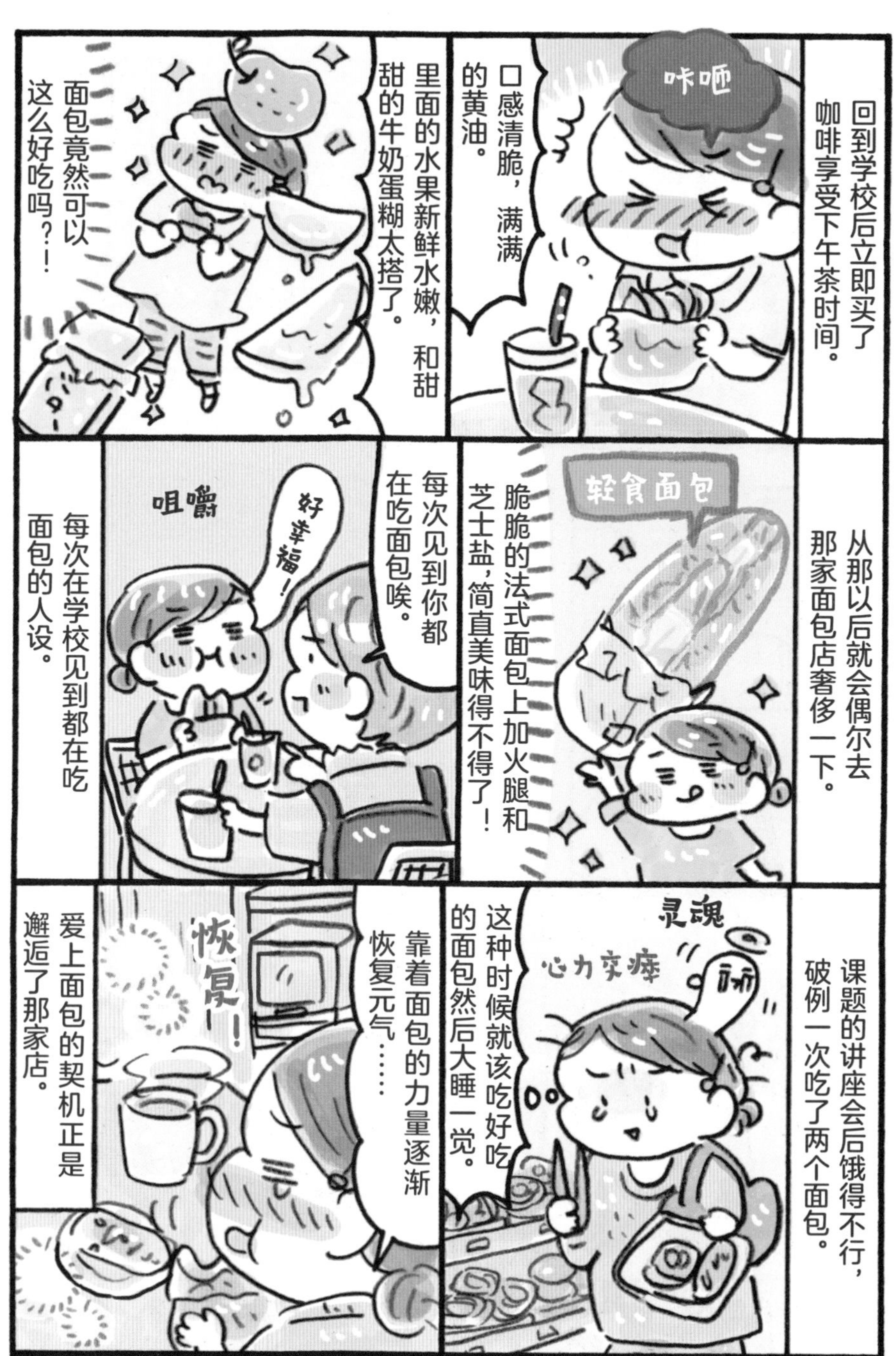

回到学校后立即买了咖啡享受下午茶时间。
咔嚓
口感清脆，满满的黄油。
里面的水果新鲜水嫩，和甜甜的牛奶蛋糊太搭了。
面包竟然可以这么好吃吗？！
从那以后就会偶尔去那家面包店奢侈一下。
轻食面包
脆脆的法式面包上加火腿和芝士盐，简直美味得不得了！
每次见到你都在吃面包唉。
好幸福！
咀嚼
每次在学校见到都在吃面包的人设。
课题的讲座会后饿得不行，破例一次吃了两个面包。
灵魂
心力交瘁
这种时候就该吃好吃的面包然后大睡一觉。
靠着面包的力量逐渐恢复元气……
恢复！
爱上面包的契机正是邂逅了那家店。

## 精选书店“悬崖书店”的回忆

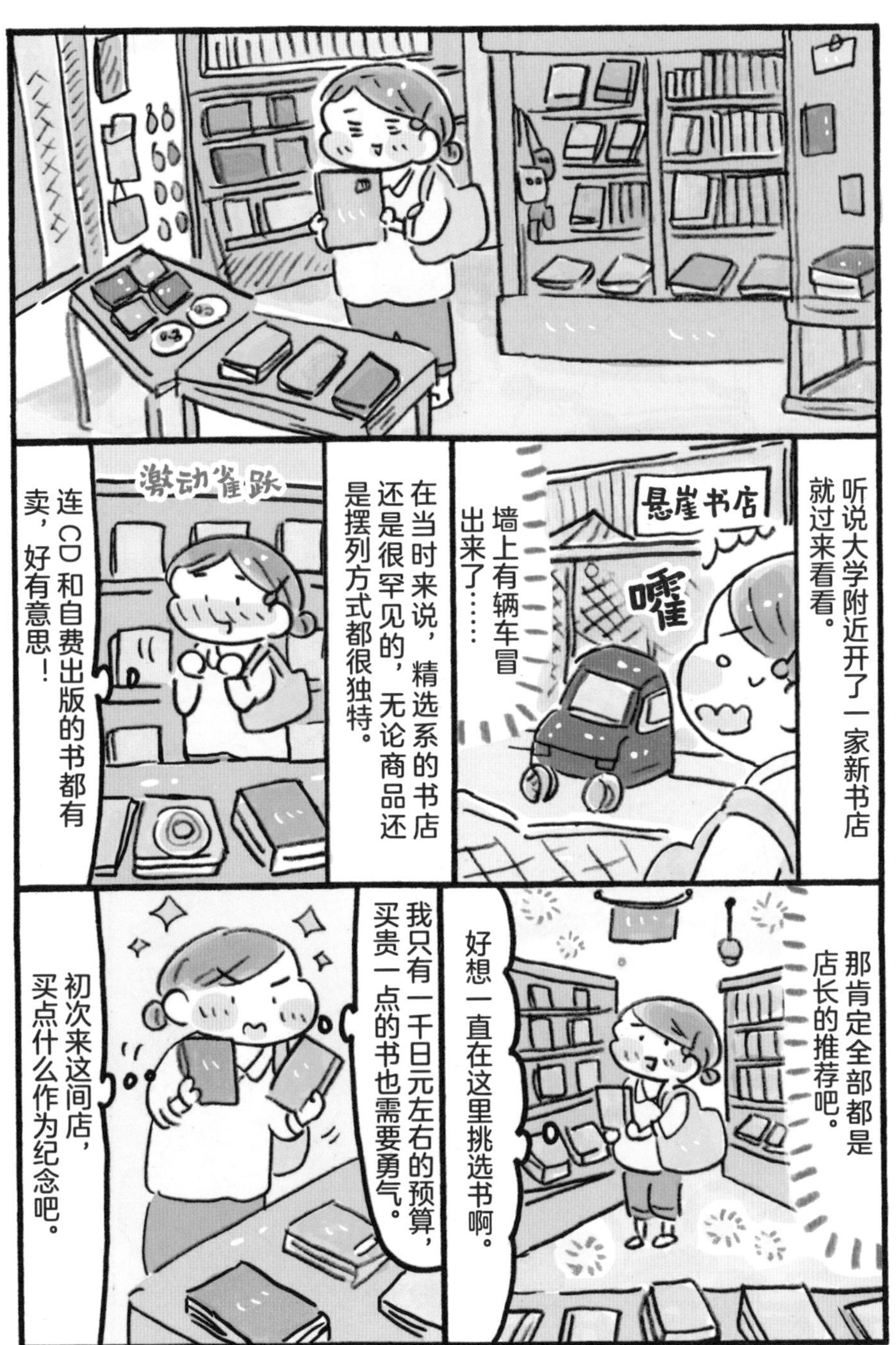

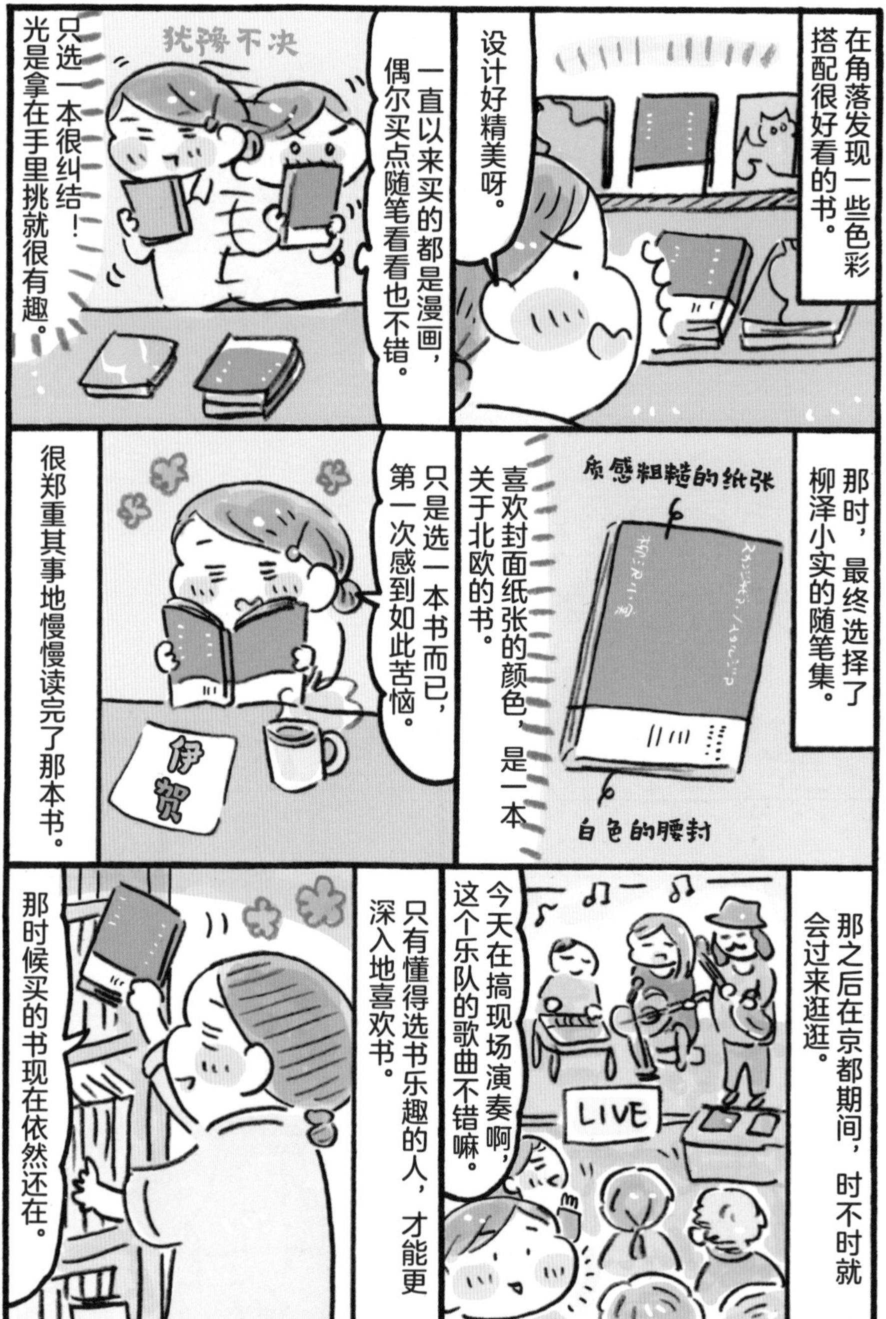

在角落发现一些色彩搭配很好看的书。

设计好精美呀。

一直以来买的都是漫画，偶尔买点随笔看看也不错。

犹豫不决

只选一本很纠结！光是拿在手里挑就很有趣。

那时，最终选择了柳泽小实的随笔集。

喜欢封面纸张的颜色，是一本关于北欧的书。

质感粗糙的纸张

白色的腰封

只是选一本书而已，第一次感到如此苦恼。

伊贺

很郑重其事地慢慢读完了那本书。

那之后在京都期间，时不时就会过来逛逛。

今天在搞现场演奏啊，这个乐队的歌曲不错嘛。

LIVE

只有懂得选书乐趣的人，才能更深入地喜欢书。

那时候买的书现在依然还在。

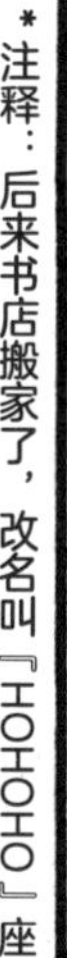
*注释：后来书店搬家了，改名叫『HOHOHO』座。

## 震惊满满！初次的海外旅行

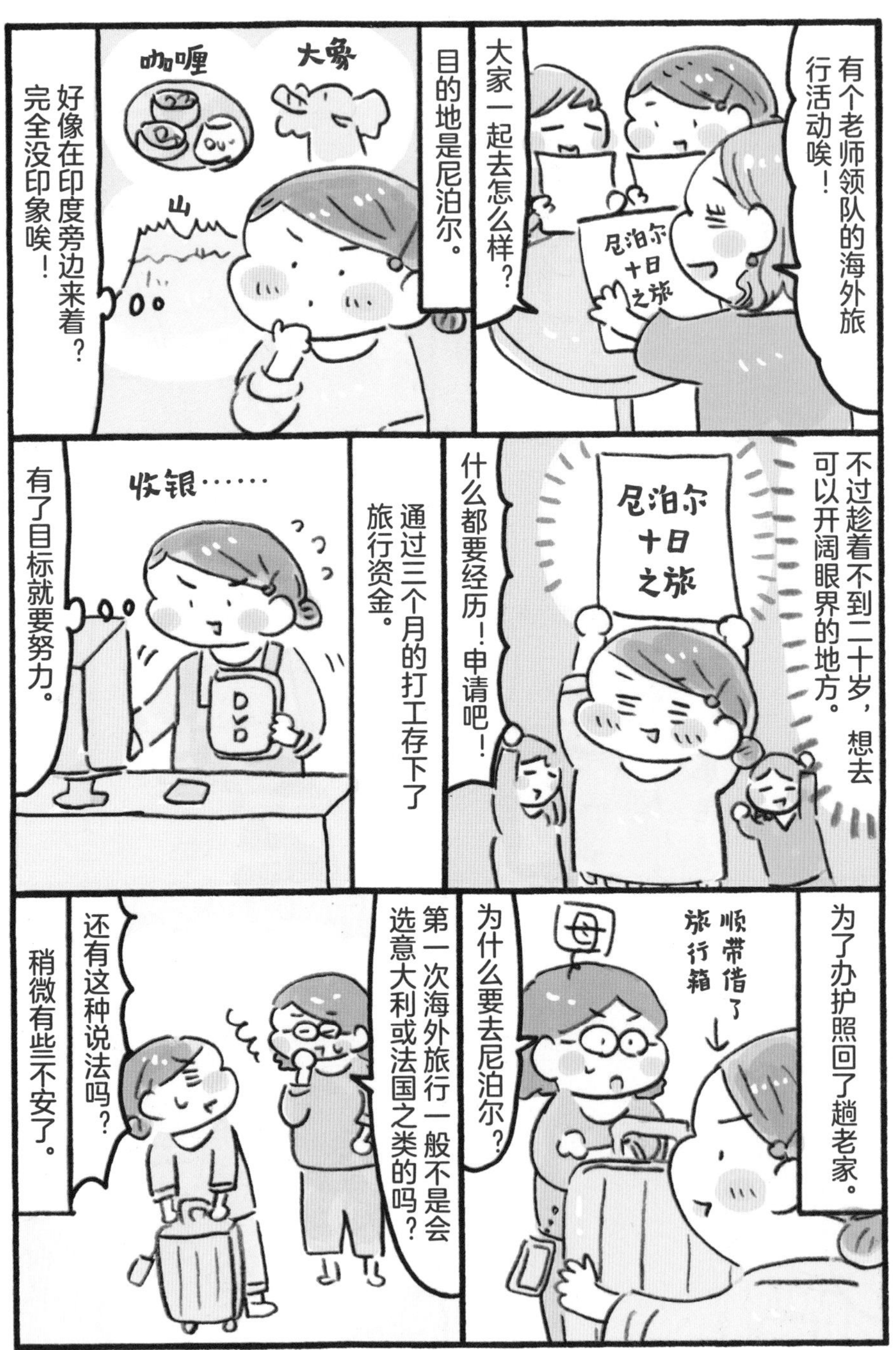

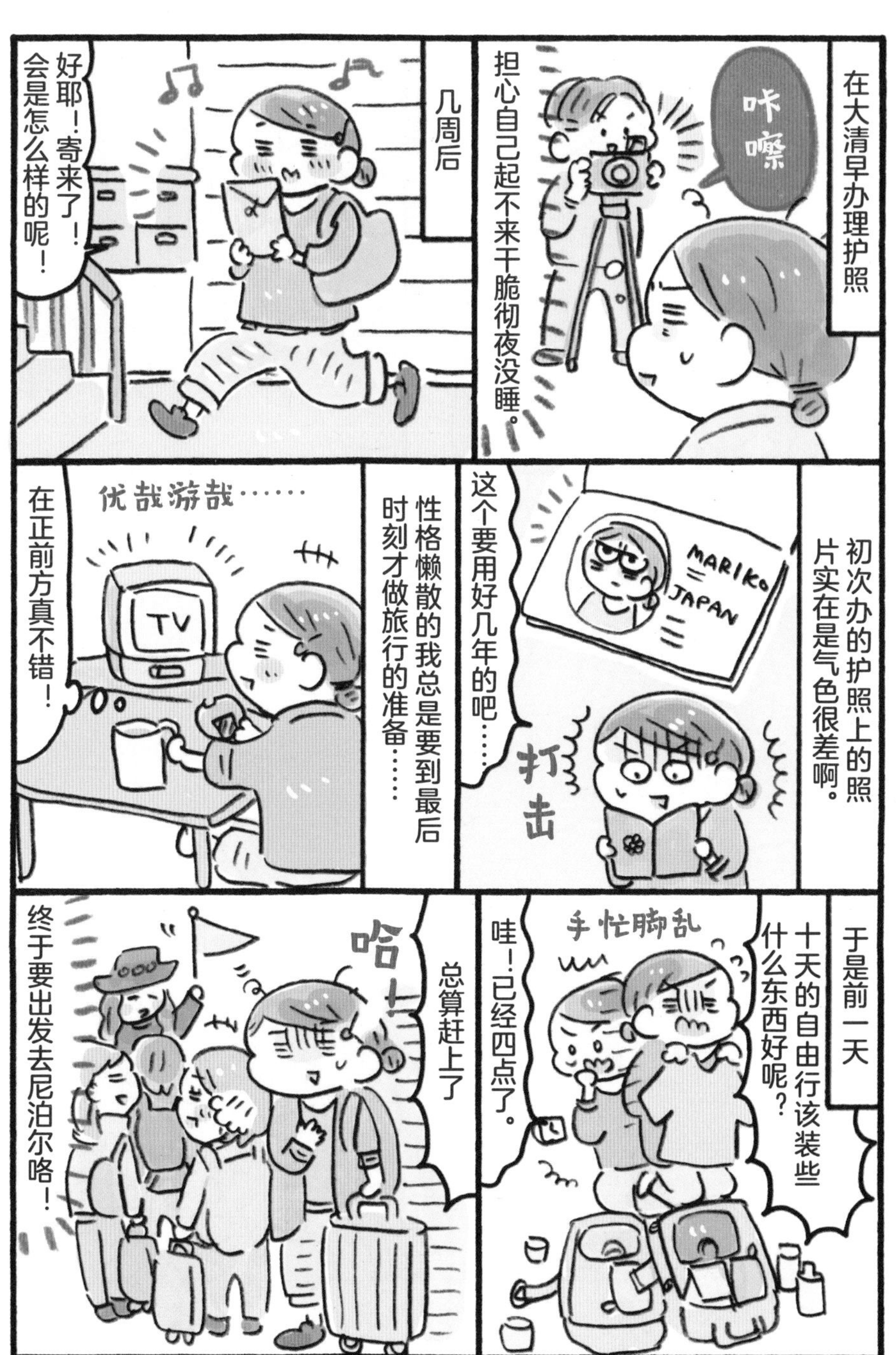
在大清早办理护照
咔嚓
担心自己起不来干脆彻夜没睡。
几周后
好耶！寄来了！会是怎么样的呢！
初次办的护照上的照片实在是气色很差啊。
MARIKO
JAPAN
打击
这个要用好几年的吧……
性格懒散的我总是要到最后时刻才做旅行的准备……
优哉游哉……
TV
在正前方真不错！
于是前一天
十天的自由行该装些什么东西好呢？
手忙脚乱
哇！已经四点了。
总算赶上了
哈！
终于要出发去尼泊尔咯！

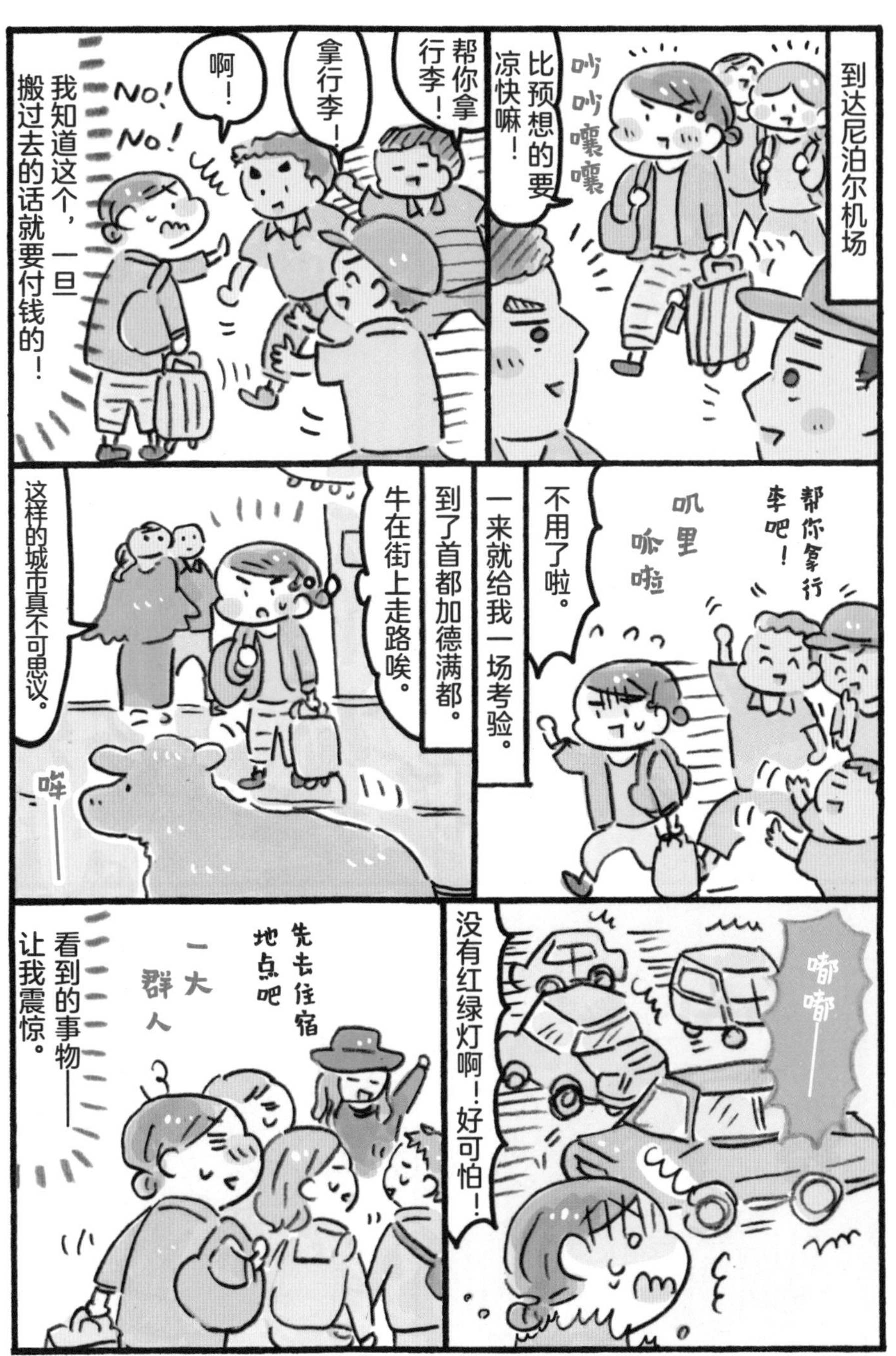
到达尼泊尔机场
吵吵嚷嚷
比预想的要凉快嘛！
帮你拿行李！
拿行李！
啊！
No! No!
我知道这个，一旦搬过去的话就要付钱的！
帮你拿行李吧！
叽里呱啦
不用了啦。
一来就给我一场考验。
到了首都加德满都。
牛在街上走路唉。
这样的城市真不可思议。
哞——
嘟嘟——
没有红绿灯啊！好可怕！
先去住宿地点吧
一大群人
看到的事物——让我震惊。

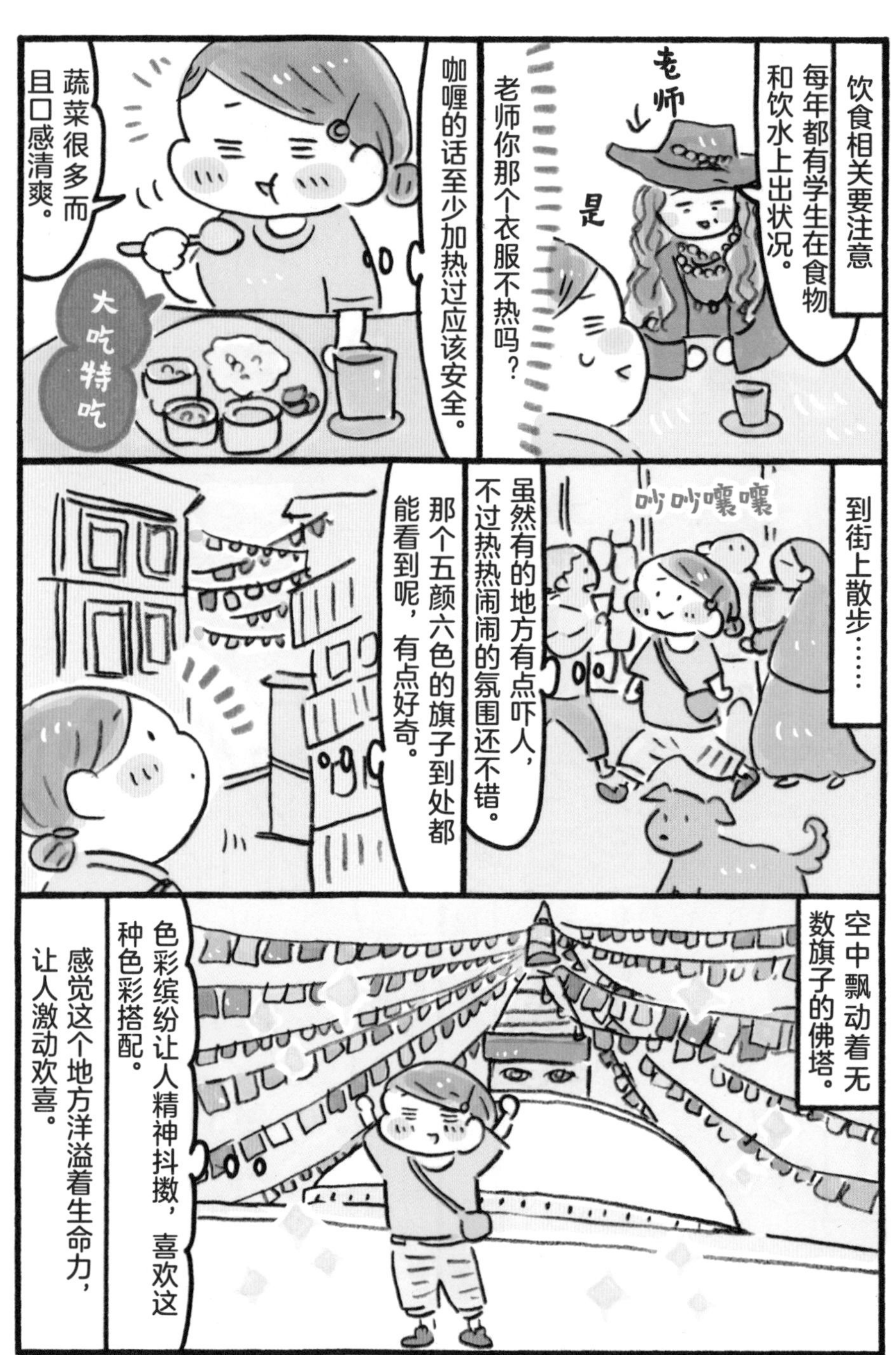
饮食相关要注意
每年都有学生在食物和饮水上出状况。
老师
是
老师你那个衣服不热吗？
咖喱的话至少加热过应该安全。
蔬菜很多而且口感清爽。
大吃特吃
到街上散步……
吵吵嚷嚷
虽然有的地方有点吓人，不过热热闹闹的氛围还不错。
那个五颜六色的旗子到处都能看到呢，有点好奇。
空中飘动着无数旗子的佛塔。
色彩缤纷让人精神抖擞，喜欢这种色彩搭配。
感觉这个地方洋溢着生命力，让人激动欢喜。

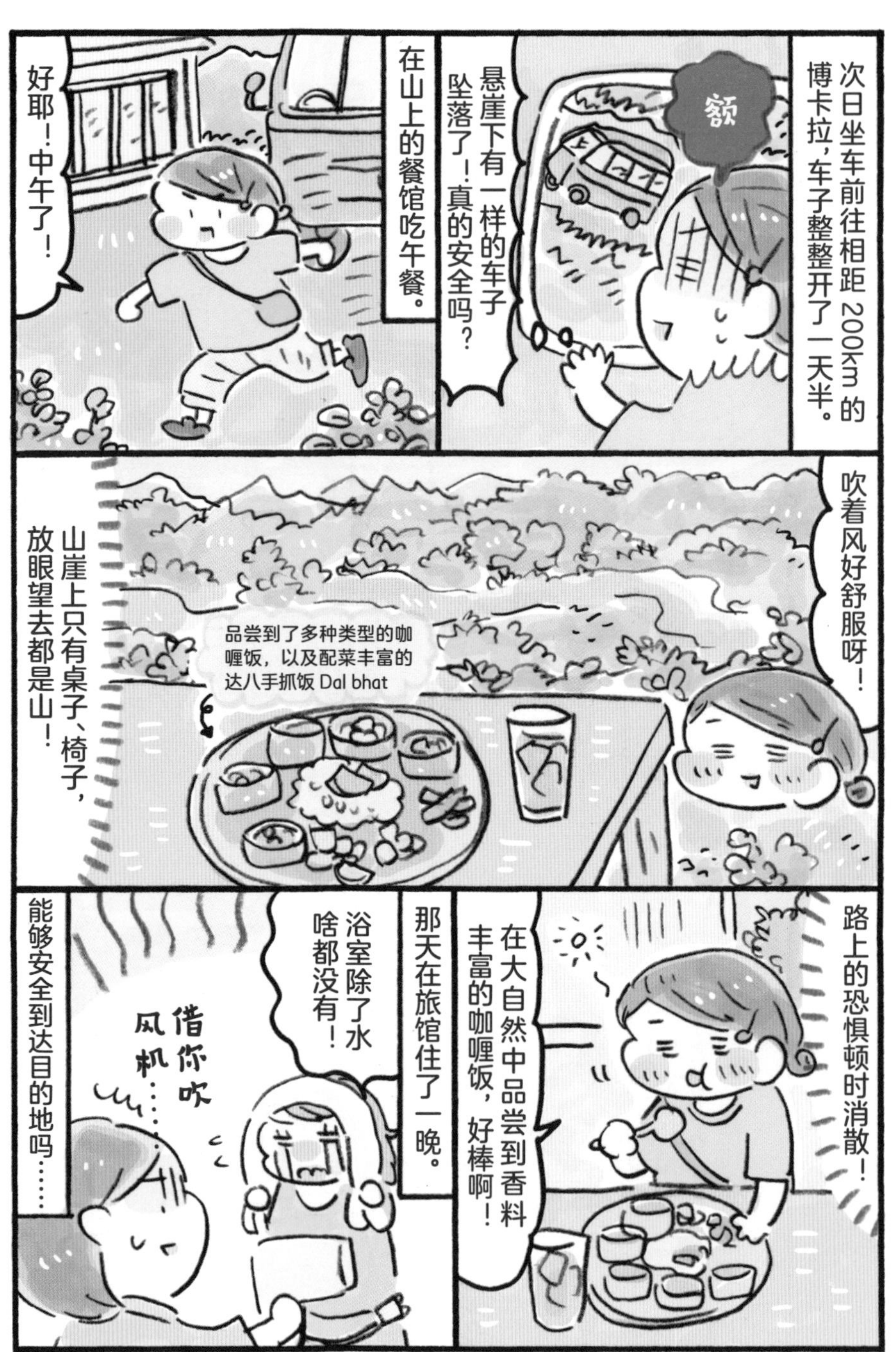


如今还时不时想吃尼泊尔料理。

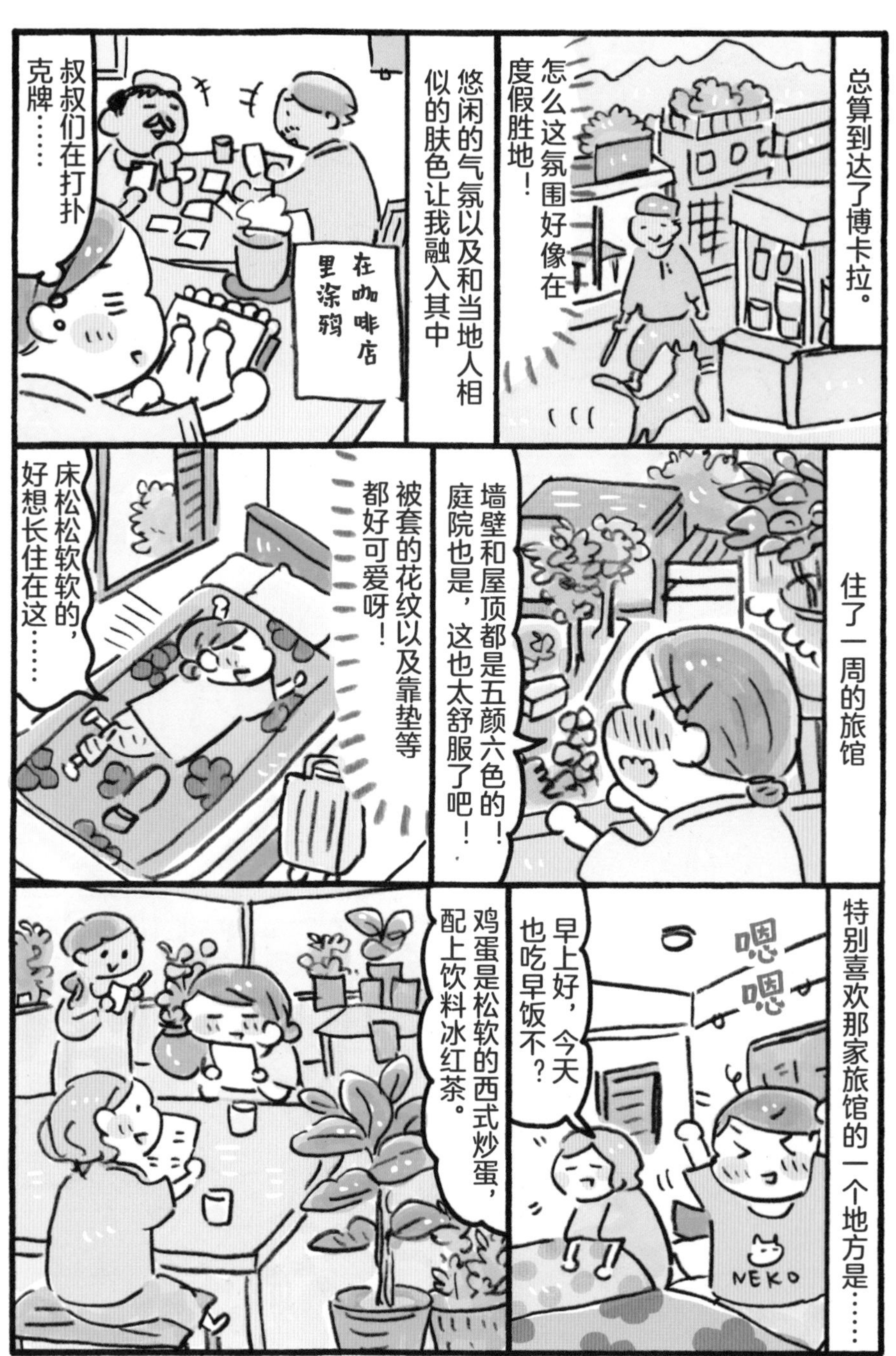
总算到达了博卡拉。
怎么这氛围好像在度假胜地！
悠闲的气氛以及和当地人相似的肤色让我融入其中
在咖啡店里涂鸦
叔叔们在打扑克牌……
住了一周的旅馆
墙壁和屋顶都是五颜六色的！庭院也是，这也太舒服了吧！
被套的花纹以及靠垫等都好可爱呀！
床松松软软的，好想长住在这……
特别喜欢那家旅馆的一个地方是……
嗯嗯
早上好，今天也吃早饭不？
NEKO
鸡蛋是松软的西式炒蛋，配上饮料冰红茶。

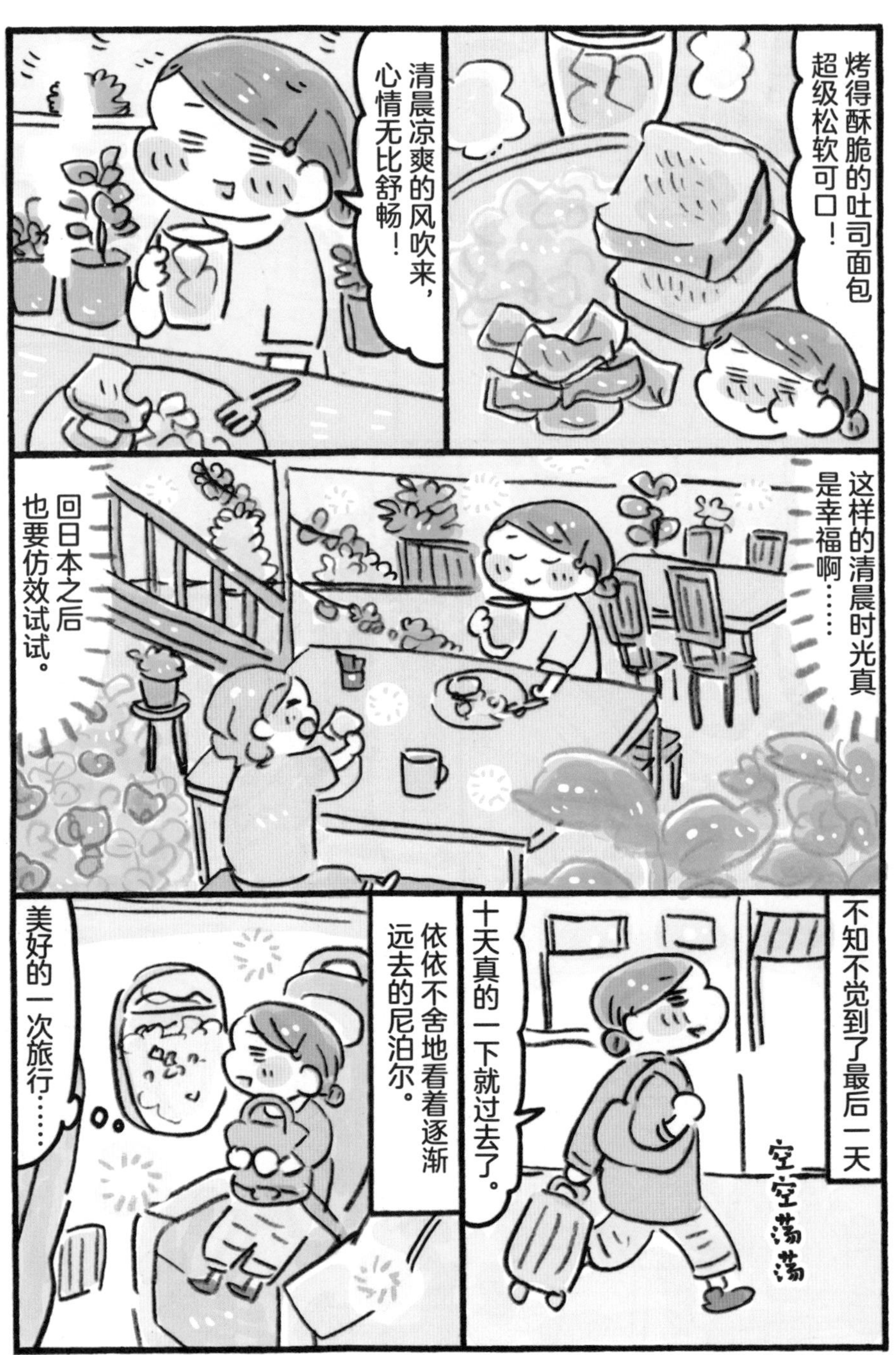
烤得酥脆的吐司面包
超级松软可口！
清晨凉爽的风吹来，
心情无比舒畅！
这样的清晨时光真
是幸福啊……
回日本之后
也要仿效试试。
不知不觉到了最后一天
空空荡荡
十天真的一下就过去了。
依依不舍地看着逐渐
远去的尼泊尔。
美好的一次旅行……

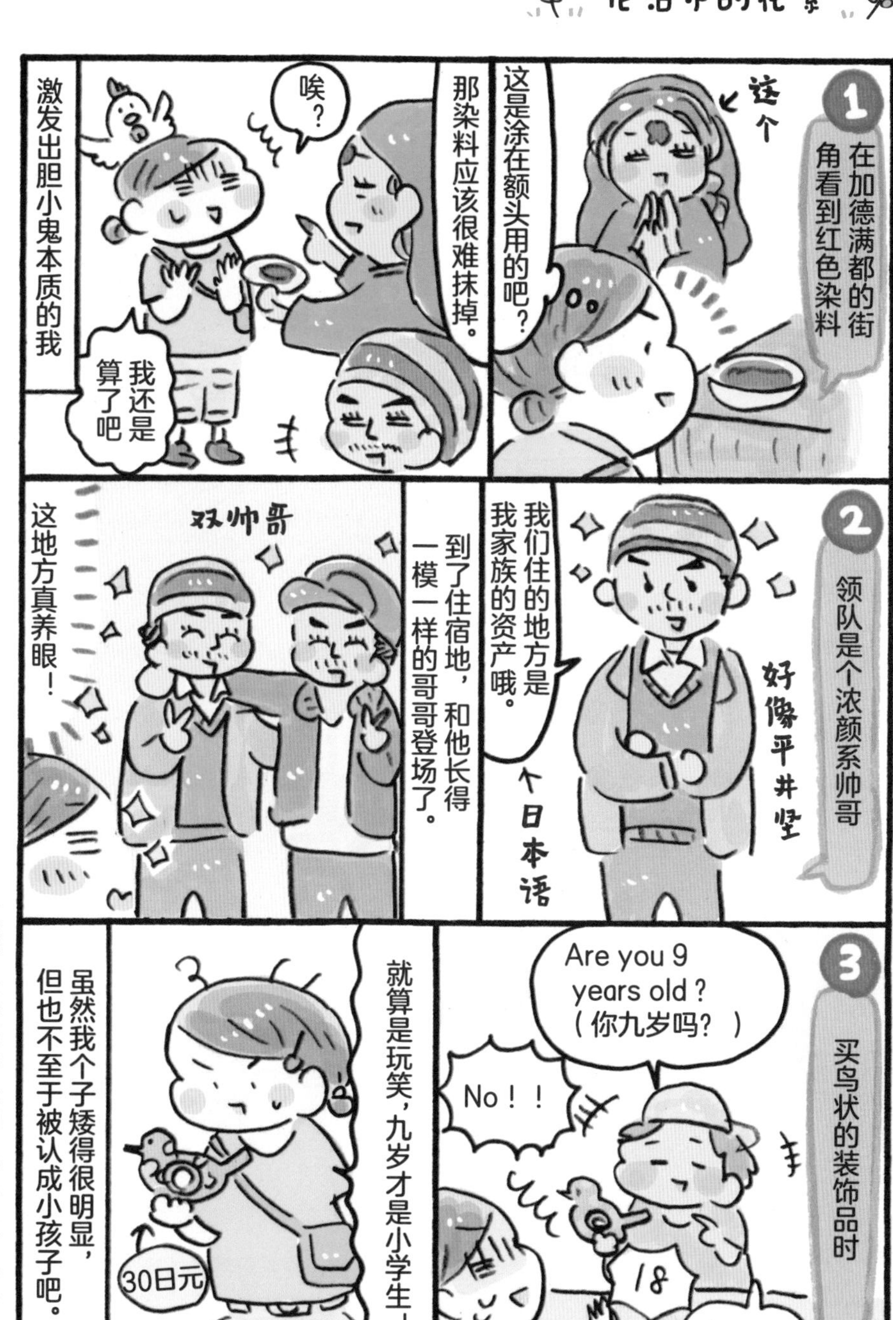


*注释：平井坚是日本知名影星，五官深邃的帅哥。

column

# 尼泊尔的回忆

## 在加德满都的旅馆

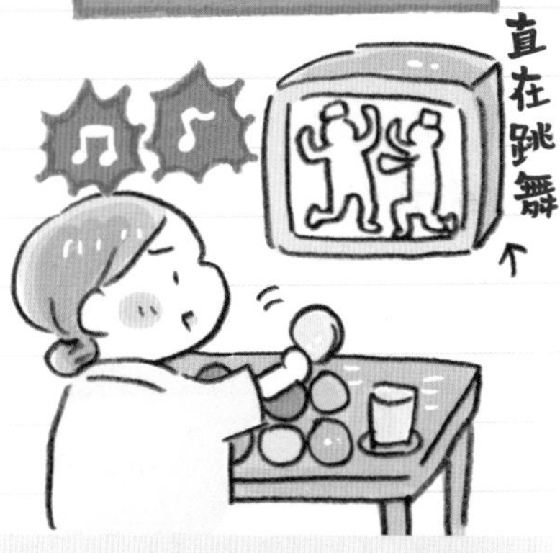


无所事事的日子，就会去前厅看音量很大的印度电影，喝着茶消磨时光，排列着五颜六色的杯垫玩耍，这种日子有种奇妙的超现实感。

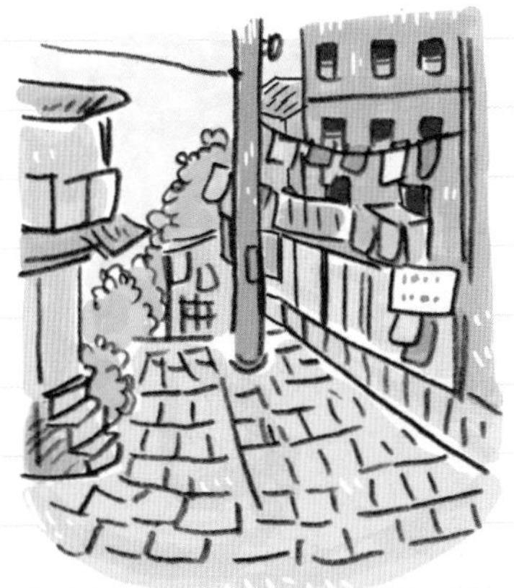

在前往博卡拉的途中顺道去了驿站小镇班迪普尔。有个古老建筑物市场，与精美嵌合而成的石路都给我留下了深刻的印象。

## 街角关注到的事物

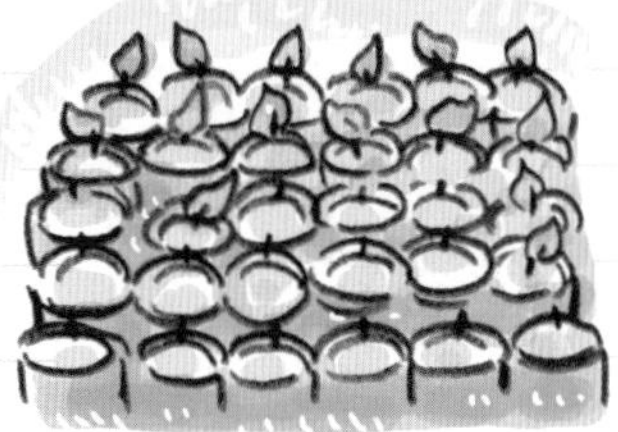

寺院见到的许多蜡烛都是橘黄色的，非常漂亮。

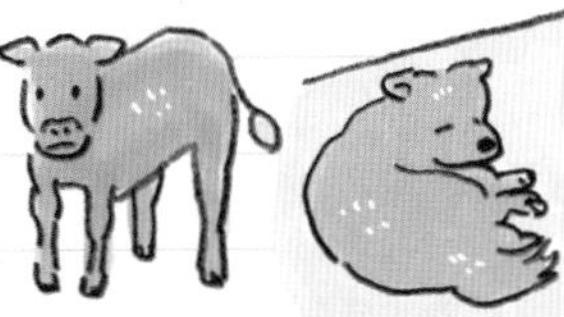

一路上都在拍摄牛呀，狗呀，还有当地的人，等回来后一翻相簿才发现没有一张自己的照片。

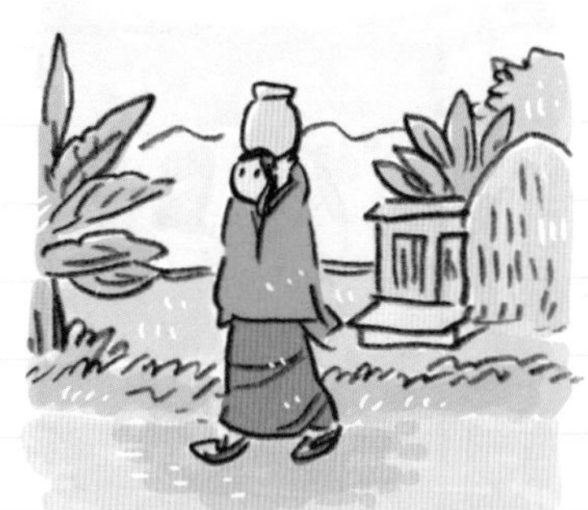

旅行途中看到的情景，穿着民族服饰搬运水的女性。在大自然中，一身红布格外显眼，让我忍不住按下了快门。

# 尼泊尔的土特产

出国旅行初体验的尼泊尔是个丰富多彩的国家，带来体验良好的刺激！我想把色彩鲜明的颜色组合带回日本，所以买的特产也都是选颜色好看的！

## 封面很漂亮的日本纸记事本

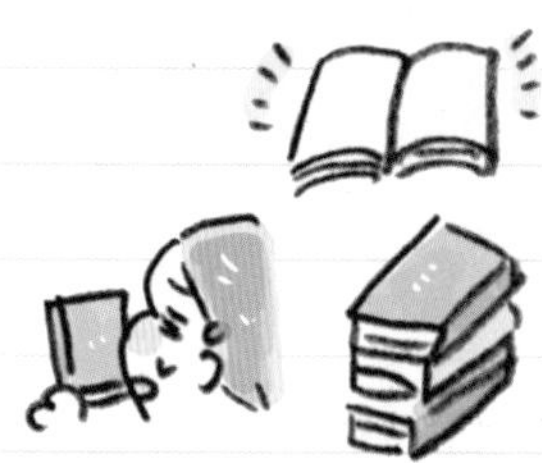

封面是双重配色的厚纸张，里面是漂亮的日本纸，这种组合非常可爱，忍不住买了好多本。买了之后几乎都没用过，真是浪费。

## 各种各样的香

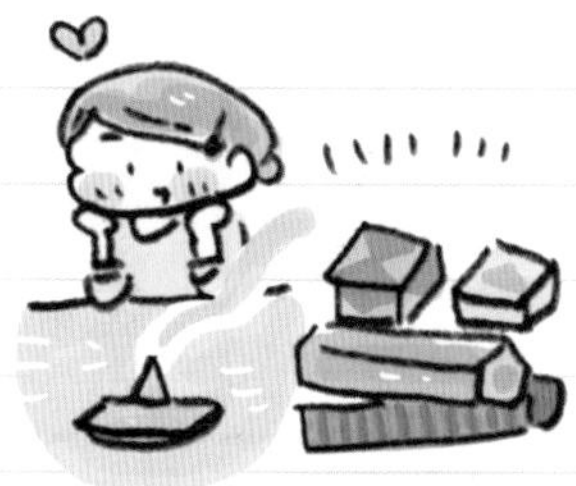

城市的各个地方都在焚烧香。香很便宜而且包装盒很可爱，所以我就买了好几盒中意的香。回日本之后用得很顺心。

## 博卡拉的书

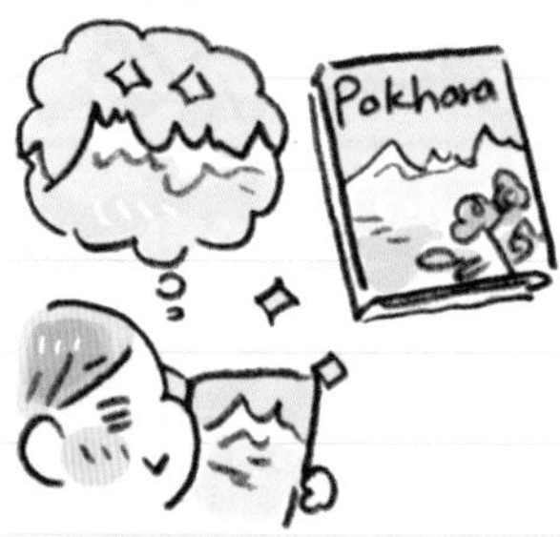


到达博卡拉的那天，别人带我去一家叫 book & bar 的店里买的。不过是尼泊尔语写的，完全看不懂，纯粹因为照片多能让我沉浸回忆。如今这本书还在。

## 帽子

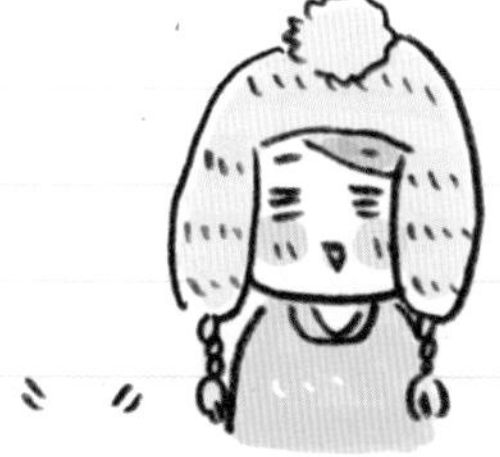

因为博卡拉就在山旁边，很多卖毛线编织的爬山用的帽子。我觉得朴实好用就买了好几顶！回到日本之后每逢冬天就经常戴。

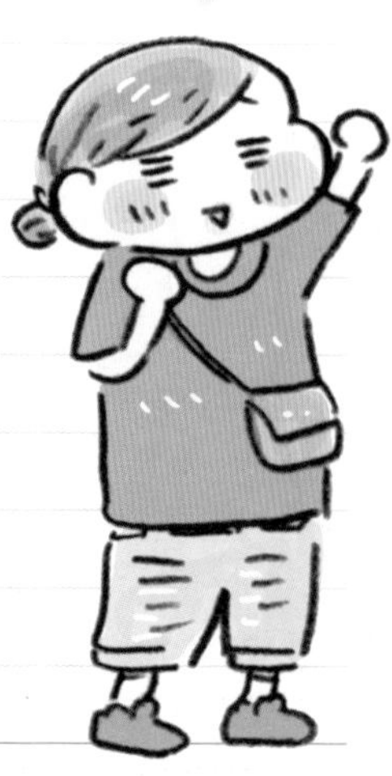

# 下定决心去东京，与《漫画之路》的邂逅

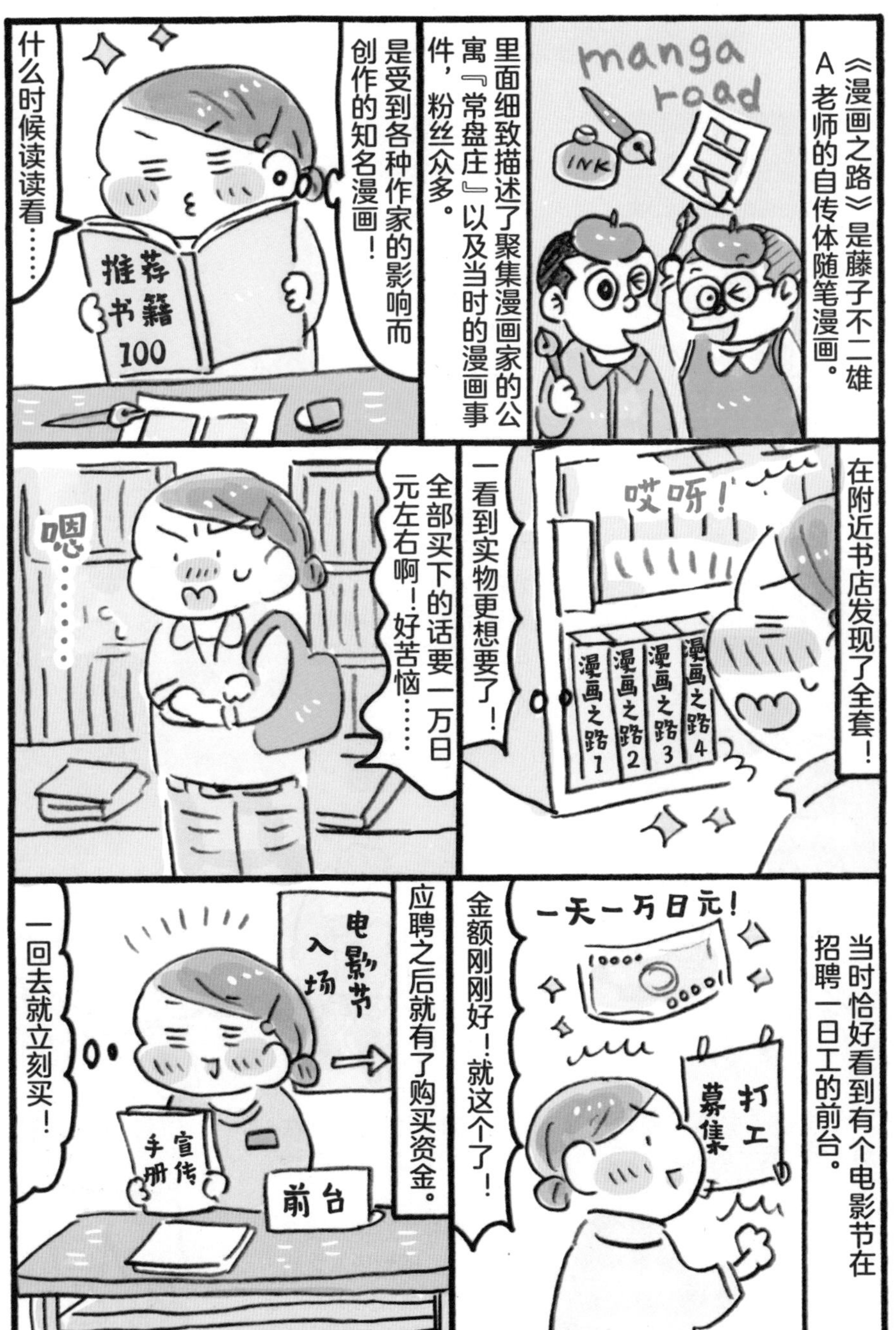

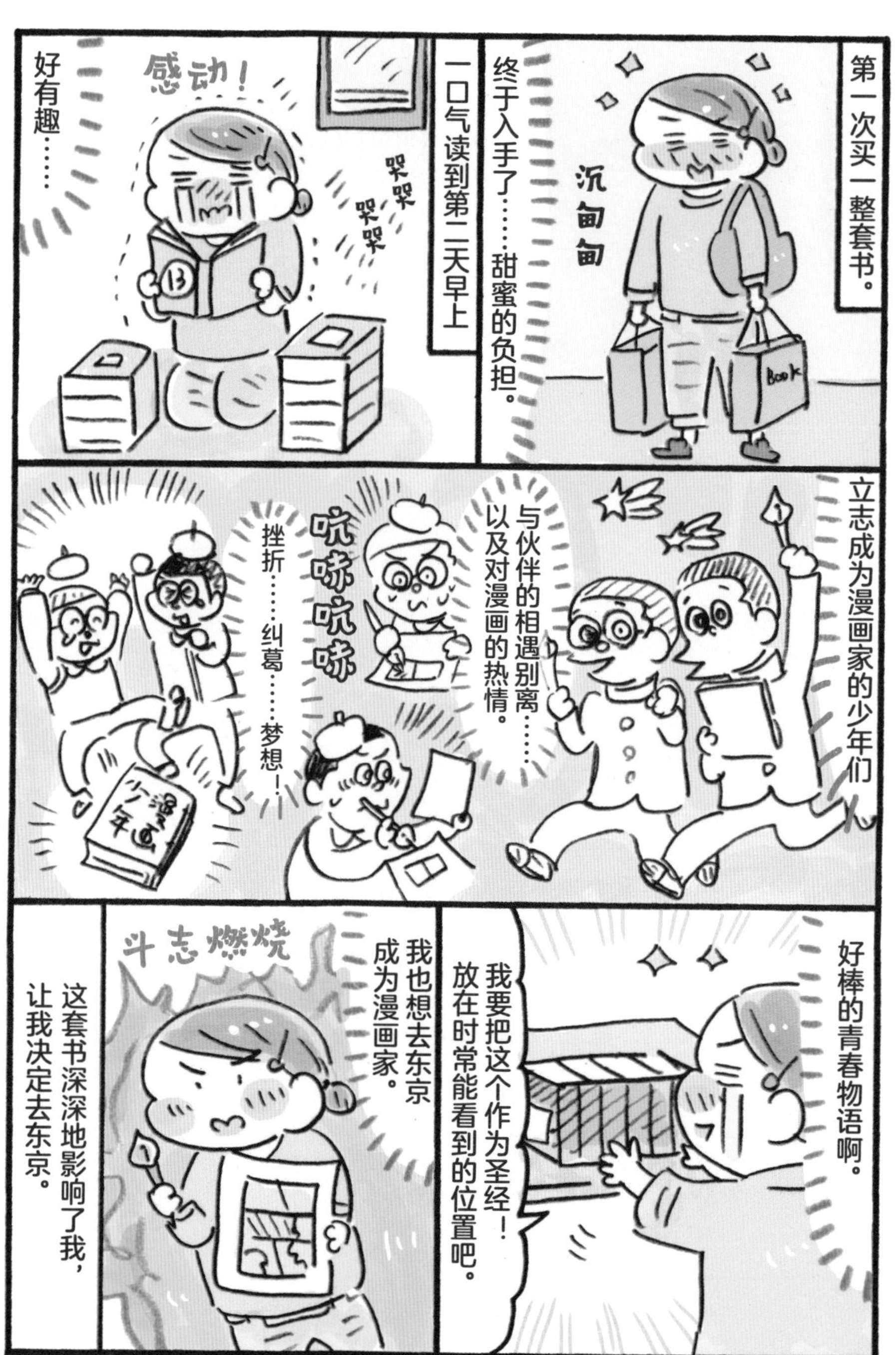
第一次买一整套书。
沉甸甸
终于入手了……甜蜜的负担。
一口气读到第二天早上
感动！
哭哭
哭哭
好有趣……
立志成为漫画家的少年们
与伙伴的相遇别离……以及对漫画的热情。
吭哧吭哧
挫折……纠葛……梦想！
好棒的青春物语啊。
我要把这个作为圣经！放在时常能看到的位置吧。
我也想去东京成为漫画家。
斗志燃烧
这套书深深地影响了我，让我决定去东京。

下一话，以漫画家为目标去东京，作为派遣员工一边工作，一边画画，与朋友合租期间发生的故事。

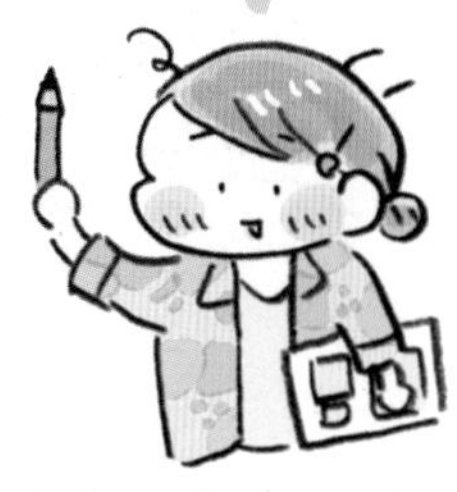

*注释：派遣员工不是正式社员，相对正式工比较自由，一般来说工作时间也比较短。

# 第3章

# 悠闲去东京

## 三个人的生活

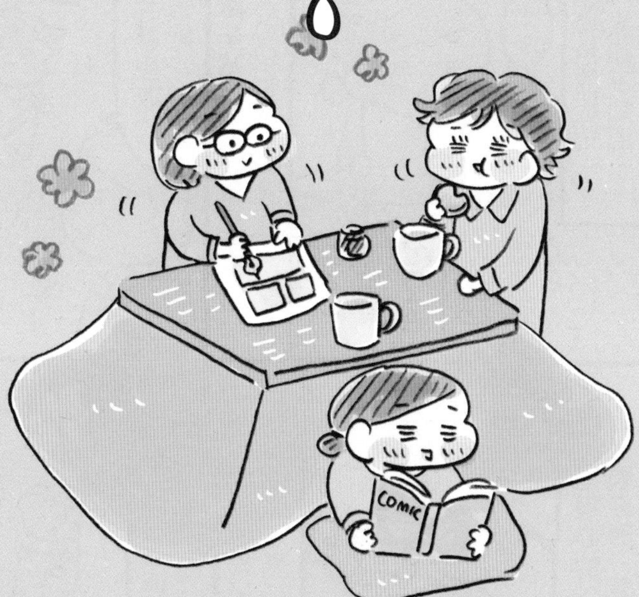

# 去东京开始了三个人的生活

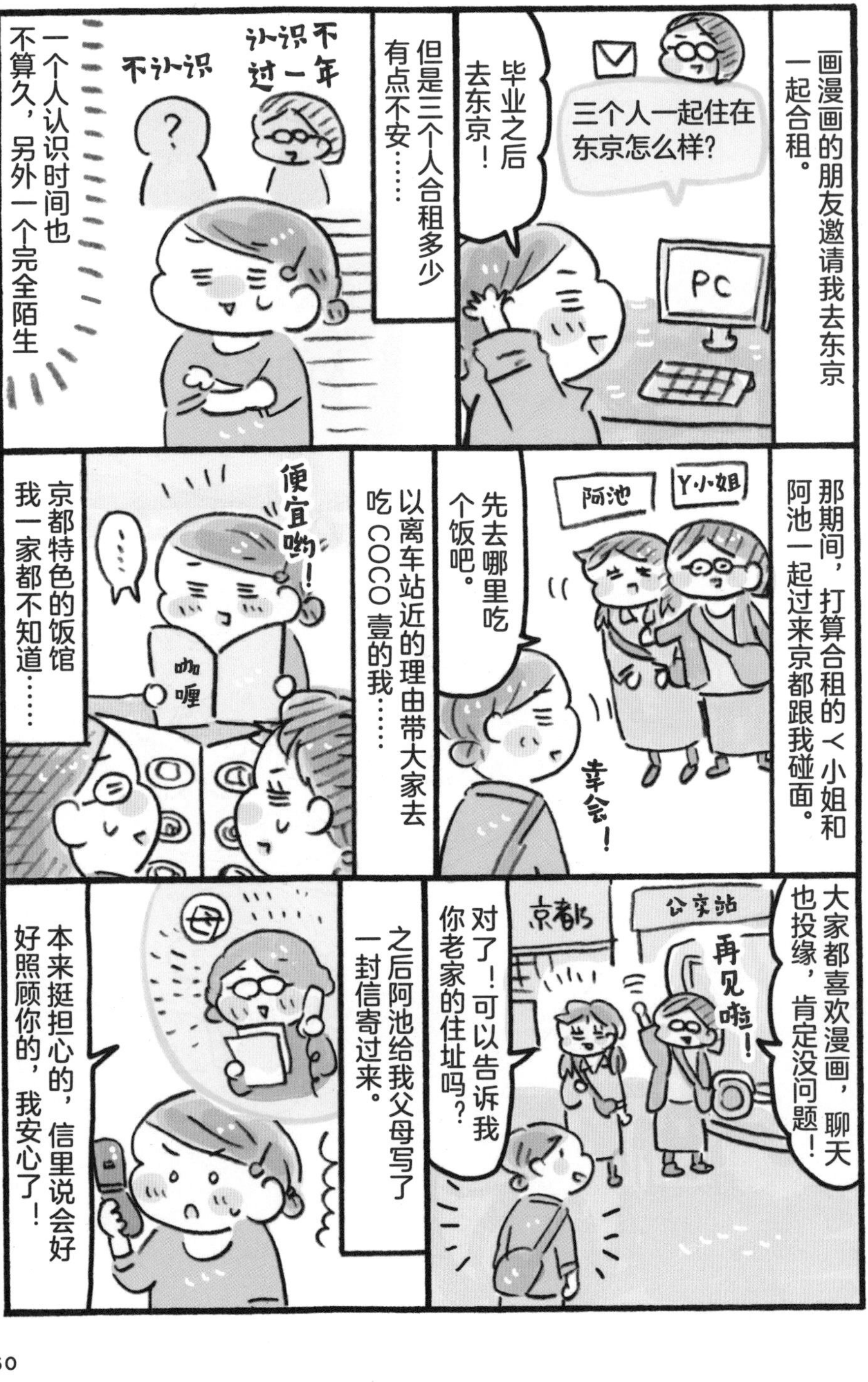

画漫画的朋友邀请我去东京一起合租。

三个人一起住在东京怎么样?

PC

毕业之后去东京！

但是三个人合租多少有点不安……

认识不过一年

不认识

一个人认识时间也不算久，另外一个完全陌生

那期间，打算合租的Y小姐和阿池一起过来京都跟我碰面。

Y小姐

阿池

幸会！

先去哪里吃个饭吧。

以离车站近的理由带大家去吃 COCO 壹的我……

便宜哟！

咖喱

京都特色的饭馆我一家都不知道……

大家都喜欢漫画，聊天也投缘，肯定没问题！

公交站

京都

再见啦！

对了！可以告诉我你老家的住址吗？

之后阿池给我父母写了一封信寄过来。

本来挺担心的，信里说会好好照顾你的，我安心了！

*注释：COCO 壹是日本知名连锁咖喱饭店。

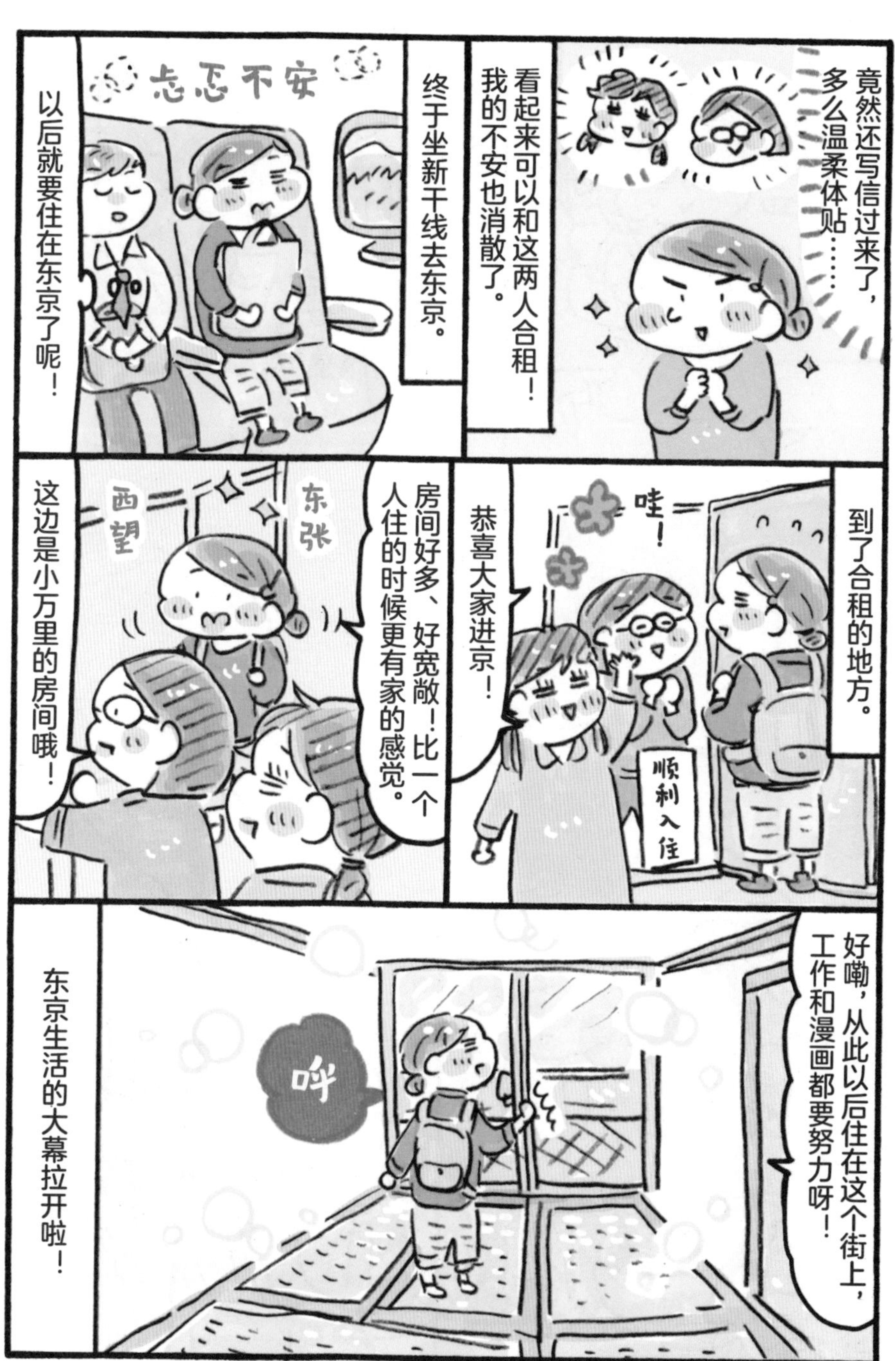
竟然还写信过来了，多么温柔体贴……
看起来可以和这两人合租！我的不安也消散了。
终于坐新干线去东京。
忐忑不安
以后就要住在东京了呢！
到了合租的地方。
哇！
顺利入住
恭喜大家进京！
房间好多、好宽敞！比一个人住的时候更有家的感觉。
东张
西望
这边是小万里的房间哦！
好嘞，从此以后住在这个街上，工作和漫画都要努力呀！
呼
东京生活的大幕拉开啦！

## 温暖、爱心满满的大碗米饭

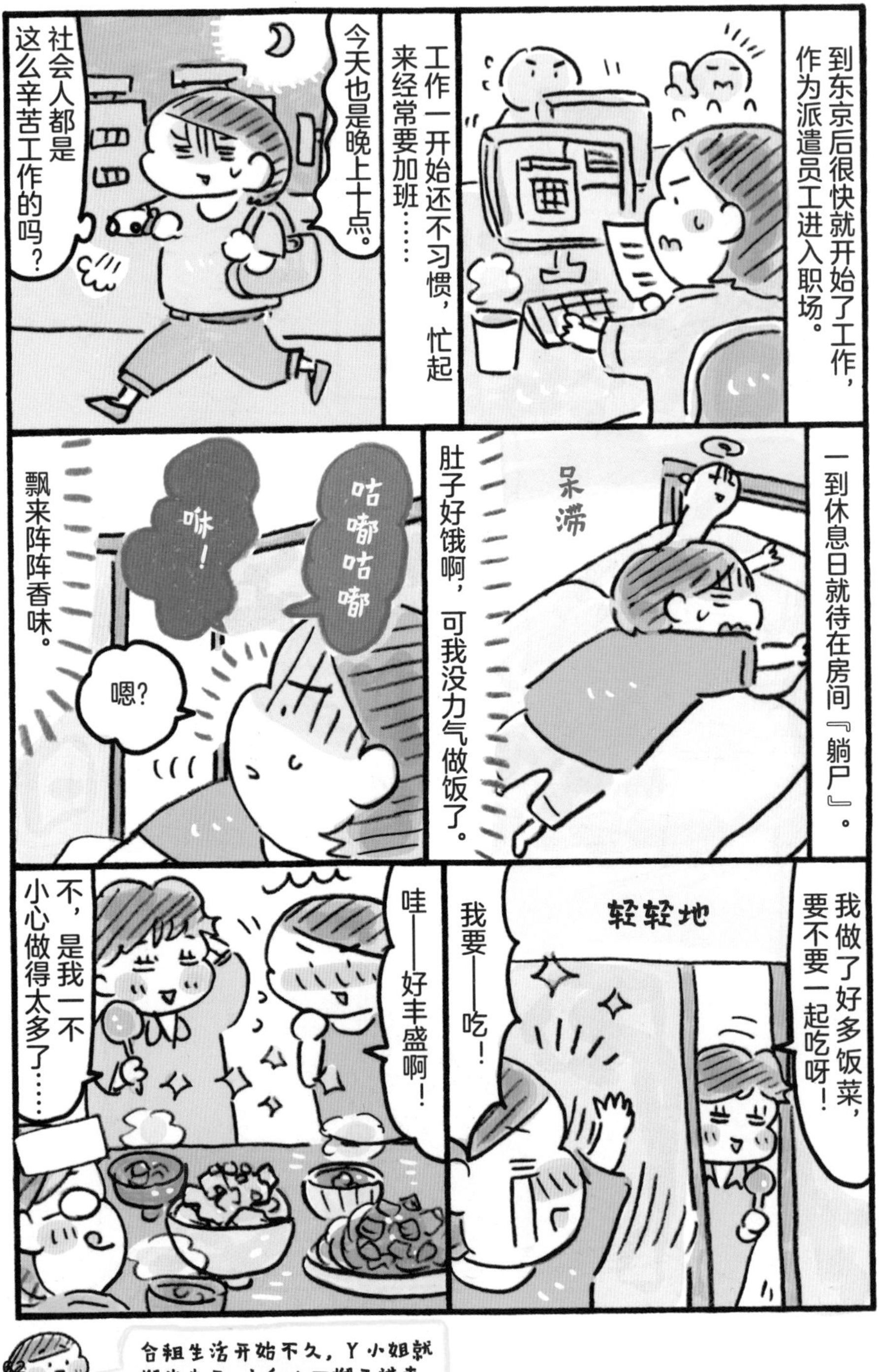

到东京后很快就开始了工作，作为派遣员工进入职场。

工作一开始还不习惯，忙起来经常要加班……

今天也是晚上十点。

社会人都是这么辛苦工作的吗？

一到休息日就待在房间『躺尸』。

呆滞

肚子好饿啊，可我没力气做饭了。

咕嘟咕嘟

咻！

嗯?

飘来阵阵香味。

我做了好多饭菜，要不要一起吃呀！

轻轻地

我要——吃！

哇——好丰盛啊！

不，是我一不小心做得太多了……

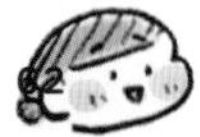

合租生活开始不久，Y小姐就搬出去了，之后小四搬了进来。

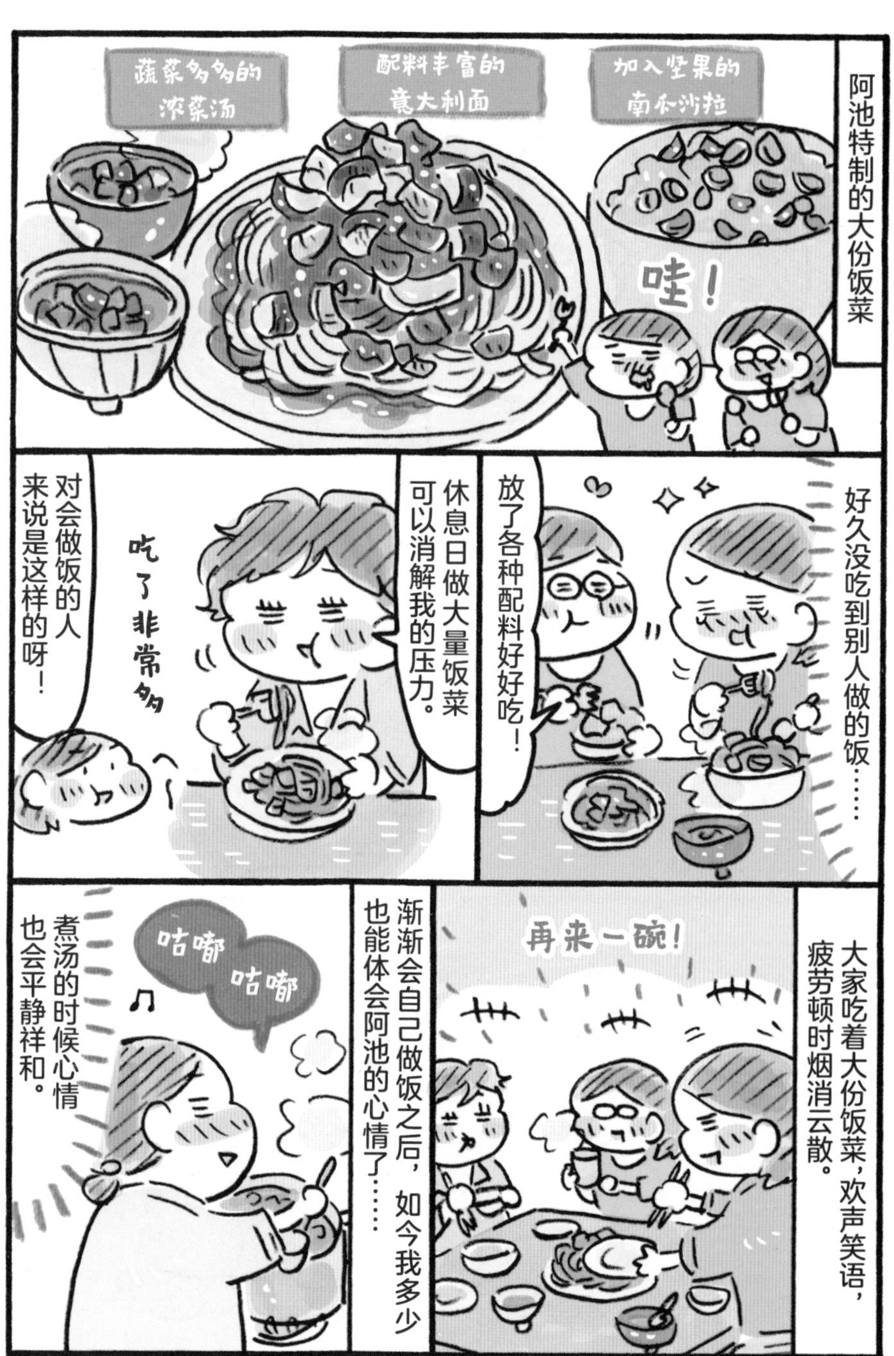

阿池特制的大份饭菜
蔬菜多多的浓菜汤
配料丰富的意大利面
加入坚果的南瓜沙拉
哇！
好久没吃到别人做的饭……
放了各种配料好好吃！
休息日做大量饭菜可以消解我的压力。
吃了非常多
对会做饭的人来说是这样的呀！
大家吃着大份饭菜，欢声笑语，疲劳顿时烟消云散。
再来一碗！
渐渐会自己做饭之后，如今我多少也能体会阿池的心情了……
咕嘟咕嘟
煮汤的时候心情也会平静祥和。

# 长女与次女！阿池和我！

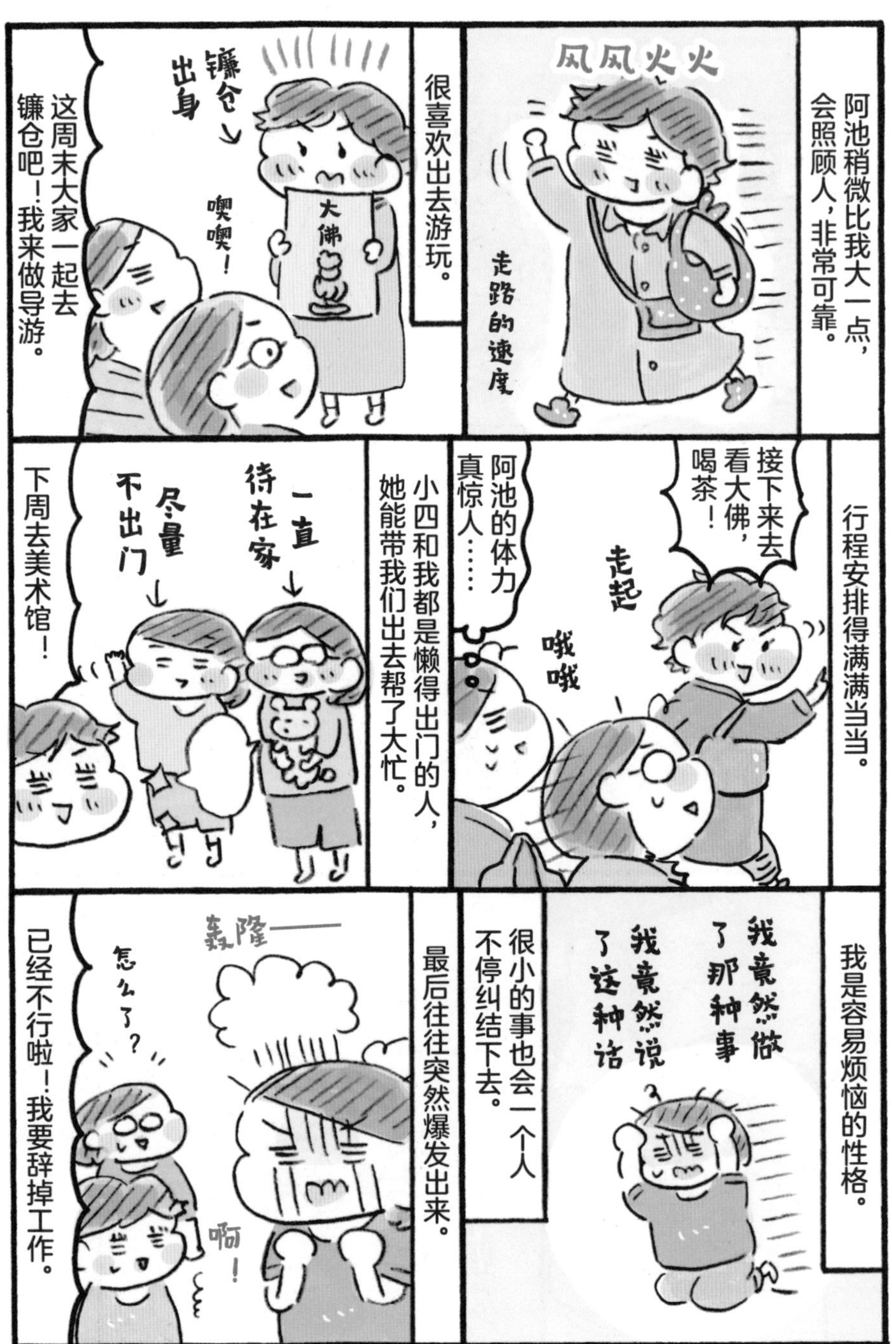

阿池稍微比我大一点，会照顾人，非常可靠。
风风火火
走路的速度
很喜欢出去游玩。
镰仓出身
大佛
噢噢！
这周末大家一起去镰仓吧！我来做导游。
行程安排得满满当当。
接下来去看大佛，喝茶！
走起
哦哦
阿池的体力真惊人……
小四和我都是懒得出门的人，她能带我们出去帮了大忙。
一直待在家
尽量不出门
下周去美术馆！
我是容易烦恼的性格。
我竟然做了那种事
我竟然说了这种话
很小的事也会一个人不停纠结下去。
最后往往突然爆发出来。
轰隆——
怎么了？
啊！
已经不行啦！我要辞掉工作。

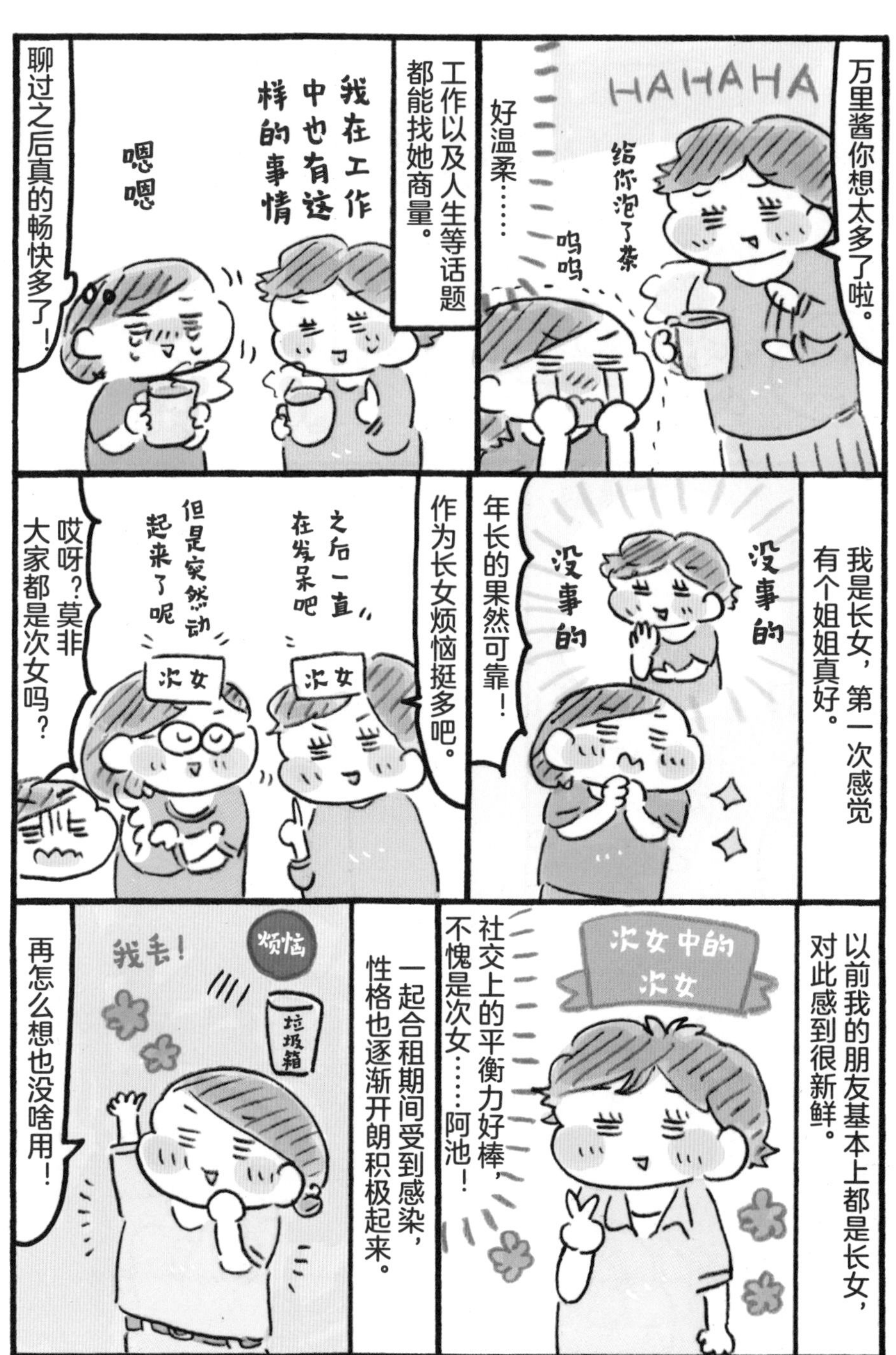
万里酱你想太多了啦。
HAHAHA
给你泡了茶
呜呜
好温柔……
工作以及人生等话题都能找她商量。
我在工作中也有这样的事情
嗯嗯
聊过之后真的畅快多了！
我是长女，第一次感觉有个姐姐真好。
没事的
没事的
年长的果然可靠！
作为长女烦恼挺多吧。
之后一直在发呆吧
次女
但是突然动起来了呢
次女
哎呀？莫非大家都是次女吗？
以前我的朋友基本上都是长女，对此感到很新鲜。
次女中的次女
社交上的平衡力好棒，不愧是次女……阿池！
一起合租期间受到感染，性格也逐渐开朗积极起来。
烦恼
垃圾箱
我丢！
再怎么想也没啥用！

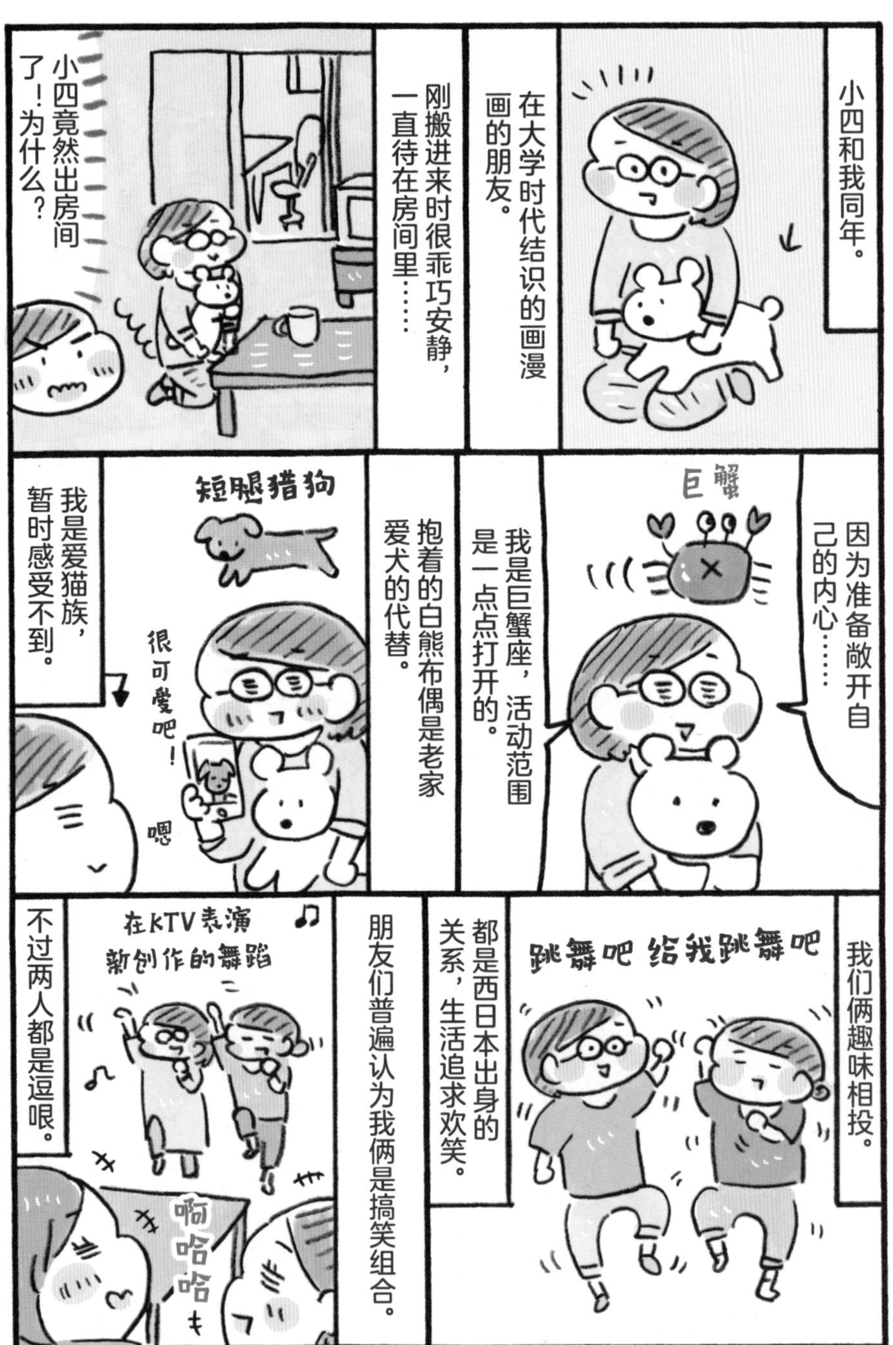

小四和我同年。
在大学时代结识的画漫画的朋友。
刚搬进来时很乖巧安静，一直待在房间里……
小四竟然出房间了！为什么？
因为准备敞开自己的内心……
巨蟹
我是巨蟹座，活动范围是一点点打开的。
抱着的白熊布偶是老家爱犬的代替。
短腿猎狗
很可爱吧！
嗯
我是爱猫族，暂时感受不到。
我们俩趣味相投。
跳舞吧 给我跳舞吧
都是西日本出身的关系，生活追求欢笑。
朋友们普遍认为我俩是搞笑组合。
在KTV表演新创作的舞蹈
啊哈哈
不过两人都是逗哏。

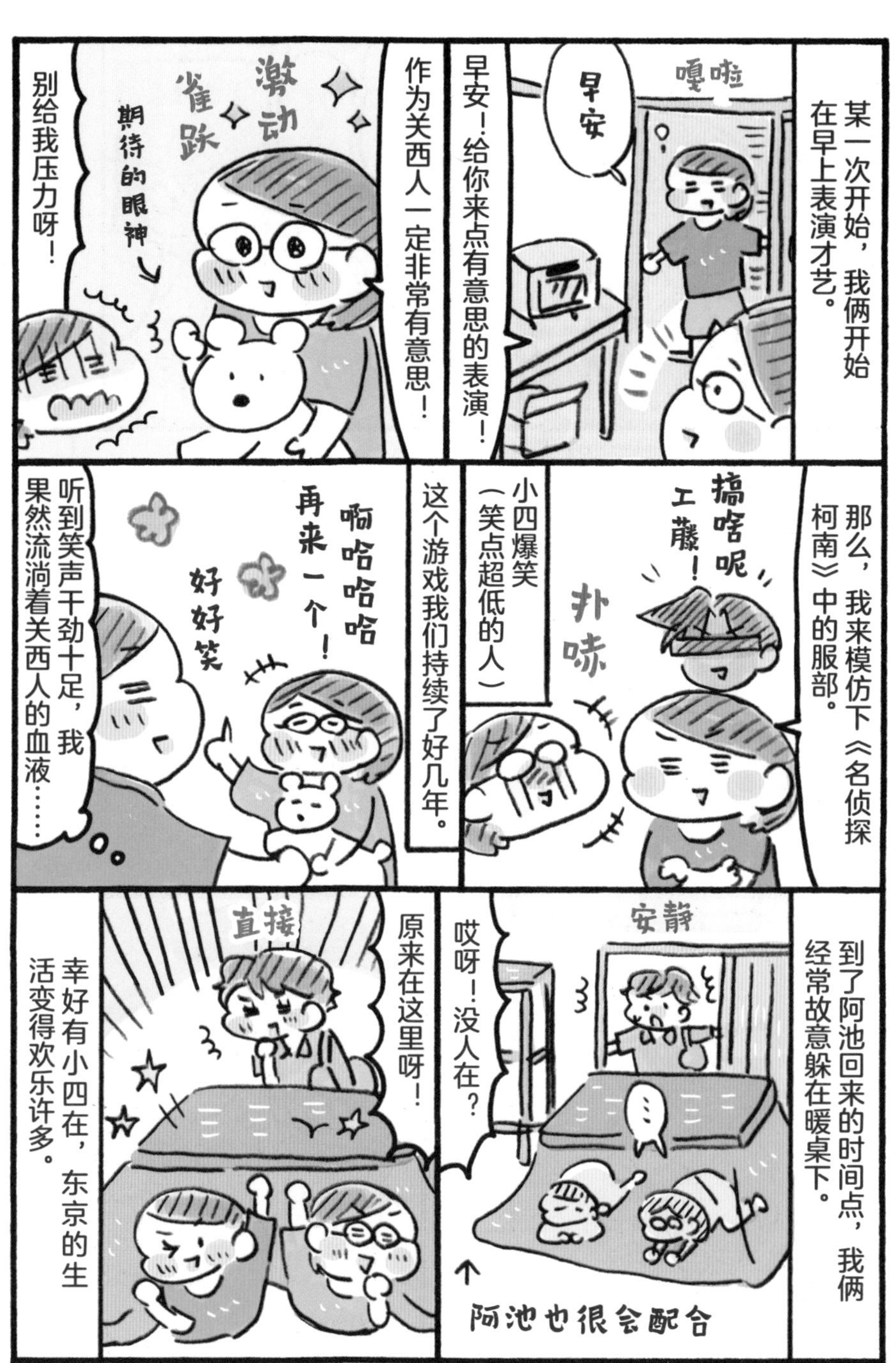
某一次开始，我俩开始在早上表演才艺。
嘎啦
早安
早安！给你来点有意思的表演！
作为关西人一定非常有意思！
激动
雀跃
期待的眼神
别给我压力呀！
那么，我来模仿下《名侦探柯南》中的服部。
搞啥呢工藤！
扑哧
小四爆笑（笑点超低的人）
这个游戏我们持续了好几年。
啊哈哈哈再来一个！
好好笑
听到笑声干劲十足，我果然流淌着关西人的血液……
到了阿池回来的时间点，我俩经常故意躲在暖桌下。
安静
哎呀！没人在？
阿池也很会配合
原来在这里呀！
直接
幸好有小四在，东京的生活变得欢乐许多。

# 悲伤的苹果杧果冻糕事件

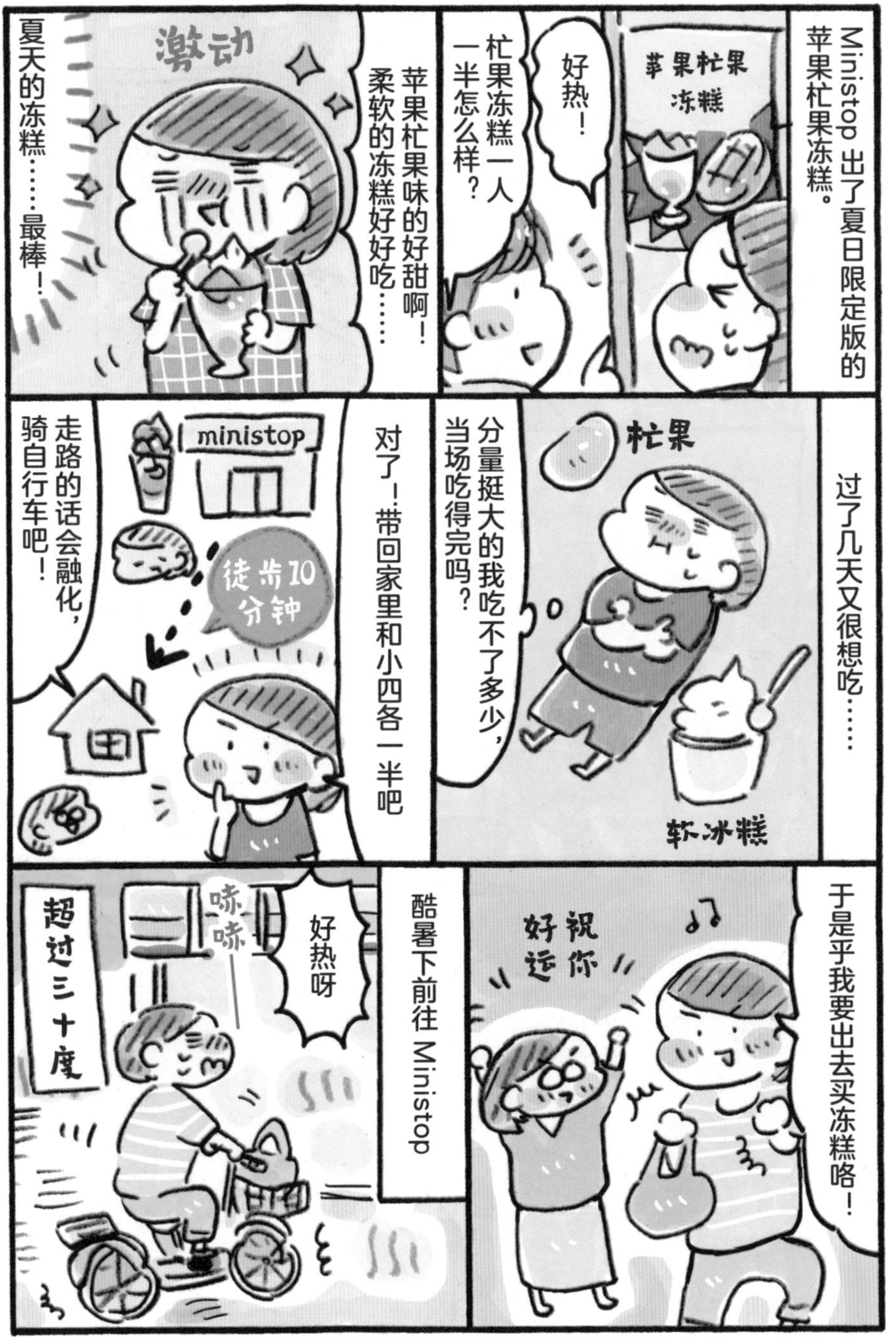

Ministop 出了夏日限定版的苹果杧果冻糕。

苹果杧果
冻糕

好热！

杧果冻糕一人一半怎么样？

激动

苹果杧果味的好甜啊！柔软的冻糕好好吃……

夏天的冻糕……最棒！

过了几天又很想吃……

杧果

软冰糕

分量挺大的我吃不了多少，当场吃得完吗？

对了！带回家里和小四各一半吧

ministop

徒步10分钟

走路的话会融化，骑自行车吧！

于是乎我要出去买冻糕咯！

祝你好运

酷暑下前往 Ministop

好热呀

哧哧—

超过三十度

*注释：Ministop 是日本连锁便利店。

注释：冻糕（パフェ）是日式外语，来源于法语中的 parfait（パルフェ）。冻糕是由水果、冰淇淋、果酱、糖浆、生奶油等制成的。

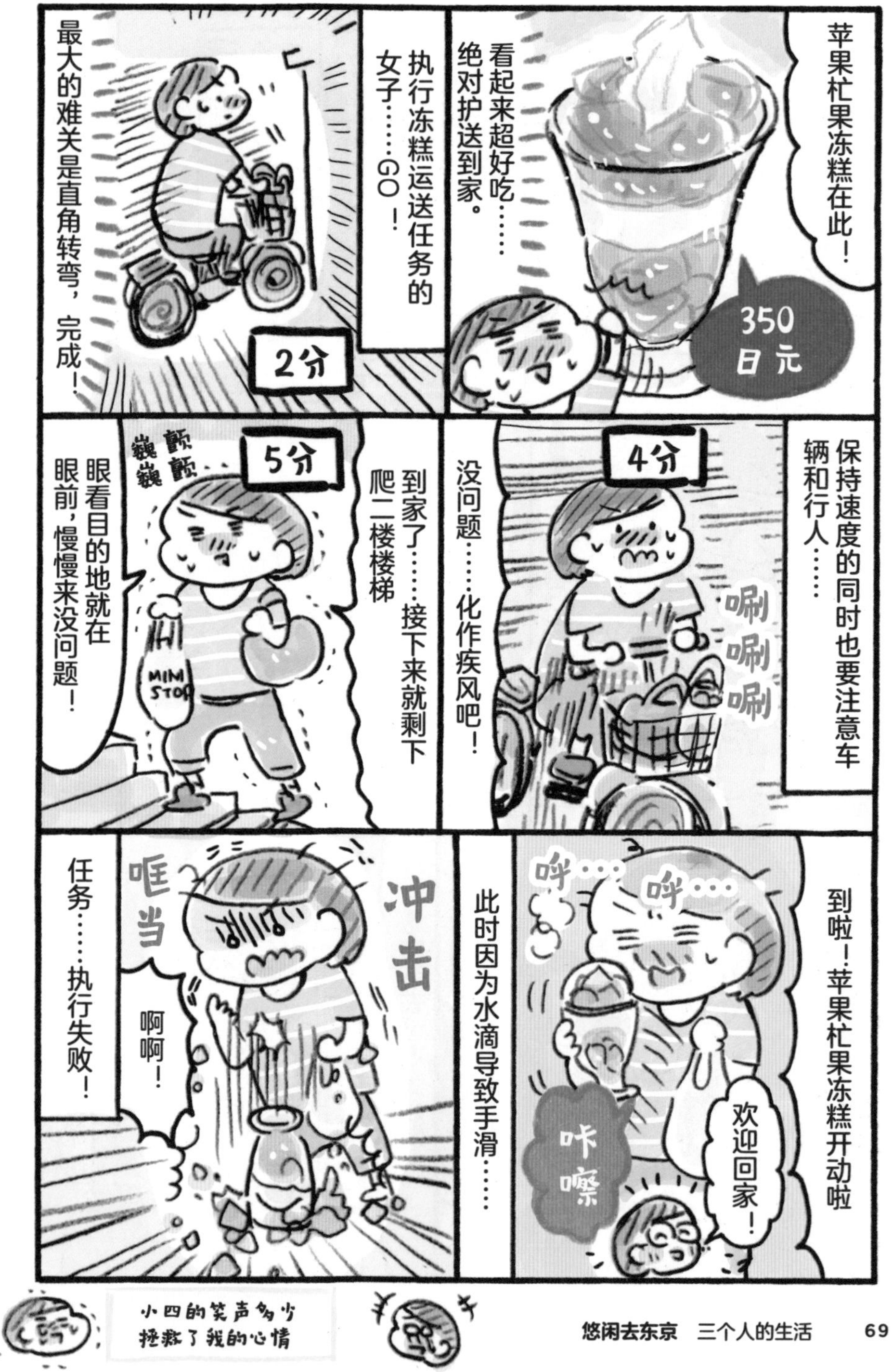

苹果杧果冻糕在此！

350日元

看起来超好吃……绝对护送到家。

执行冻糕运送任务的女子……GO！

2分

最大的难关是直角转弯，完成！

保持速度的同时也要注意车辆和行人……

4分

唰唰唰

没问题……化作疾风吧！

5分

到家了……接下来就剩下爬二楼楼梯

巍颤
巍颤

MINI STOP

眼看目的地就在眼前，慢慢来没问题！

到啦！苹果杧果冻糕开动啦

呼…… 呼……

欢迎回家！

咔嚓

此时因为水滴导致手滑……

冲击

哐当

啊啊！

任务……执行失败！

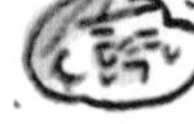

小四的笑声多少挽救了我的心情

## 自己的房间乱成鸟窝

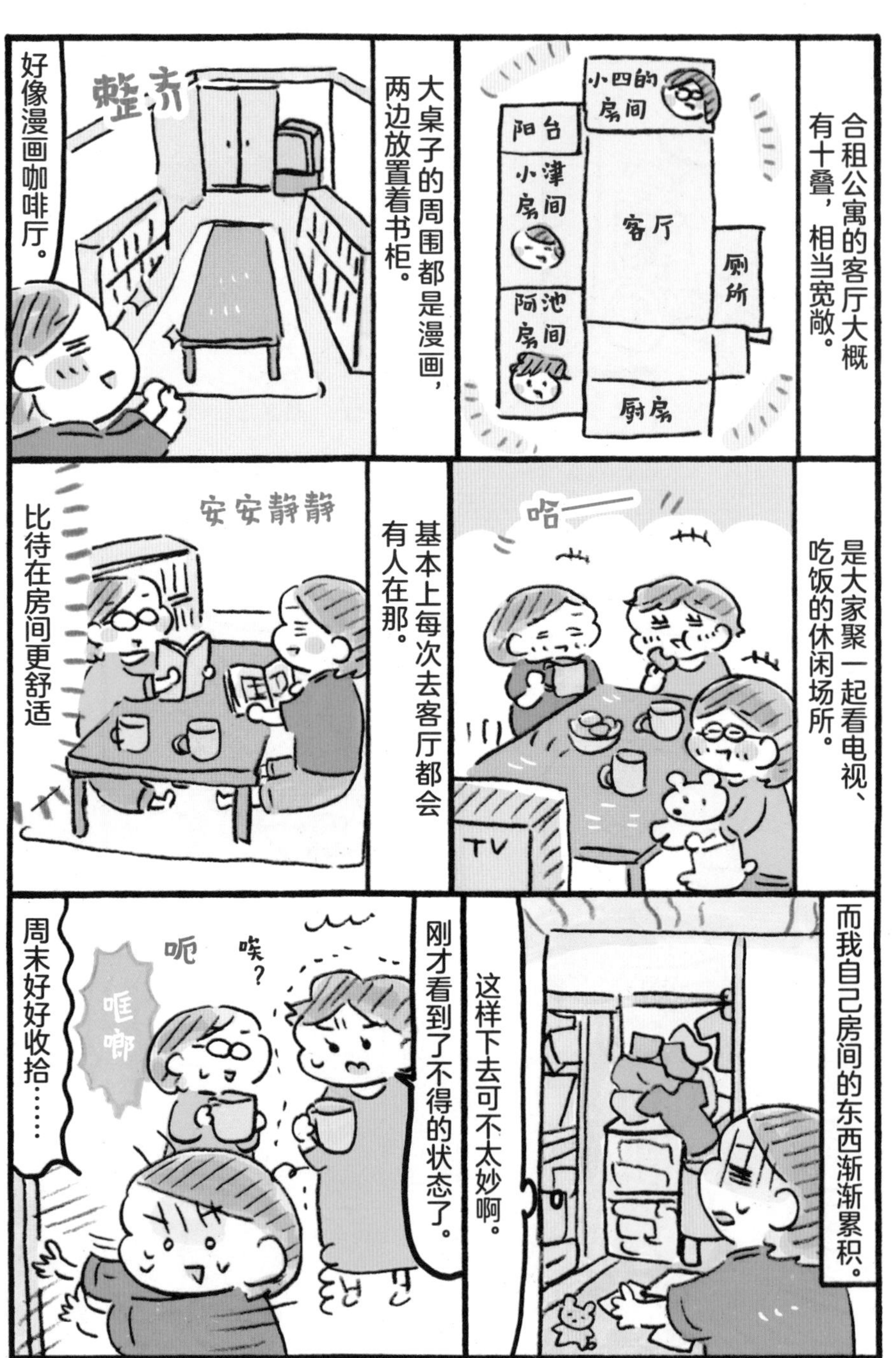


*注释：一叠约为1.62平方米。

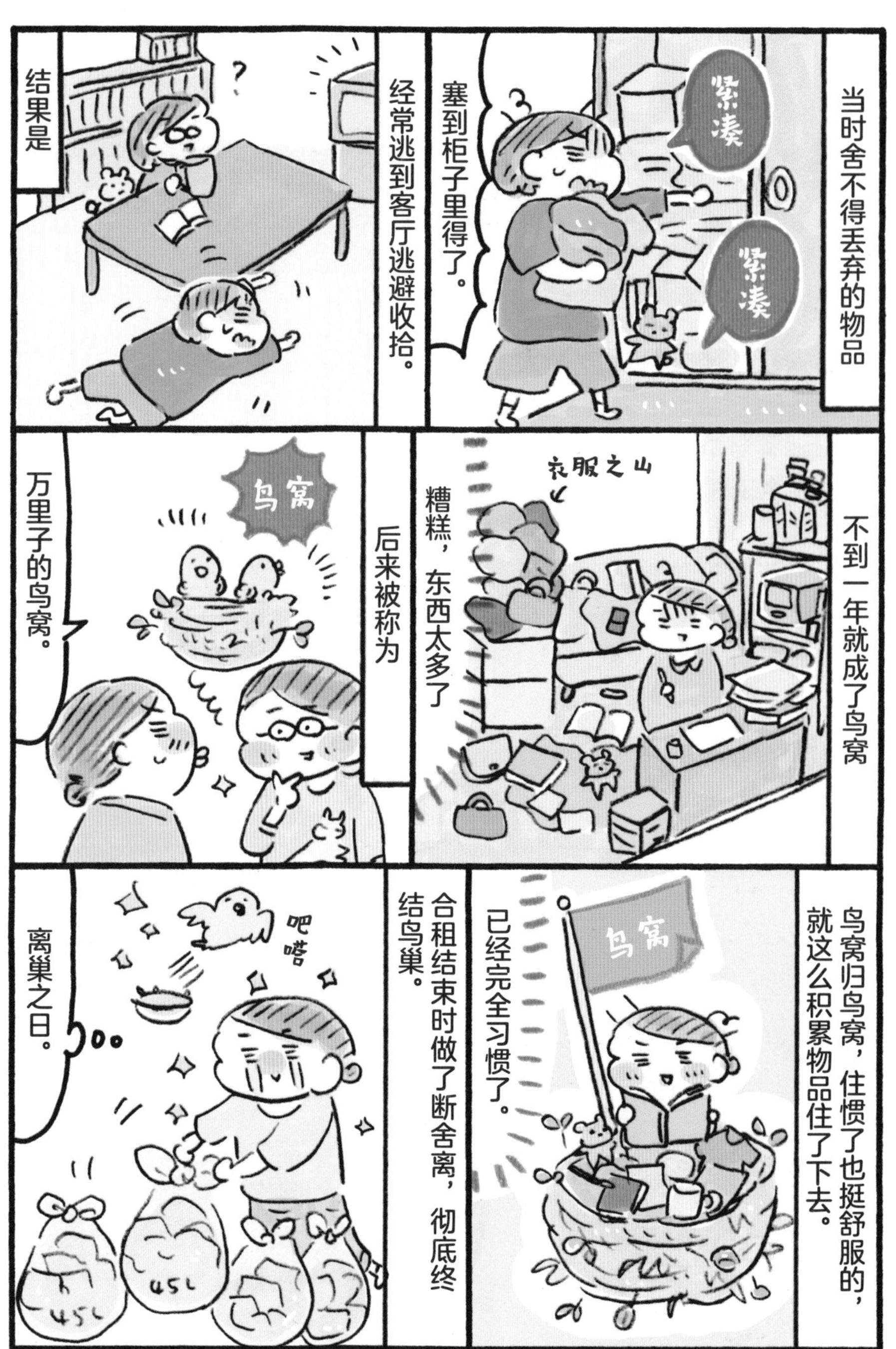
当时舍不得丢弃的物品
紧凑
紧凑
塞到柜子里得了。
经常逃到客厅逃避收拾。
结果是
不到一年就成了鸟窝
衣服之山
糟糕，东西太多了
后来被称为
鸟窝
万里子的鸟窝。
乌窝归乌窝，住惯了也挺舒服的，就这么积累物品住了下去。
鸟窝
已经完全习惯了。
合租结束时做了断舍离，彻底终结鸟巢。
吧嗒
离巢之日。
45L
45L

# 合租事件簿

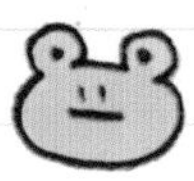

## 门口出现牛蛙

早上，一开门正要去公司的时候看到一只大牛蛙。虽说附近有河堤，但离马路还有一段距离，怎么来到这里还爬上二楼到门口的?！晚上下班回到家发现牛蛙已经不见了，总算安心了……应该是回到河流了吧。

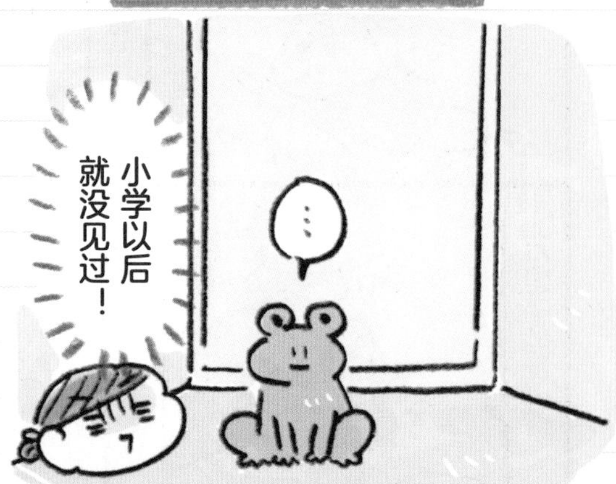


## 浴室坏了！大家一起去澡堂

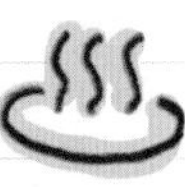

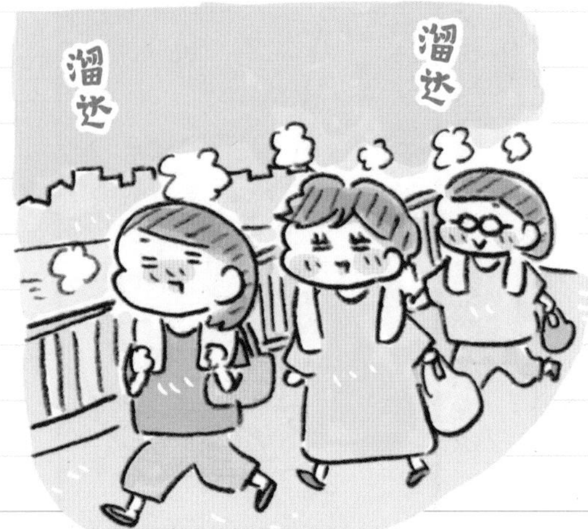


仅有一次浴室坏了用不了，三人一起去附近的澡堂。那是三人同居生活才开始不久的时候，泡完澡回来的路上结伴走夜路，实在是令人怀念的氛围。

## 公寓1楼被水淹没

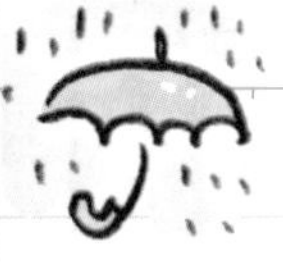

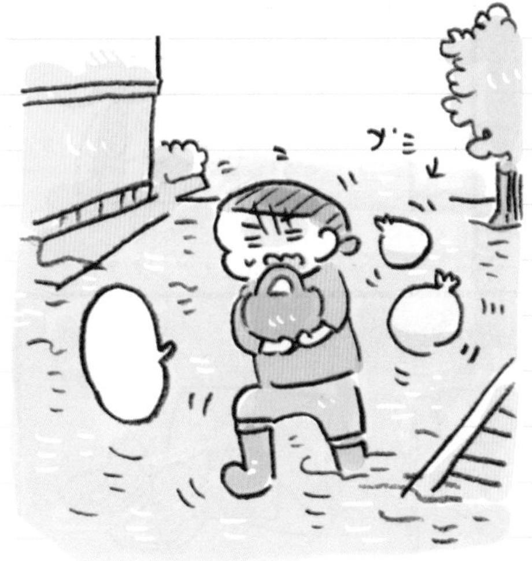

前一晚下了大雨，次日清晨，前往公司的路上发现一楼积水已经到了膝盖以下，三十厘米左右，一片汪洋。换上长靴渡过淹没地带前往公司，发现除了公寓以外的地方完全没有任何事。“做梦了吗？”真是一起不可思议的事件。

## 小四把斯莫当作我开始对话

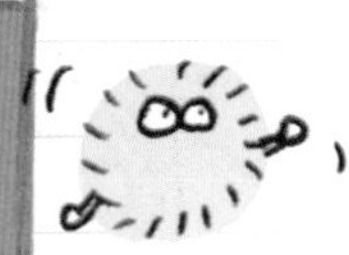

某段时期小四经常说我像某个什么小小的爱动的奇怪生物。电视广告上正在播放某个房地产商的吉祥物——斯莫，小四直接无视了我开始跟电视上的斯莫对话。我拼命喊我在这里呀，我们之间发生了很搞笑的对话。

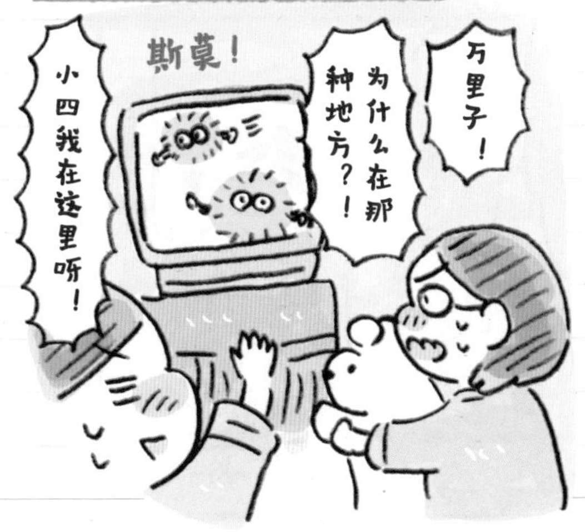

# 回老家之后的土特产交换合战

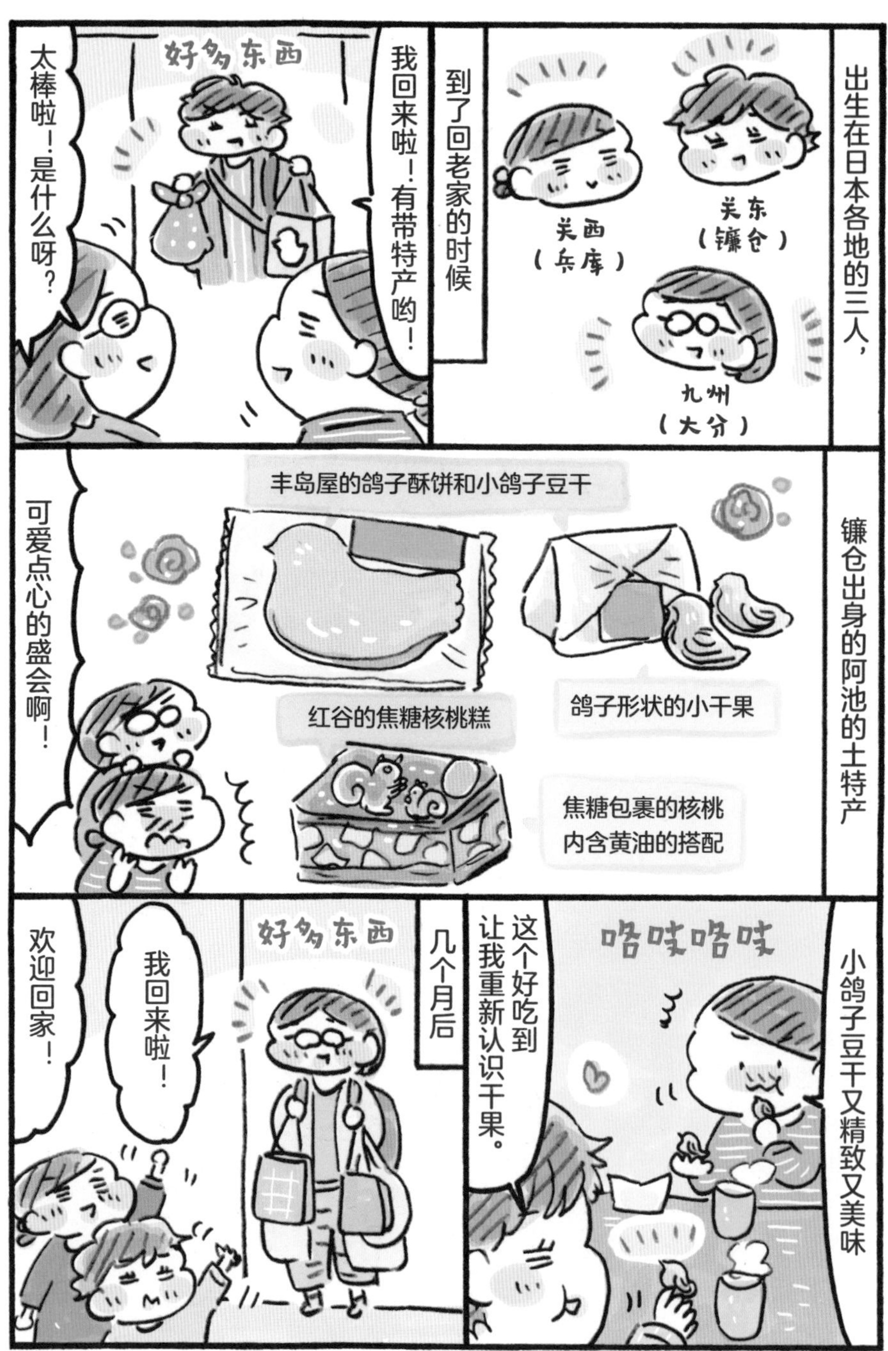

大分县出身的小四的土特产

鸡天素

高菜

当地的果酱

鸡天素
浸泡10分钟

微辣高菜

柚子橙果酱

牛奶果酱

小四的老家经常出现的大分县特产鸡天。

牛奶果酱虽然不是特产，不过小四说万里子喜欢甜的东西所以买来送我。

哦哦！具有当地特色的阵容

*注释：鸡天素：日本大分县特产，由鸡肉油炸而成。

请享用鸡天素！

汁好赞！

但是我也很苦恼

我老家没有啥特别的土特产……怎么办？

结果是……

好多东西

我回来啦！

欢迎回家！

嗯？

京都

路过京都买了些东西。

虽说是关西

阿阇梨饼

只有螃蟹仙贝是我家乡的。

# 寻找东京美食haritts的甜甜圈

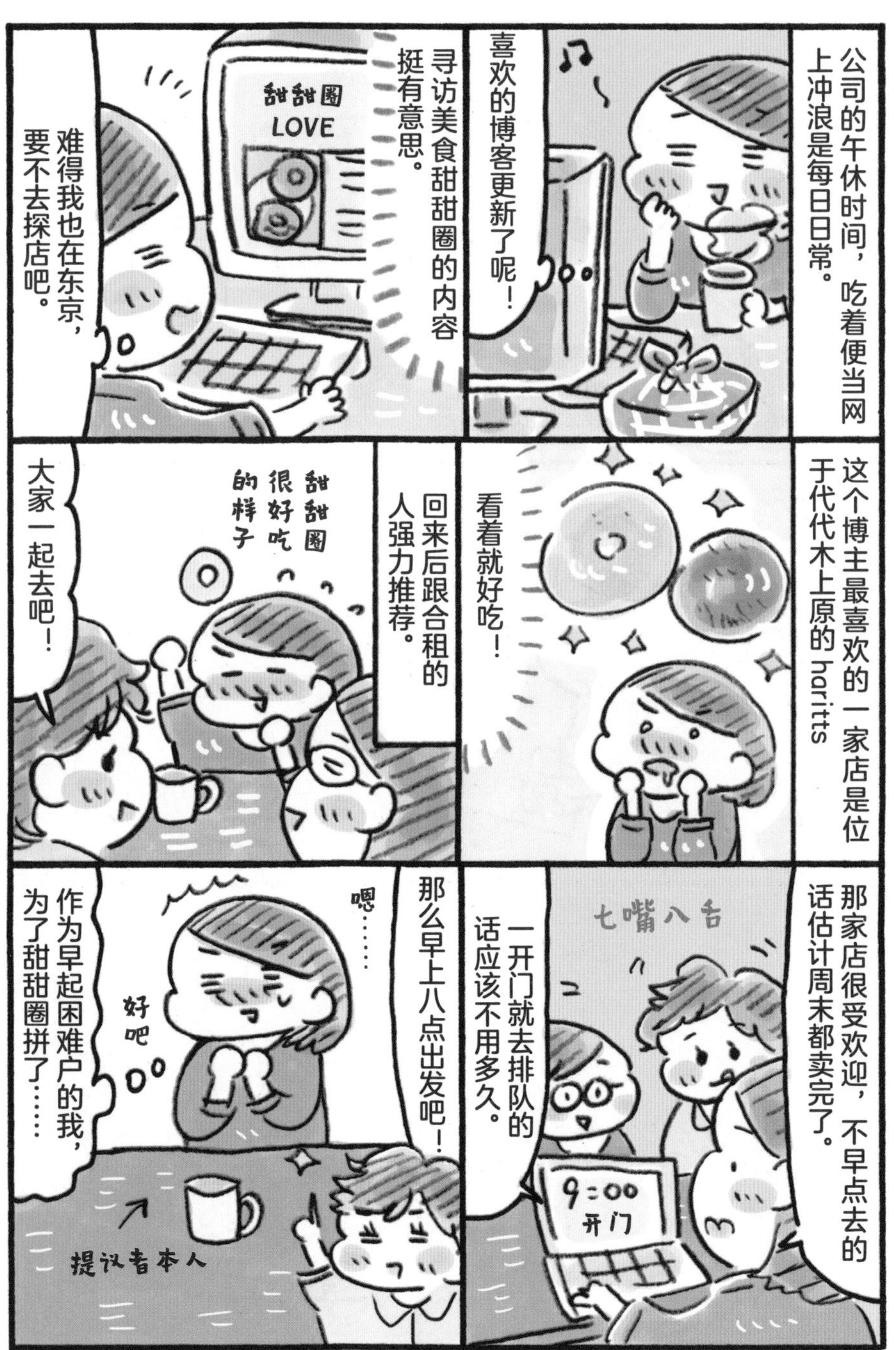

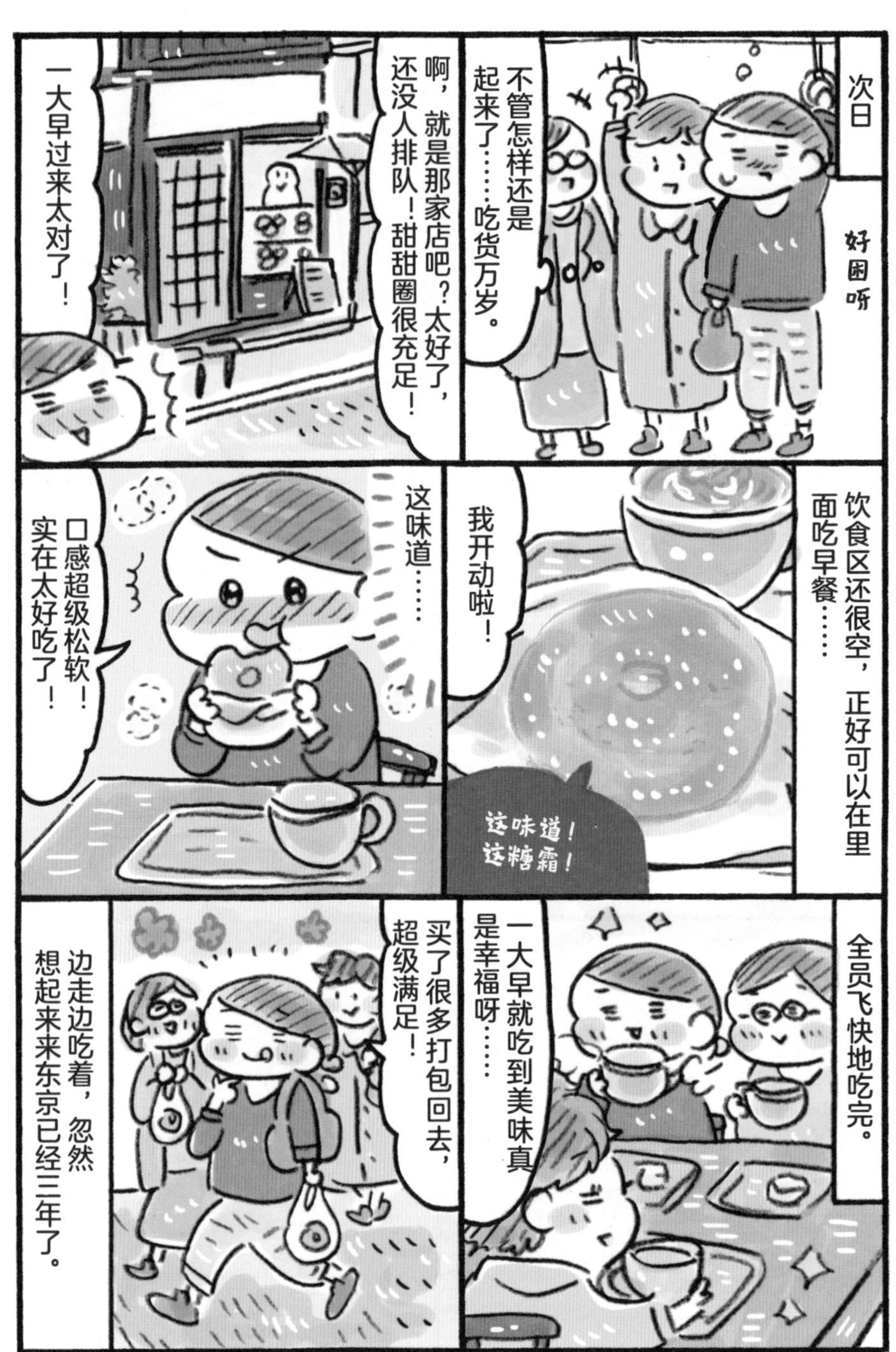
次日
好困呀
不管怎样还是起来了……吃货万岁。
啊，就是那家店吧？太好了，还没人排队！甜甜圈很充足！
一大早过来太对了！
饮食区还很空，正好可以在里面吃早餐……
我开动啦！
这味道！这糖霜！
这味道……
口感超级松软！实在太好吃了！
全员飞快地吃完。
一大早就吃到美味真是幸福呀……
买了很多打包回去，超级满足！
边走边吃着，忽然想起来来东京已经三年了。

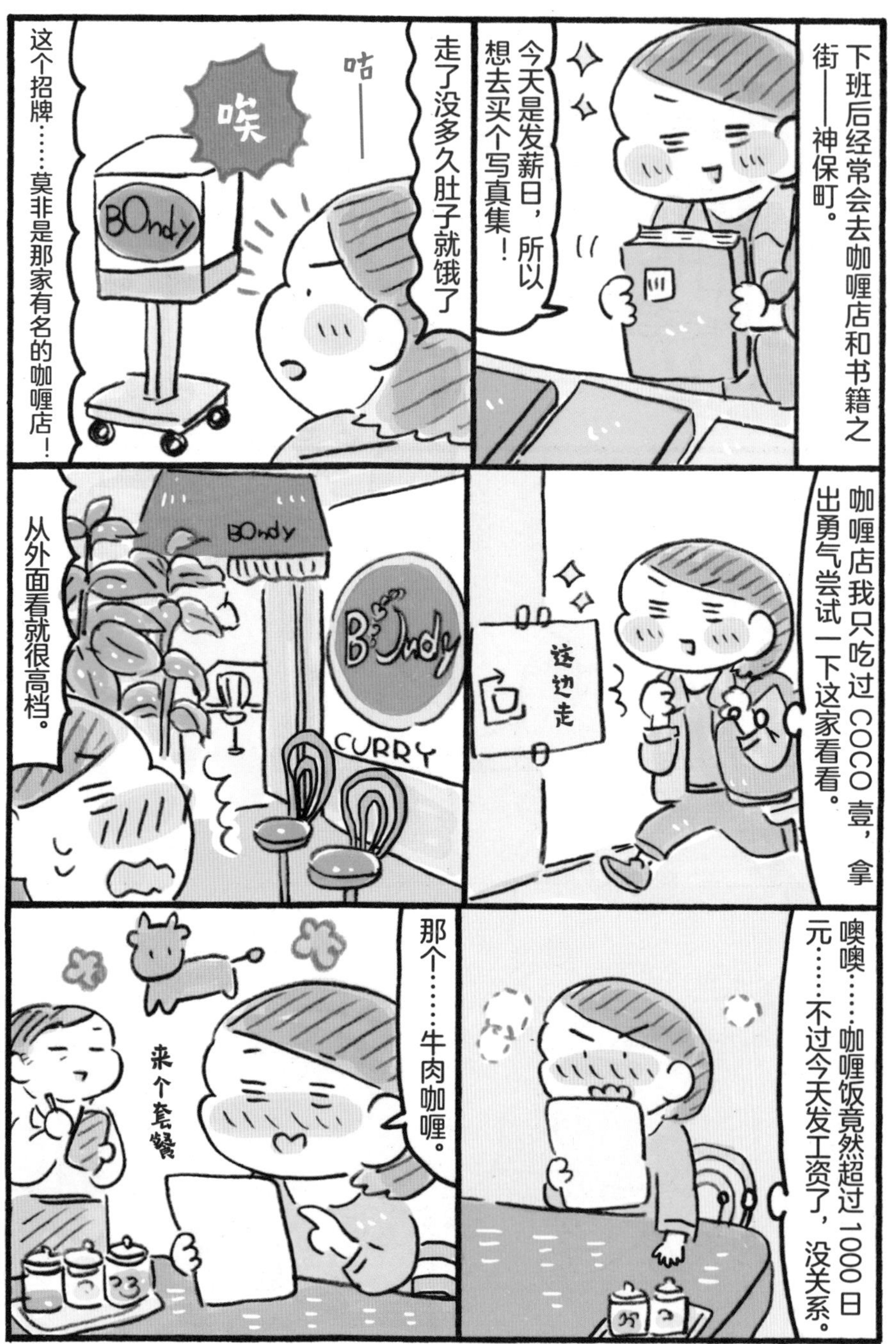
下班后经常会去咖喱店和书籍之街——神保町。
今天是发薪日，所以想去买个写真集！
走了没多久肚子就饿了
咕——
唉
BOndy
这个招牌……莫非是那家有名的咖喱店！
咖喱店我只吃过COCO壹，拿出勇气尝试一下这家看看。
这边走
BOndy
CURRY
从外面看就很高档。
噢噢……咖喱饭竟然超过1000日元……不过今天发工资了，没关系。
那个……牛肉咖喱。
来个套餐

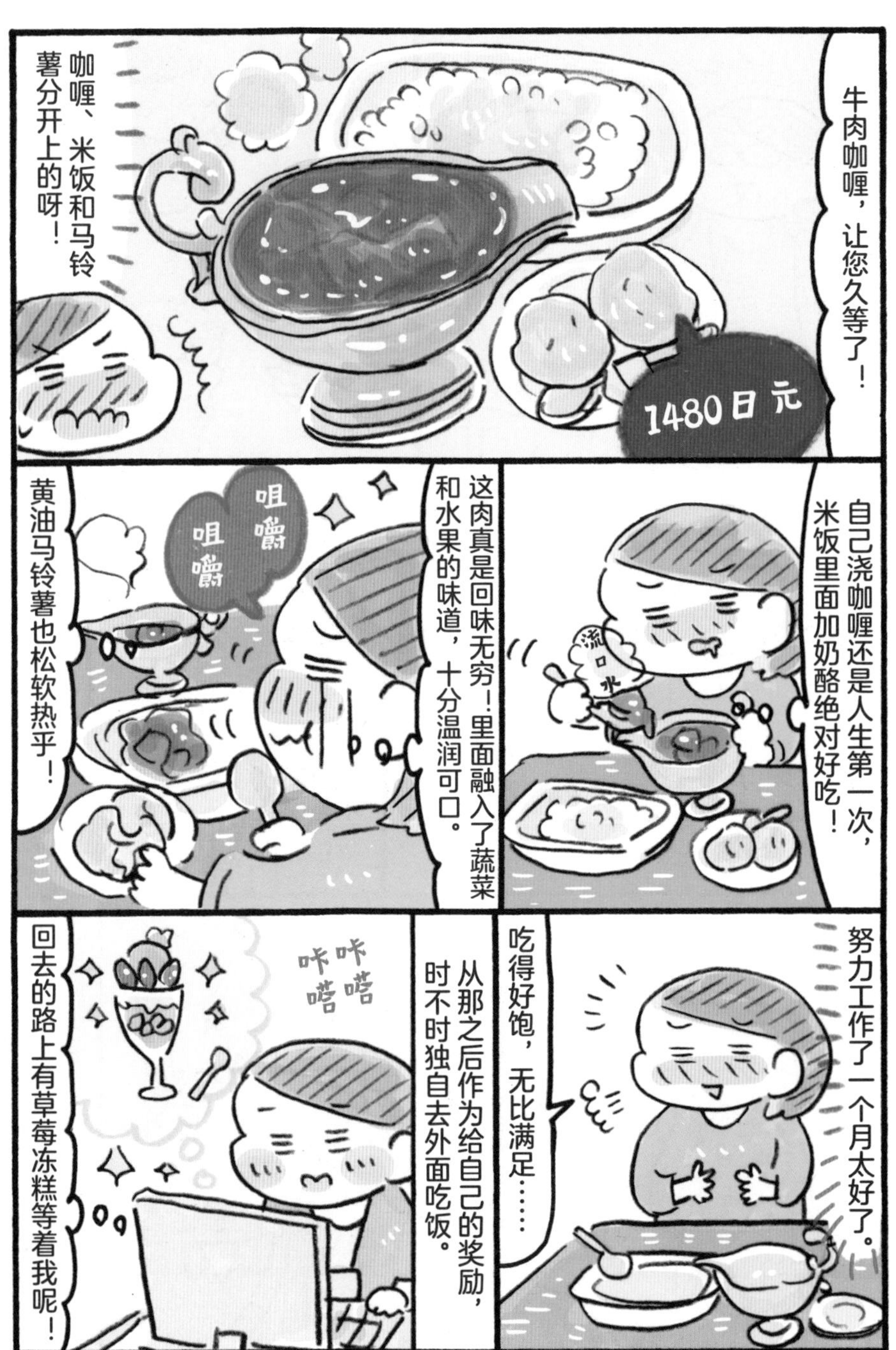
牛肉咖喱，让您久等了！
咖喱、米饭和马铃薯分开上的呀！
1480日元
自己浇咖喱还是人生第一次，米饭里面加奶酪绝对好吃！
流口水
这肉真是回味无穷！里面融入了蔬菜和水果的味道，十分温润可口。
咀嚼
咀嚼
黄油马铃薯也松软热乎！
努力工作了一个月太好了。
吃得好饱，无比满足……
从那之后作为给自己的奖励，时不时独自去外面吃饭。
咔嗒
咔嗒
回去的路上有草莓冻糕等着我呢！

# 同居期间风格也会越来越像？

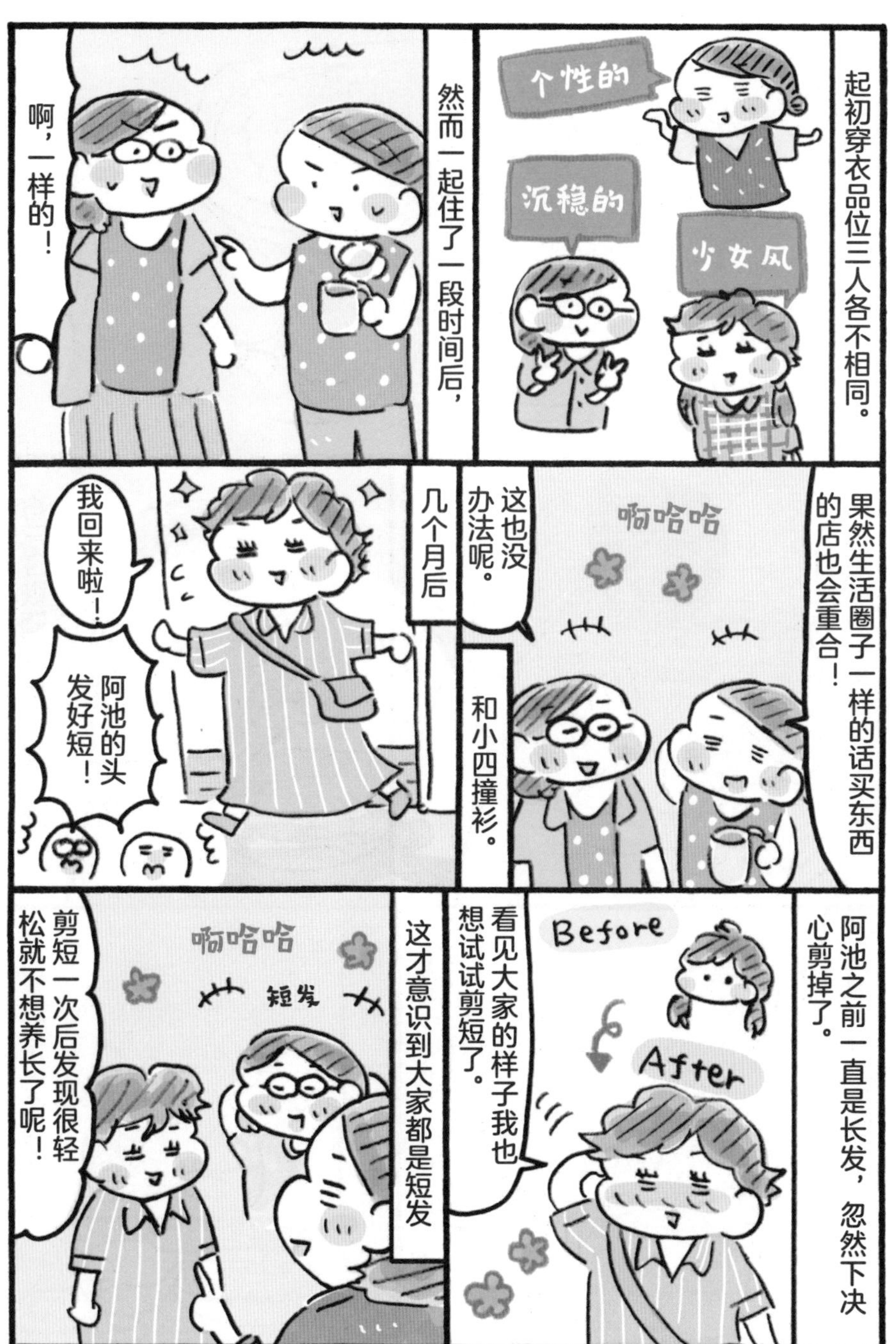

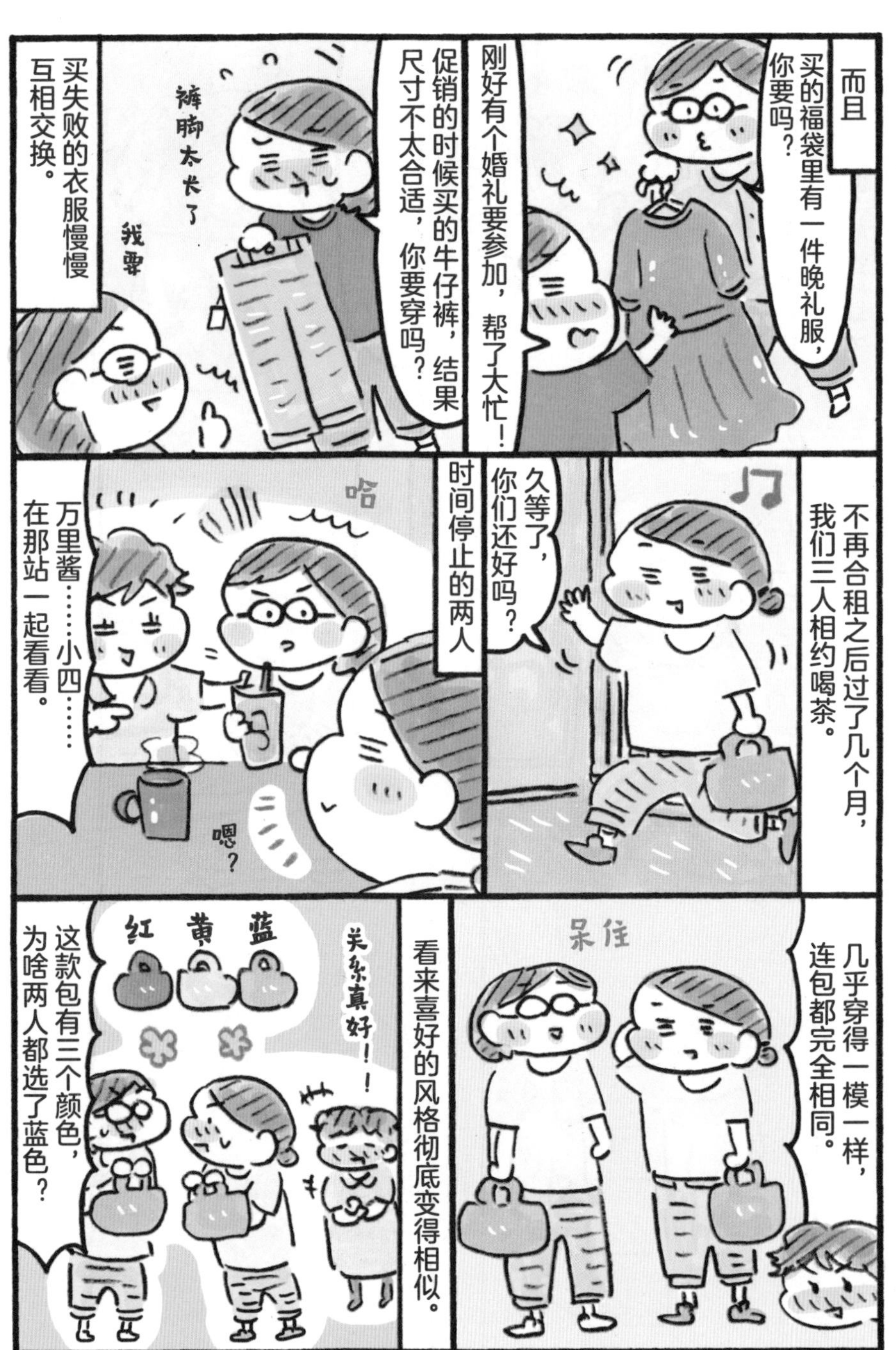
而且
买的福袋里有一件晚礼服，你要吗？
刚好有个婚礼要参加，帮了大忙！
促销的时候买的牛仔裤，结果尺寸不太合适，你要穿吗？
裤脚太长了
我要
买失败的衣服慢慢互相交换。
不再合租之后过了几个月，我们三人相约喝茶。
久等了，你们还好吗？
时间停止的两人
哈
万里酱……小四……在那站一起看看。
嗯？
几乎穿得一模一样，连包都完全相同。
呆住
看来喜好的风格彻底变得相似。
关系真好！！
红
黄
蓝
这款包有三个颜色，为啥两人都选了蓝色？

# 又开心又害羞 穿着和服去浅草看戏剧

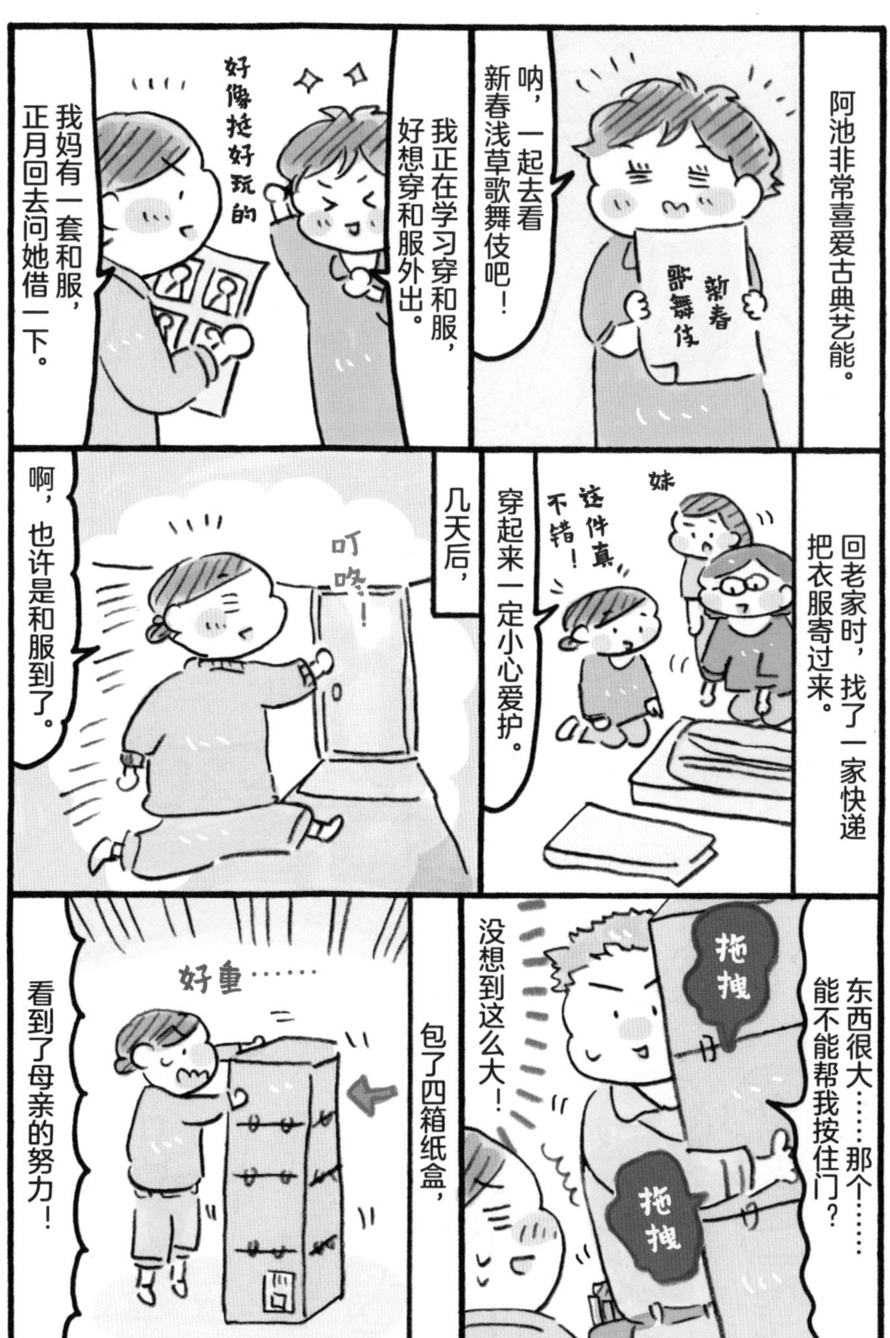

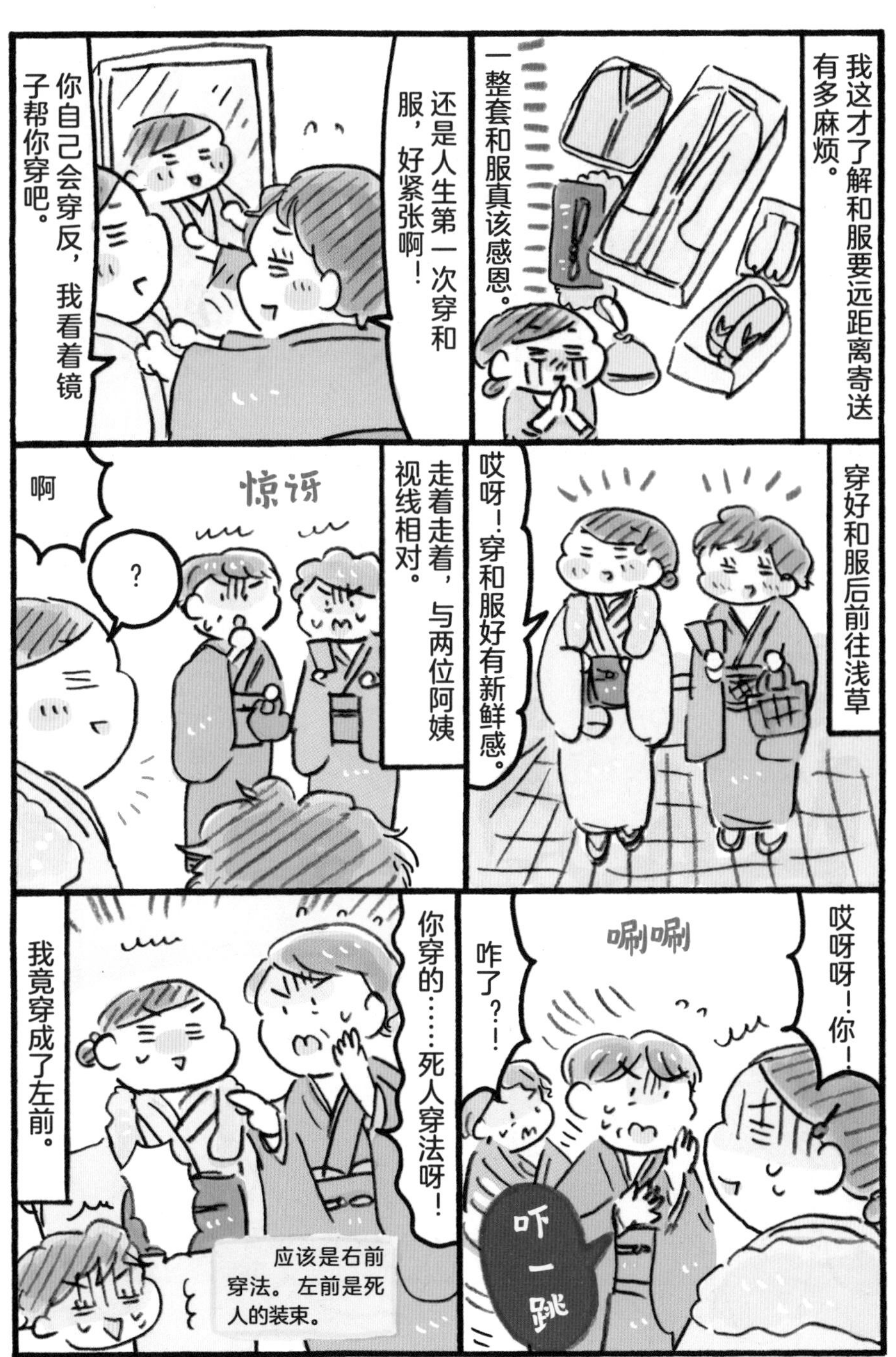
我这才了解和服要远距离寄送有多麻烦。
一整套和服真该感恩。
还是人生第一次穿和服，好紧张啊！
你自己会穿反，我看着镜子帮你穿吧。
穿好和服后前往浅草
哎呀！穿和服好有新鲜感。
走着走着，与两位阿姨视线相对。
惊讶
啊
？
哎呀呀！你！
唰唰
咋了？！
吓一跳
你穿的……死人穿法呀！
我竟穿成了左前。
应该是右前穿法。左前是死人的装束。

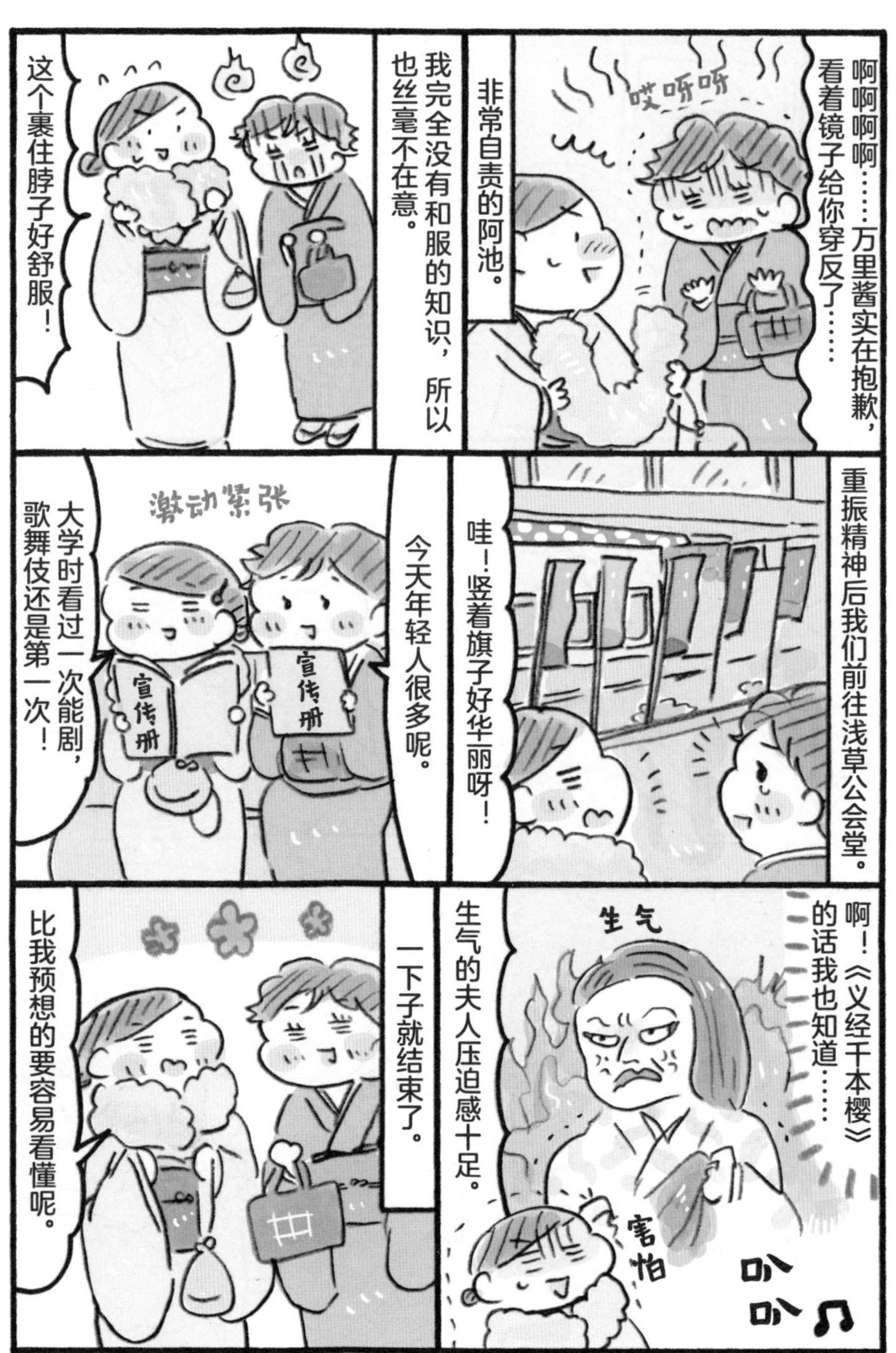
啊啊啊啊……万里酱实在抱歉，看着镜子给你穿反了……
哎呀呀
非常自责的阿池。
我完全没有和服的知识，所以也丝毫不在意。
这个裹住脖子好舒服！
重振精神后我们前往浅草公会堂。
哇！竖着旗子好华丽呀！
今天年轻人很多呢。
激动紧张
宣传册
宣传册
大学时看过一次能剧，歌舞伎还是第一次！
啊！《义经千本樱》的话我也知道……
生气
生气的夫人压迫感十足。
害怕
叭叭♫
一下子就结束了。
比我预想的要容易看懂呢。

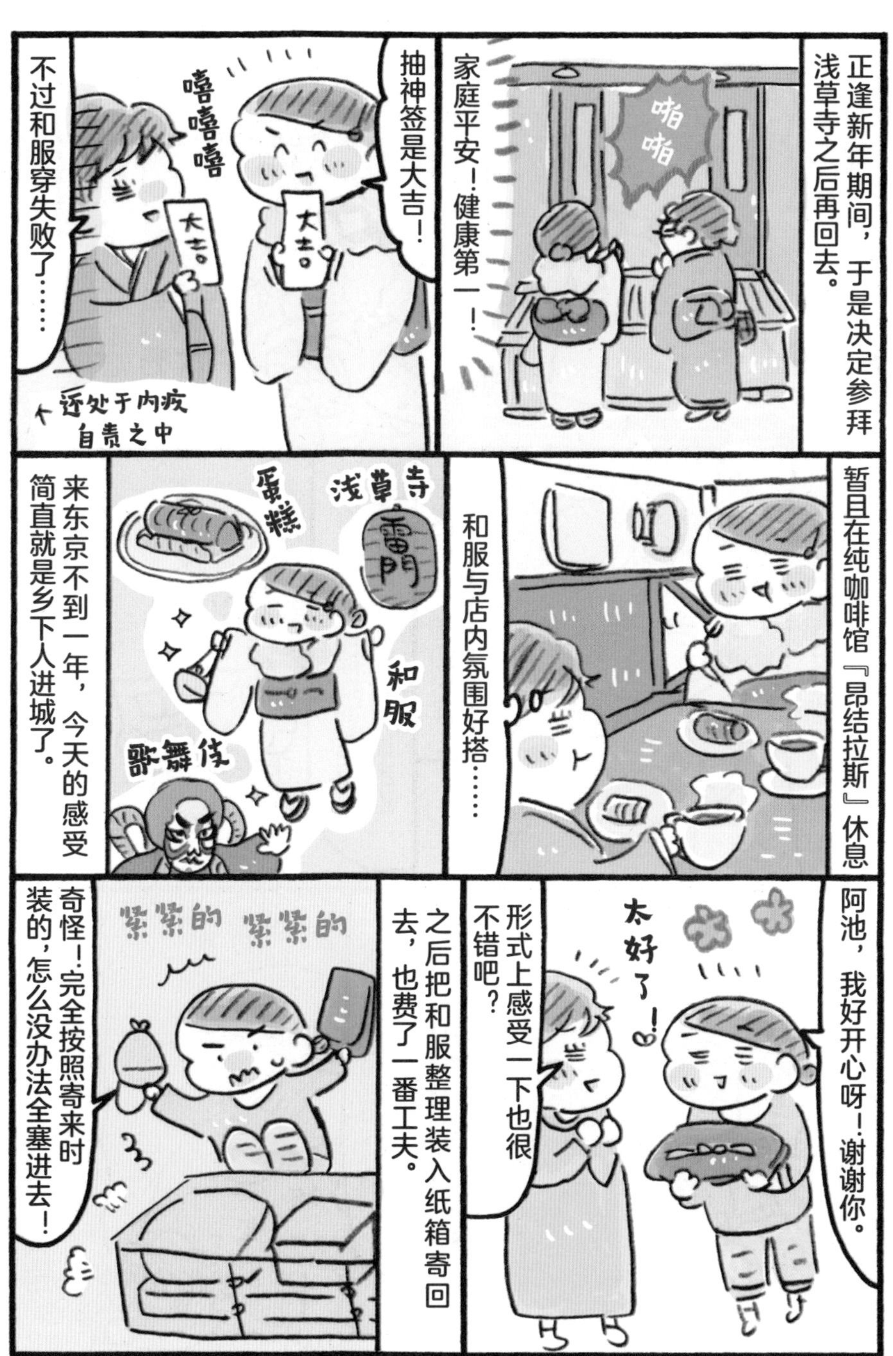

正逢新年期间，于是决定参拜浅草寺之后再回去。
啪啪
家庭平安！健康第一！
抽神签是大吉！
大吉
大吉
嘻嘻嘻
不过和服穿失败了……
还处于内疚自责之中
暂且在纯咖啡馆『昂结拉斯』休息
和服与店内氛围好搭……
浅草寺
雷門
蛋糕
和服
歌舞伎
来东京不到一年，今天的感受简直就是乡下人进城了。
阿池，我好开心呀！谢谢你。
太好了！
形式上感受一下也很不错吧？
之后把和服整理装入纸箱寄回去，也费了一番工夫。
紧紧的 紧紧的
奇怪！完全按照寄来时装的，怎么没办法全塞进去！

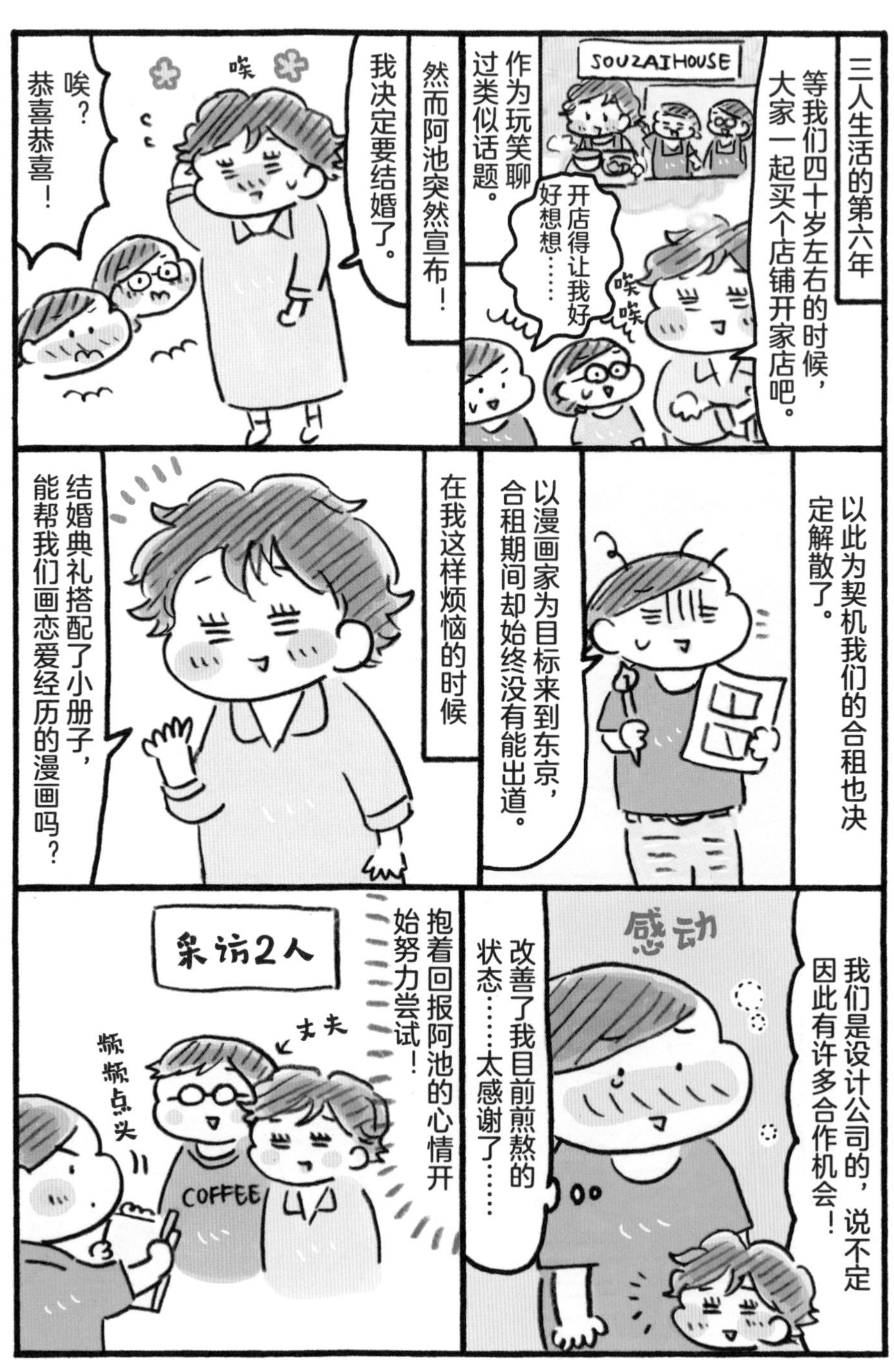


*注释：SOUZAIHOUSE 是熟食店。

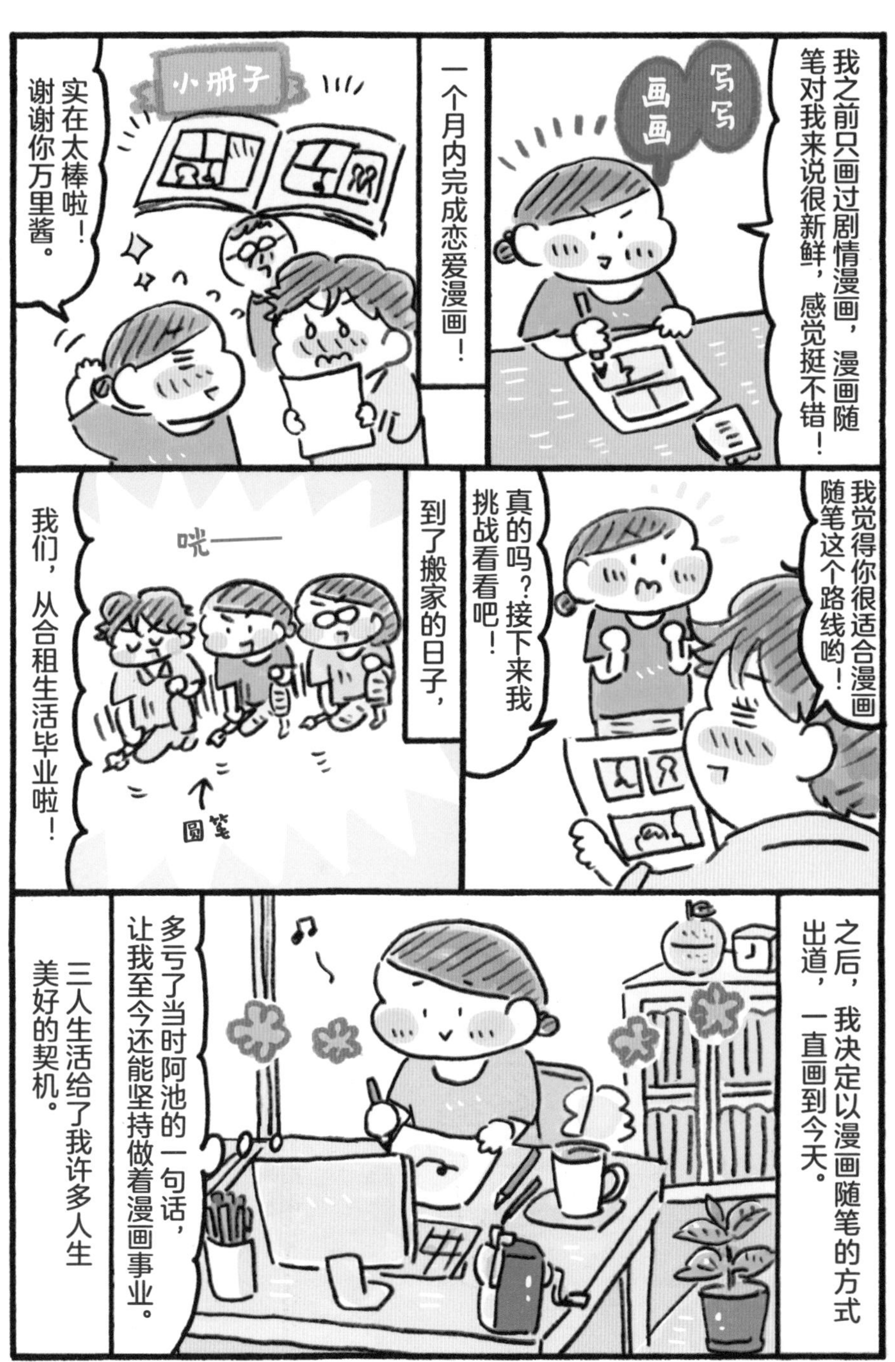
我之前只画过剧情漫画，漫画随笔对我来说很新鲜，感觉挺不错！
写写
画画
一个月内完成恋爱漫画！
小册子
实在太棒啦！谢谢你万里酱。
我觉得你很适合漫画随笔这个路线哟！
真的吗？接下来我挑战看看吧！
到了搬家的日子，
咣——
圆笔
我们，从合租生活毕业啦！
之后，我决定以漫画随笔的方式出道，一直画到今天。
多亏了当时阿池的一句话，让我至今还能坚持做着漫画事业。
三人生活给了我许多人生美好的契机。

合租生活解散！临近三十岁时，我开始了在东京一个人的生活，欢迎收看接下来重新出发的故事。

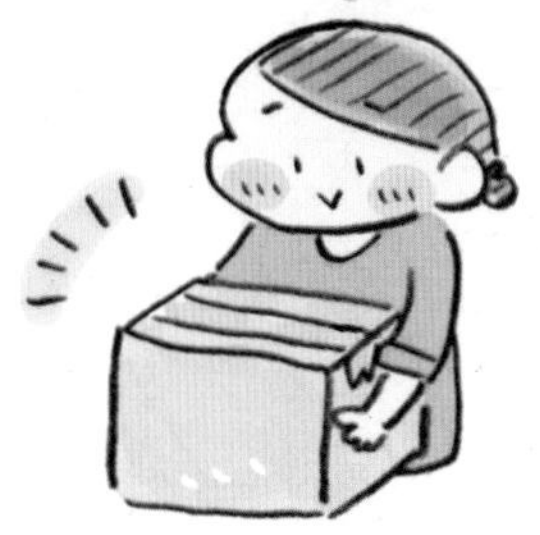

# 第 4 章

# 悠闲绕道

## 临近三十的单身生活

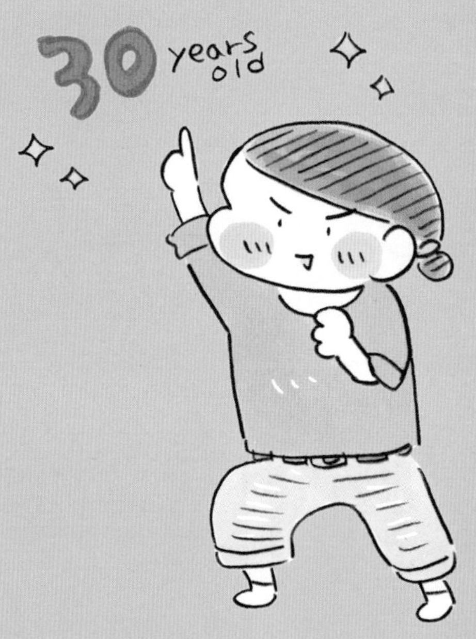

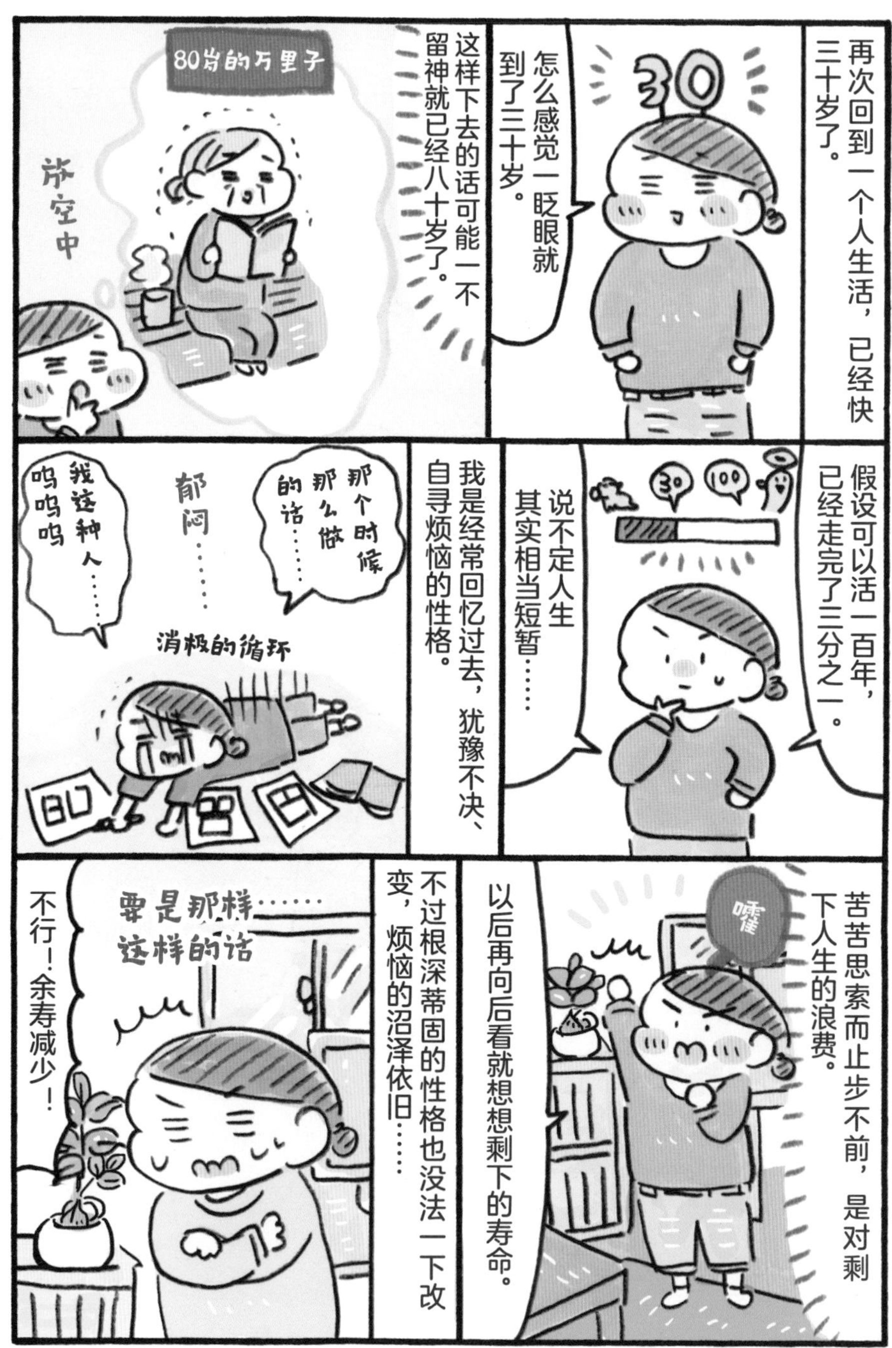
再次回到一个人生活，已经快三十岁了。
30
怎么感觉一眨眼就到了三十岁。
这样下去的话可能一不留神就已经八十岁了。
80岁的万里子
放空中
假设可以活一百年，已经走完了三分之一。
30
100
说不定人生其实相当短暂……
我是经常回忆过去，犹豫不决、自寻烦恼的性格。
那个时候那么做的话……
郁闷……
我这种人……呜呜呜
消极的循环
苦苦思索而止步不前，是对剩下人生的浪费。
嚯
以后再向后看就想想剩下的寿命。
不过根深蒂固的性格也没法一下改变，烦恼的沼泽依旧……
要是那样……
这样的话
不行！余寿减少！

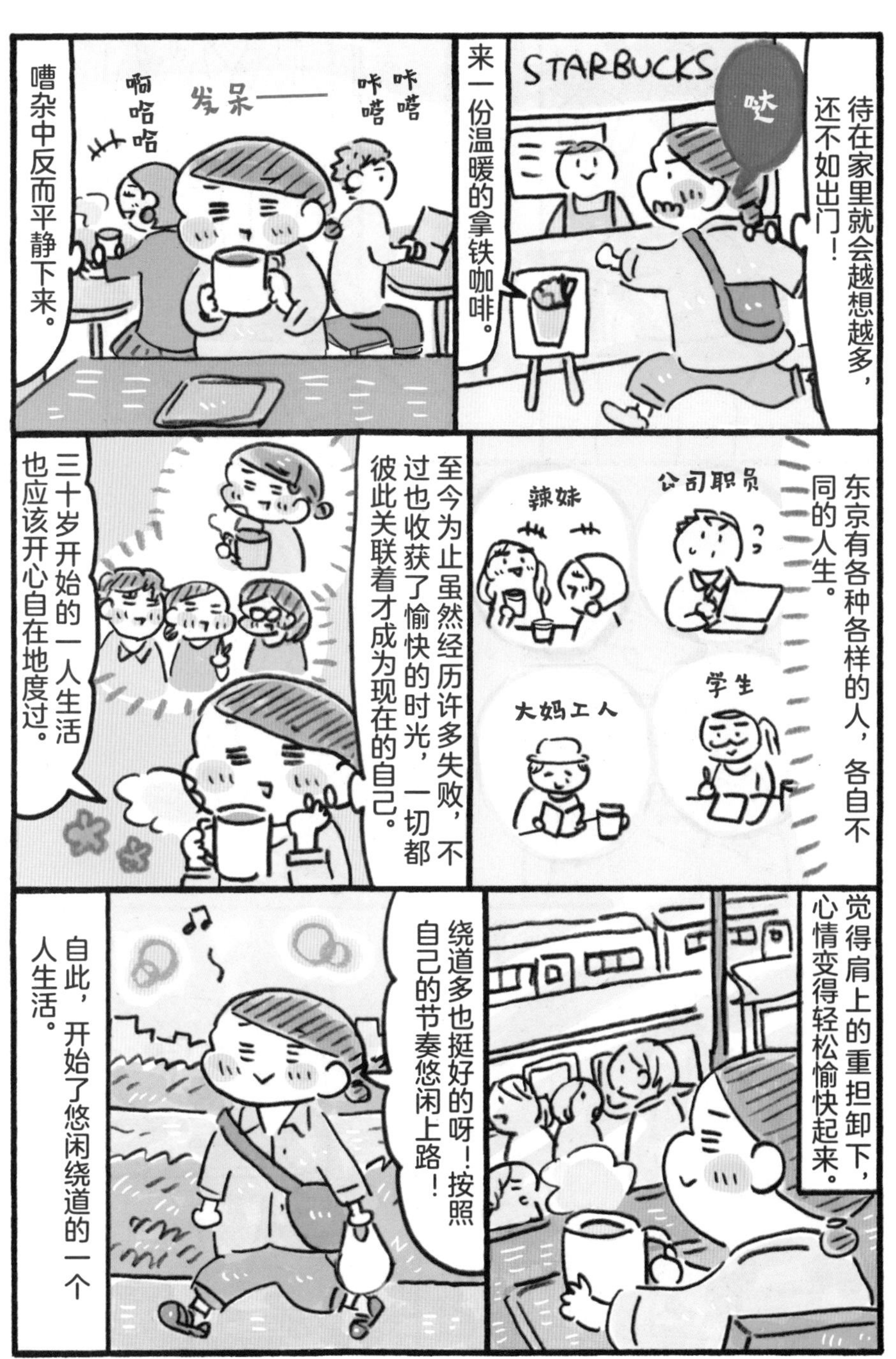

待在家里就会越想越多，还不如出门！
STARBUCKS
哒
来一份温暖的拿铁咖啡。
咔嗒咔嗒
发呆——
啊哈哈
嘈杂中反而平静下来。
东京有各种各样的人，各自不同的人生。
公司职员
辣妹
学生
大妈工人
至今为止虽然经历许多失败，不过也收获了愉快的时光，一切都彼此关联着才成为现在的自己。
三十岁开始的一人生活也应该开心自在地度过。
觉得肩上的重担卸下，心情变得轻松愉快起来。
绕道多也挺好的呀！按照自己的节奏悠闲上路！
自此，开始了悠闲绕道的一个人生活。

# 想要夏天气息的夏威夷风衬衫！

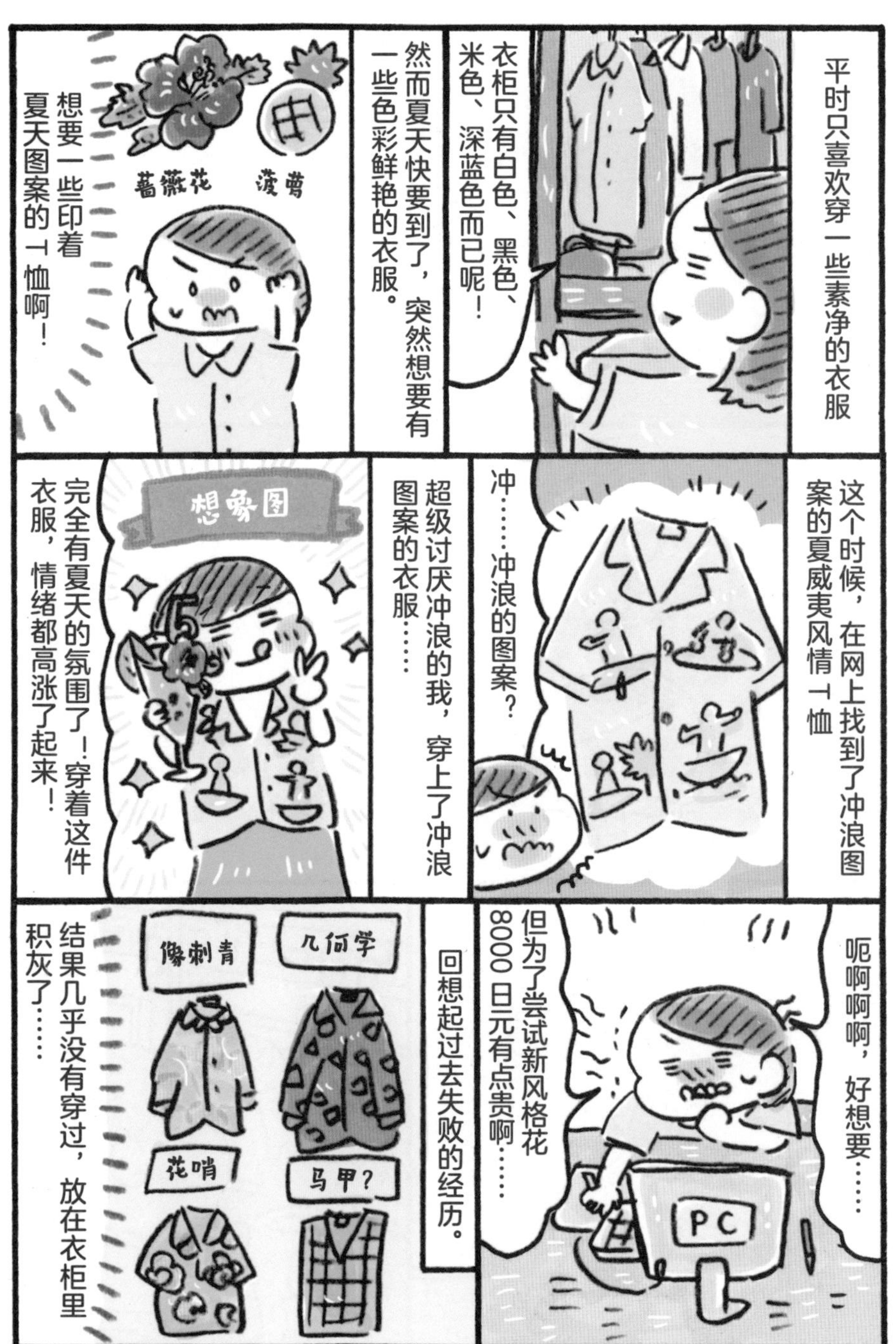

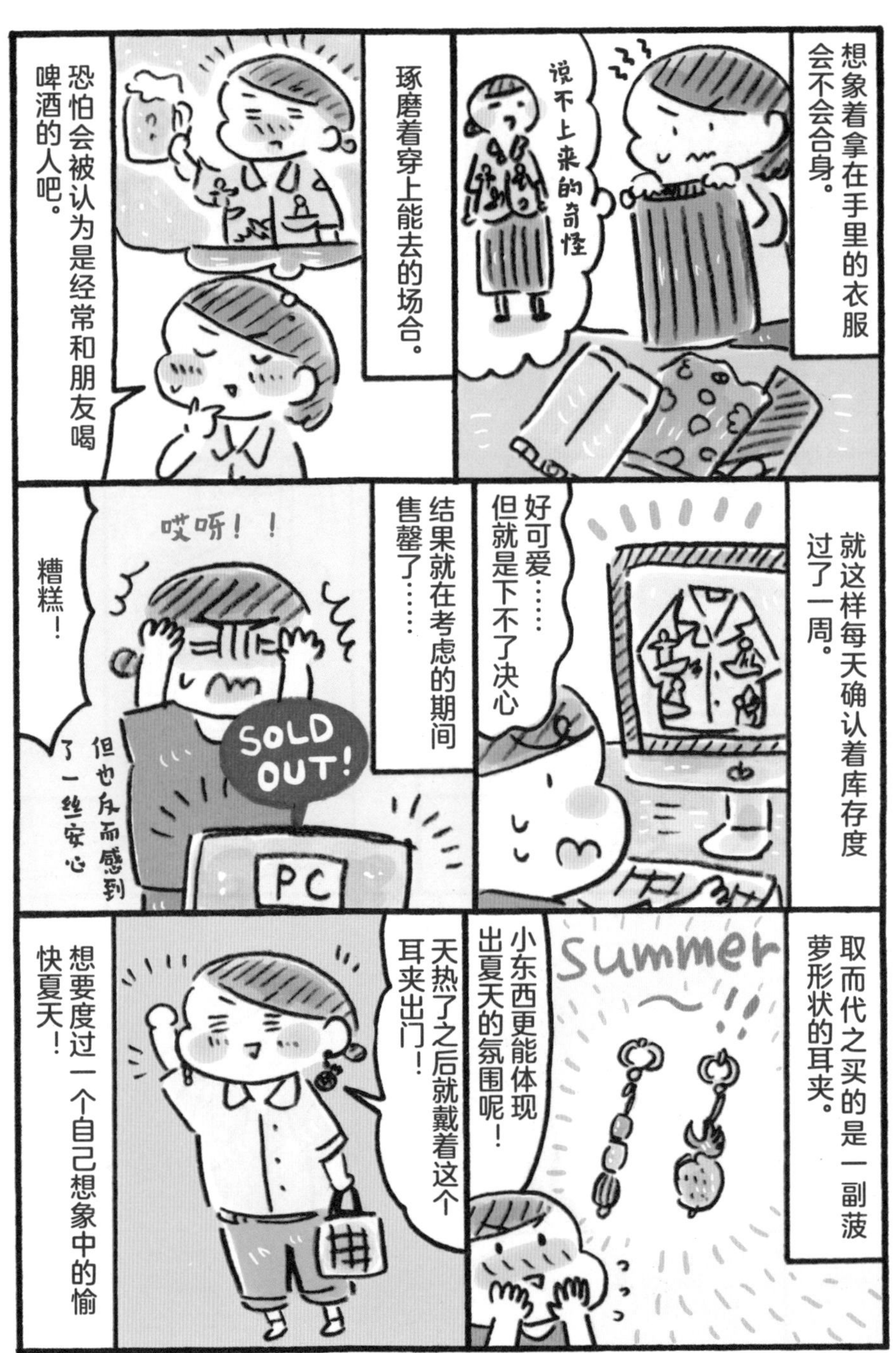
想象着拿在手里的衣服会不会合身。
说不上来的奇怪
琢磨着穿上能去的场合。
恐怕会被认为是经常和朋友喝啤酒的人吧。
就这样每天确认着库存度过了一周。
好可爱……但就是下不了决心
结果就在考虑的期间售罄了……
哎呀！！
SOLD OUT!
PC
糟糕！
但也反而感到了一丝安心
取而代之买的是一副菠萝形状的耳夹。
Summer～
小东西更能体现出夏天的氛围呢！
天热了之后就戴着这个耳夹出门！
想要度过一个自己想象中的愉快夏天！

## 个子矮也有好处

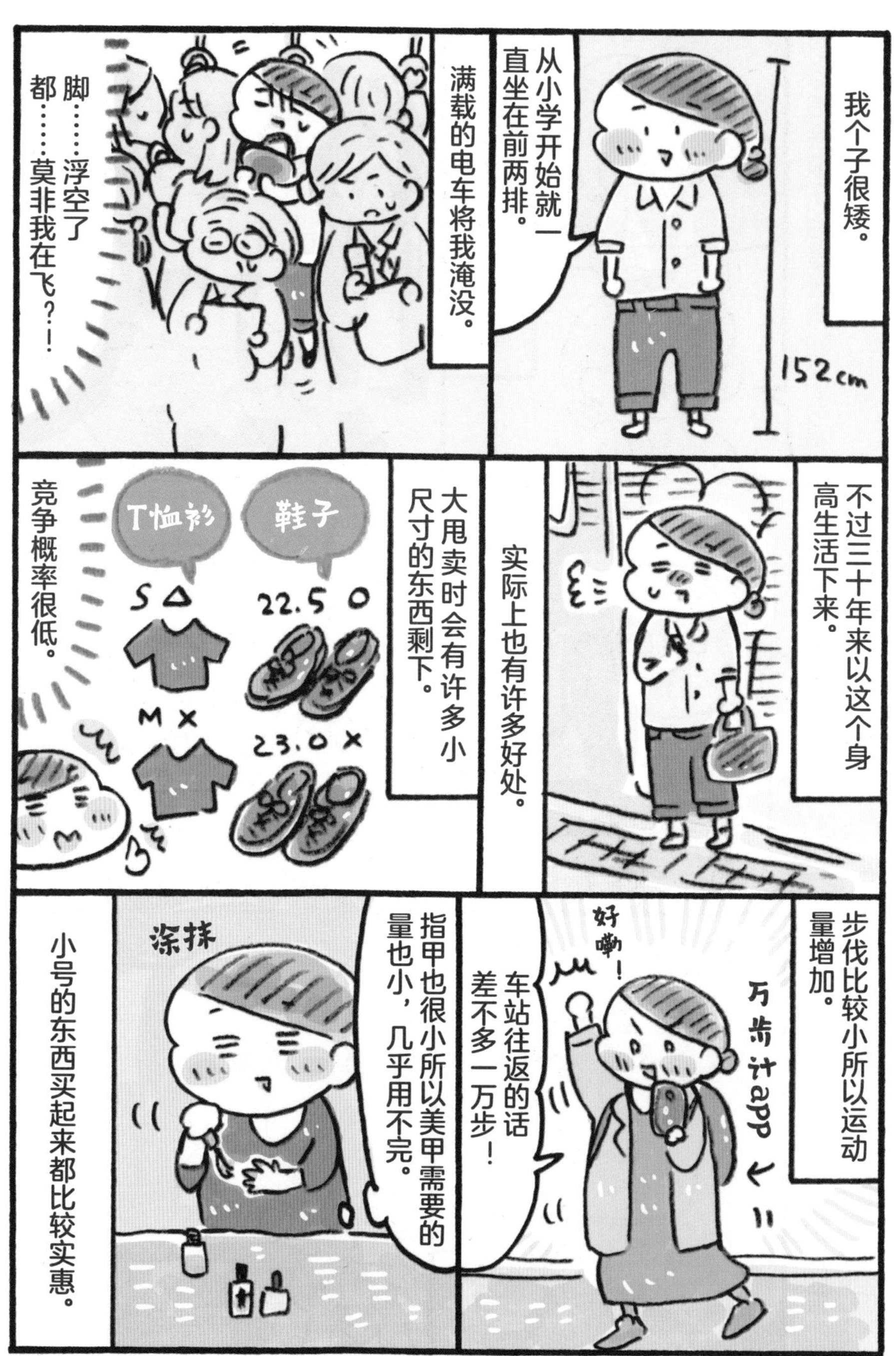

我个子很矮。
152cm
从小学开始就一直坐在前两排。
满载的电车将我淹没。
脚……浮空了
都……莫非我在飞？！
不过三十年来以这个身高生活下来。
实际上也有许多好处。
大甩卖时会有许多小尺寸的东西剩下。
鞋子
22.5 ○
23.0 ×
T恤衫
S △
M ×
竞争概率很低。
步伐比较小所以运动量增加。
万步计app
好嘞！
车站往返的话差不多一万步！
指甲也很小所以美甲需要的量也小，几乎用不完。
涂抹
小号的东西买起来都比较实惠。

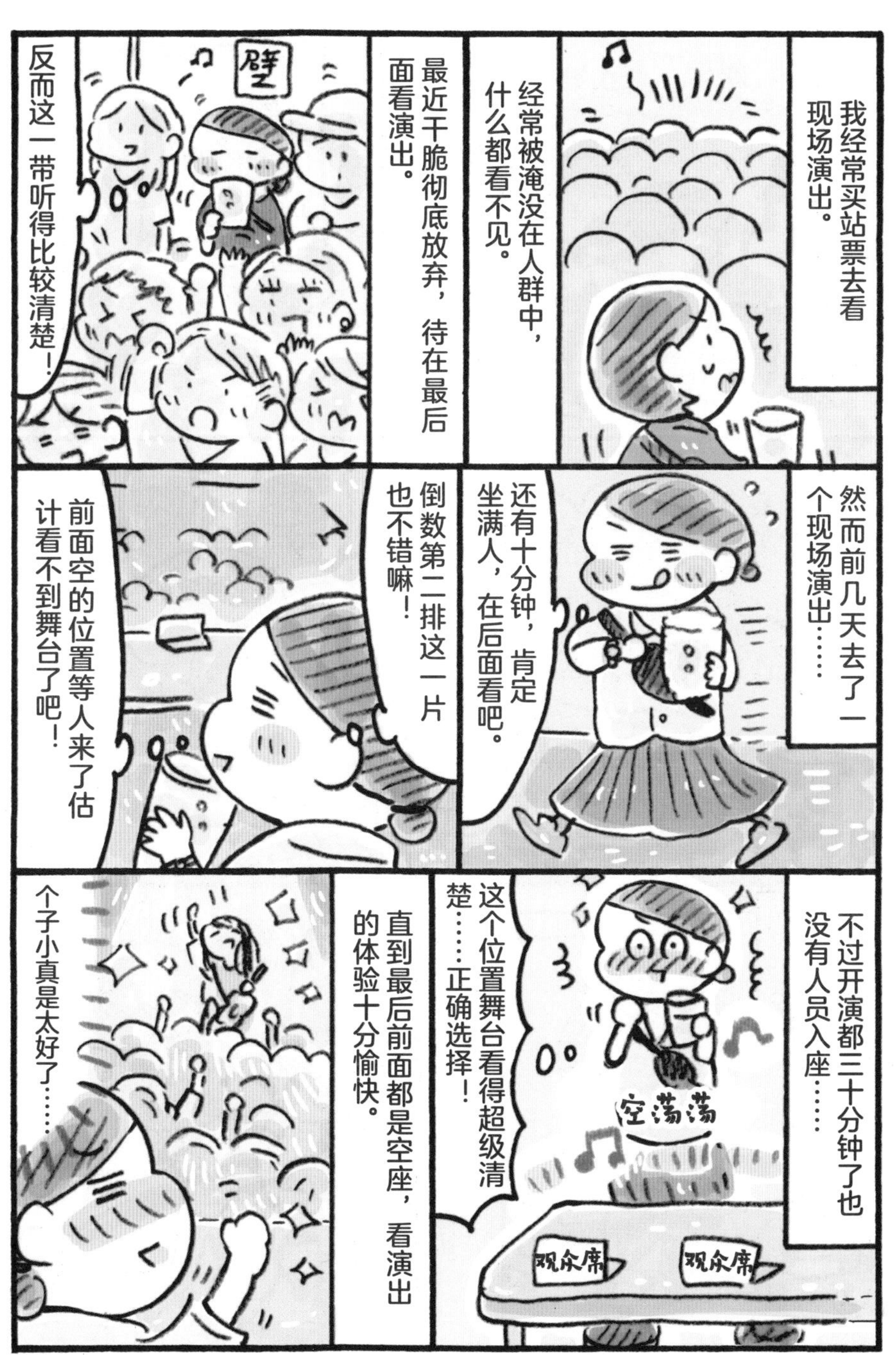

我经常买站票去看现场演出。
经常被淹没在人群中，什么都看不见。
最近干脆彻底放弃，待在最后面看演出。
壁
反而这一带听得比较清楚！
然而前几天去了一个现场演出……
还有十分钟，肯定坐满人，在后面看吧。
倒数第二排这一片也不错嘛！
前面空的位置等人来了估计看不到舞台了吧！
不过开演都三十分钟了也没有人员入座……
空荡荡
观众席
观众席
这个位置舞台看得超级清楚……正确选择！
直到最后前面都是空座，看演出的体验十分愉快。
个子小真是太好了……

## 狂躁的头发现如今……

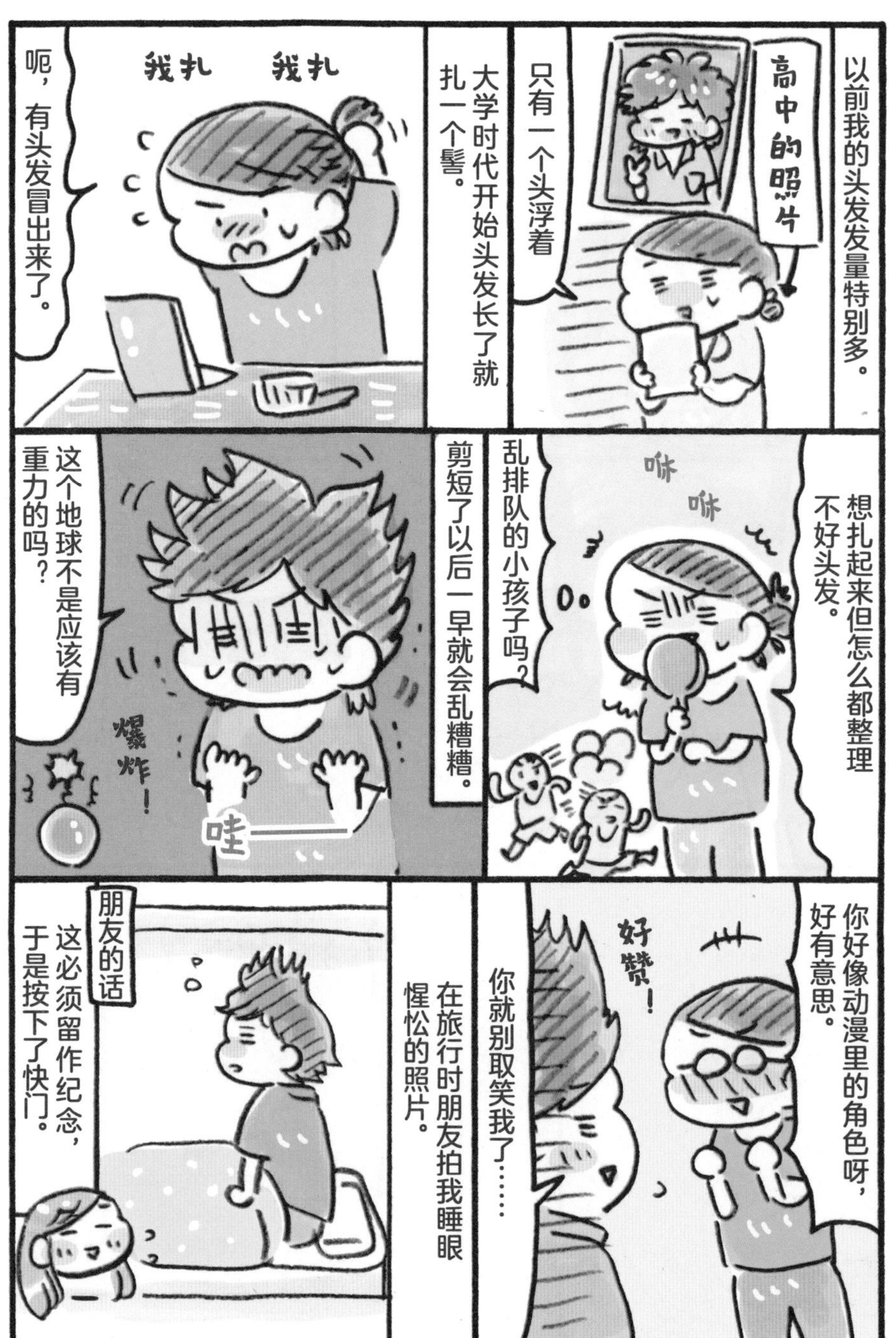

以前我的头发发量特别多。
高中的照片
只有一个头浮着
大学时代开始头发长了就扎一个髻。
我扎 我扎
呃，有头发冒出来了。
想扎起来但怎么都整理不好头发。
咻
咻
乱排队的小孩子吗？
剪短了以后一早就会乱糟糟。
爆炸！
哇——
这个地球不是应该有重力的吗？
你好像动漫里的角色呀，好有意思。
好赞！
你就别取笑我了……
在旅行时朋友拍我睡眼惺忪的照片。
朋友的话
这必须留作纪念，于是按下了快门。

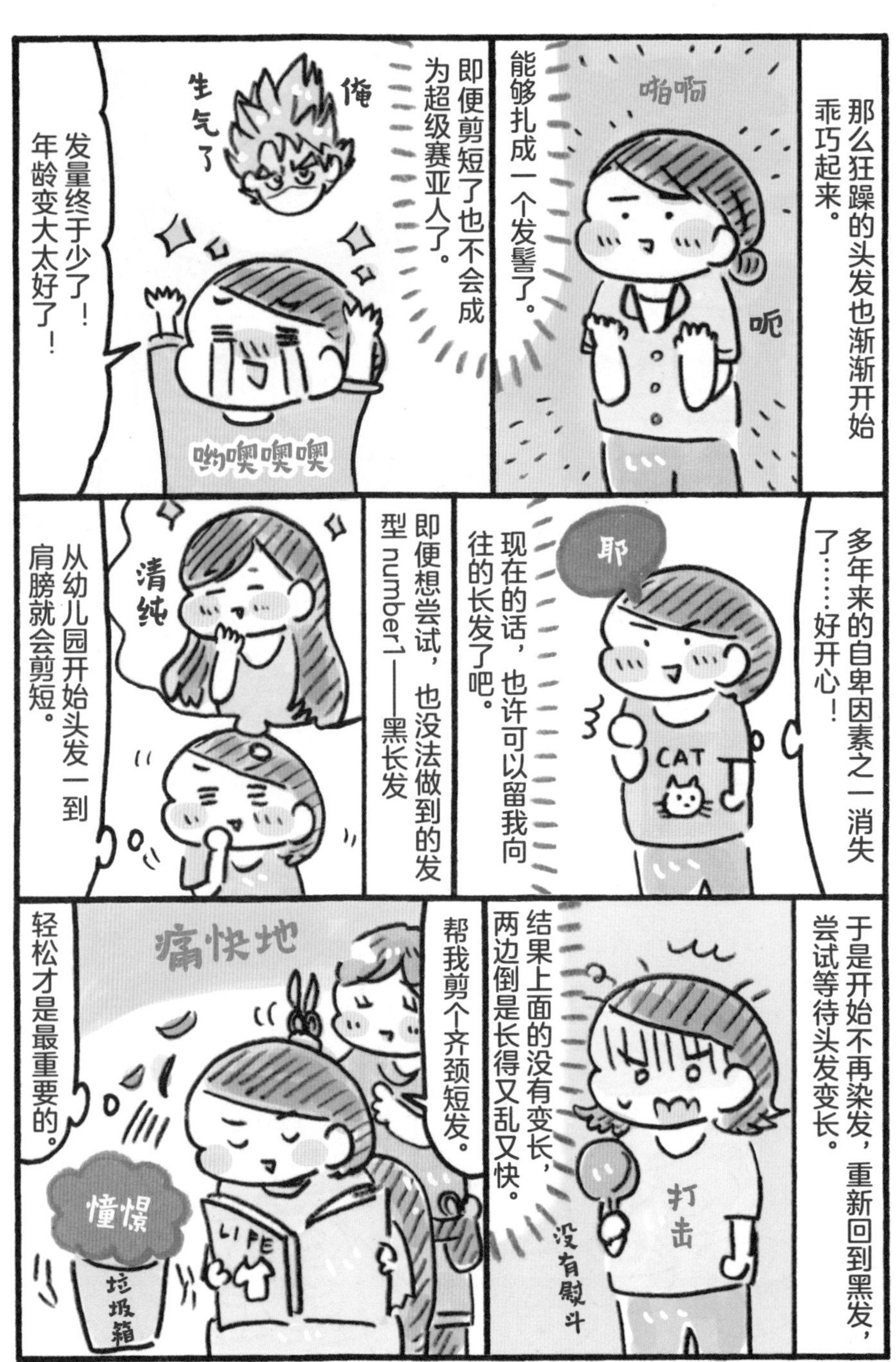
那么狂躁的头发也渐渐开始乖巧起来。
啪啊
呃
能够扎成一个发髻了。
即便剪短了也不会成为超级赛亚人了。
俺
生气了
哟噢噢噢
发量终于少了！年龄变大太好了！
多年来的自卑因素之一消失了……好开心！
耶
CAT
现在的话，也许可以留我向往的长发了吧。
即便想尝试，也没法做到的发型number1——黑长发
清纯
从幼儿园开始头发一到肩膀就会剪短。
于是开始不再染发，重新回到黑发，尝试等待头发变长。
打击
没有熨斗
结果上面的没有变长，两边倒是长得又乱又快。
帮我剪个齐颈短发。
痛快地
LIFE
憧憬
垃圾箱
轻松才是最重要的。

## 自己做饭中引以为戒的事

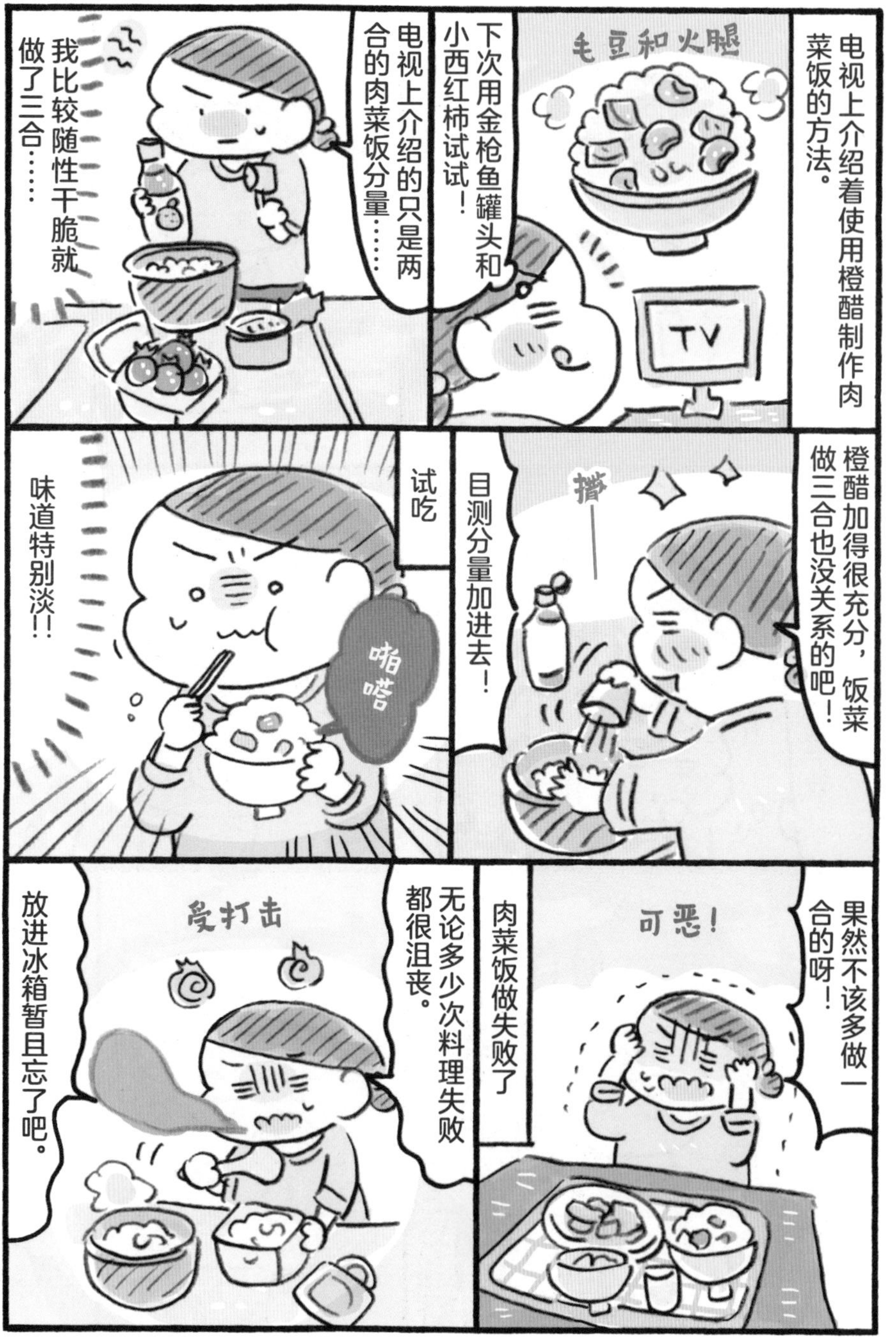

电视上介绍着使用橙醋制作肉菜饭的方法。

毛豆和火腿

TV

下次用金枪鱼罐头和小西红柿试试！

电视上介绍的只是两合的肉菜饭分量……

我比较随性干脆就做了三合……

橙醋加得很充分，饭菜做三合也没关系的吧！

撒——

目测分量加进去！

试吃

啪嗒

味道特别淡!!

果然不该多做一合的呀！

可恶！

肉菜饭做失败了

无论多少次料理失败都很沮丧。

受打击

放进冰箱暂且忘了吧。

*注释：合：日本的计量单位，一合相当于0.1升。

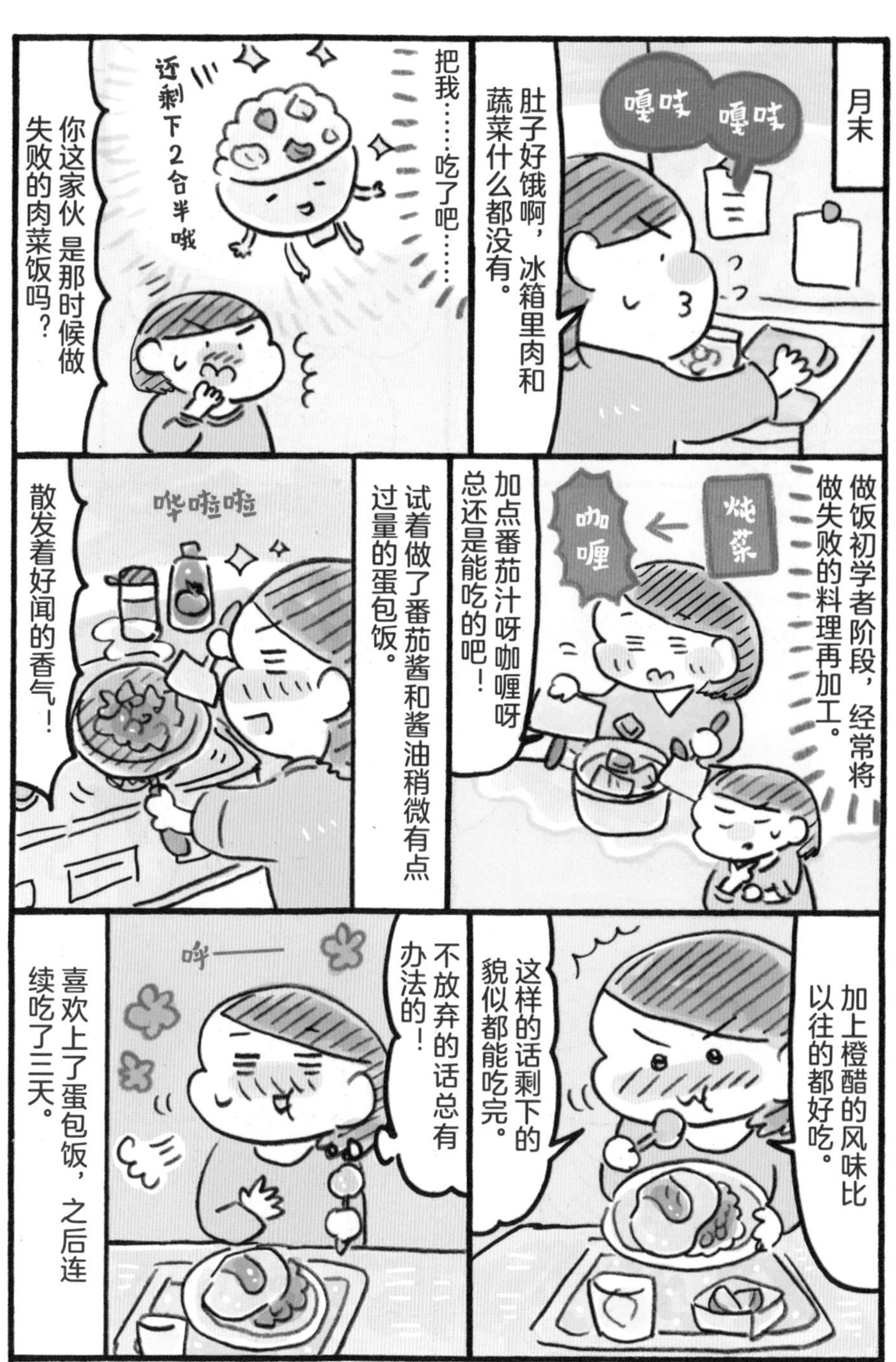
月末
嘎吱 嘎吱
肚子好饿啊，冰箱里肉和蔬菜什么都没有。
把我……吃了吧……
还剩下2合半哦
你这家伙 是那时候做失败的肉菜饭吗？
做饭初学者阶段，经常将做失败的料理再加工。
炖菜
咖喱
加点番茄汁呀咖喱呀总还是能吃的吧！
试着做了番茄酱和酱油稍微有点过量的蛋包饭。
哗啦啦
散发着好闻的香气！
加上橙醋的风味比以往的都好吃。
这样的话剩下的貌似都能吃完。
不放弃的话总有办法的！
呼——
喜欢上了蛋包饭，之后连续吃了三天。

## 消消乐游戏停不下来！

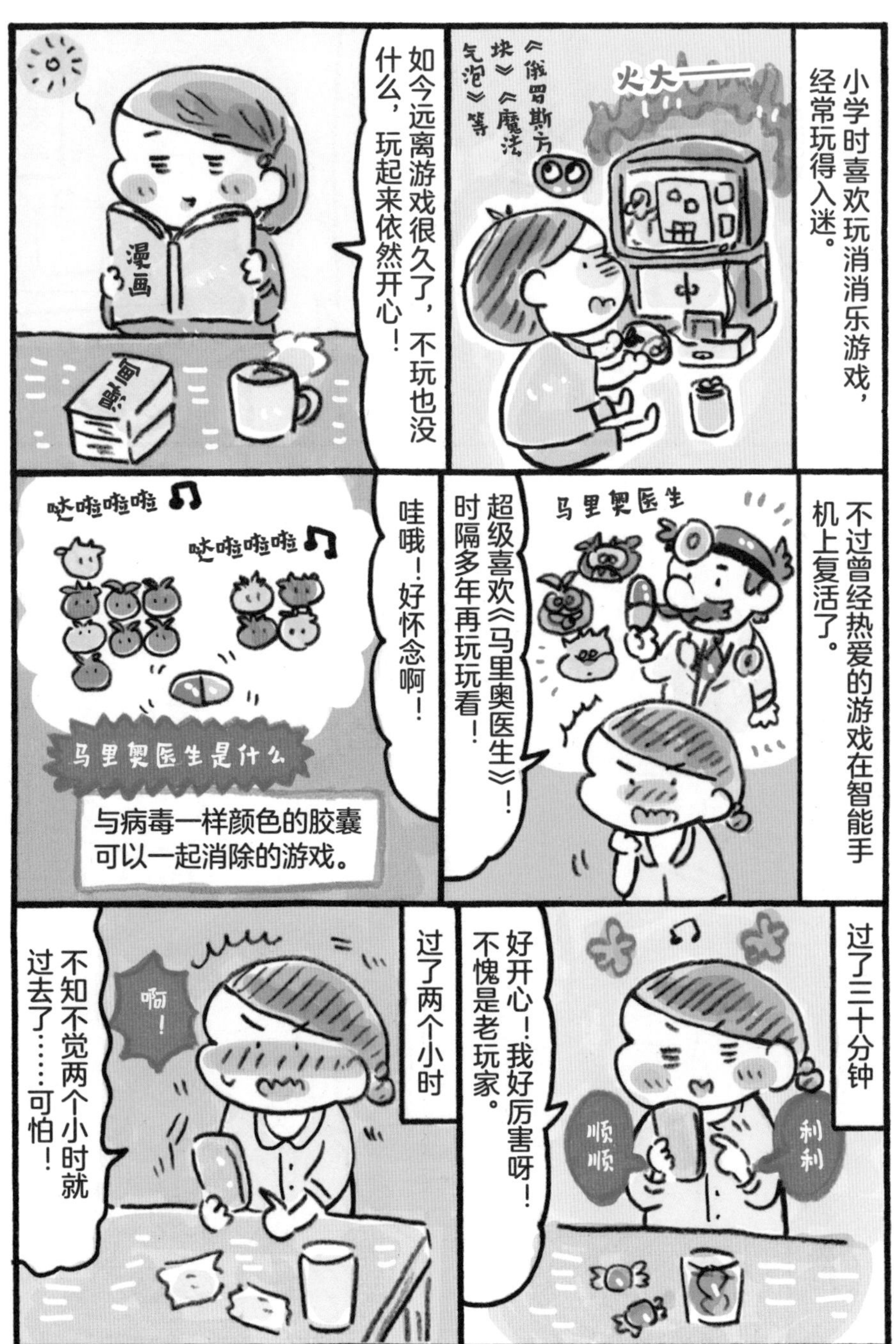

小学时喜欢玩消消乐游戏，经常玩得入迷。
火大——
《俄罗斯方块》《魔法气泡》等
如今远离游戏很久了，不玩也没什么，玩起来依然开心！
漫画
漫画
不过曾经热爱的游戏在智能手机上复活了。
马里奥医生
超级喜欢《马里奥医生》！时隔多年再玩玩看！
哇哦！好怀念啊！
哒啦啦啦
哒啦啦啦
马里奥医生是什么
与病毒一样颜色的胶囊可以一起消除的游戏。
过了三十分钟
好开心！我好厉害呀！不愧是老玩家。
顺顺
利利
过了两个小时
啊！
不知不觉两个小时就过去了……可怕！

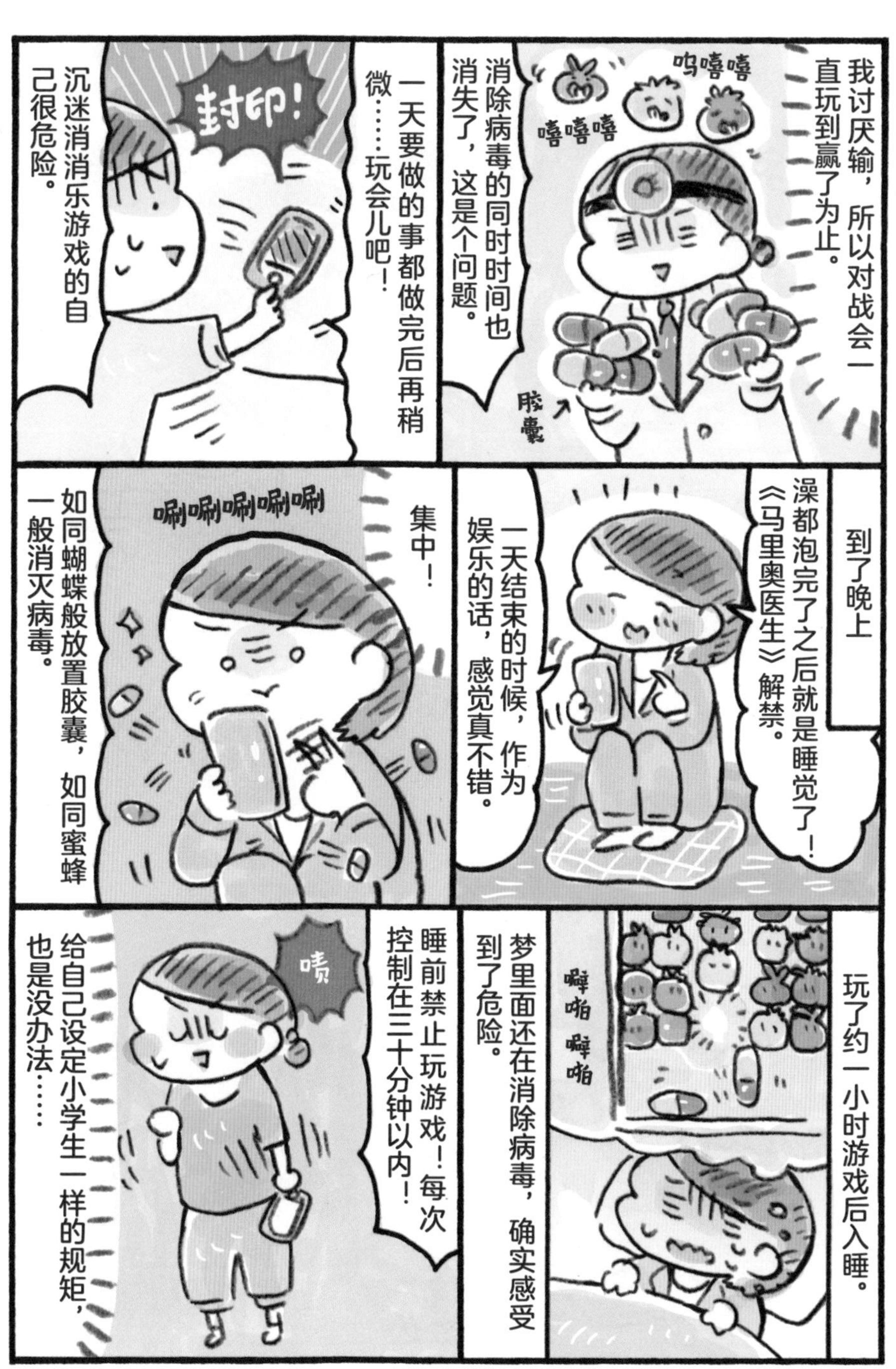
我讨厌输，所以对战会一直玩到赢了为止。
呜嘻嘻
嘻嘻嘻
胶囊
消除病毒的同时时间也消失了，这是个问题。
封印！
一天要做的事都做完后再稍微……玩会儿吧！
沉迷消消乐游戏的自己很危险。
到了晚上
澡都泡完了之后就是睡觉了！《马里奥医生》解禁。
一天结束的时候，作为娱乐的话，感觉真不错。
集中！
唰唰唰唰唰
如同蝴蝶般放置胶囊，如同蜜蜂一般消灭病毒。
玩了约一小时游戏后入睡。
噼啪
噼啪
梦里面还在消除病毒，确实感受到了危险。
睡前禁止玩游戏！每次控制在三十分钟以内！
啧
给自己设定小学生一样的规矩，也是没办法……

column

# 一个人生活的乐趣 2

## 素颜挑战

素颜状态下外出的范围渐渐扩大。一开始只是 100 米范围内的便利店，以 100% 素颜去拿复印件……然后是去 300 米距离的廉价商店，以只画了眉毛的 90% 素颜状态。这种似乎做了不能做的事的禁忌感简直难以言喻……

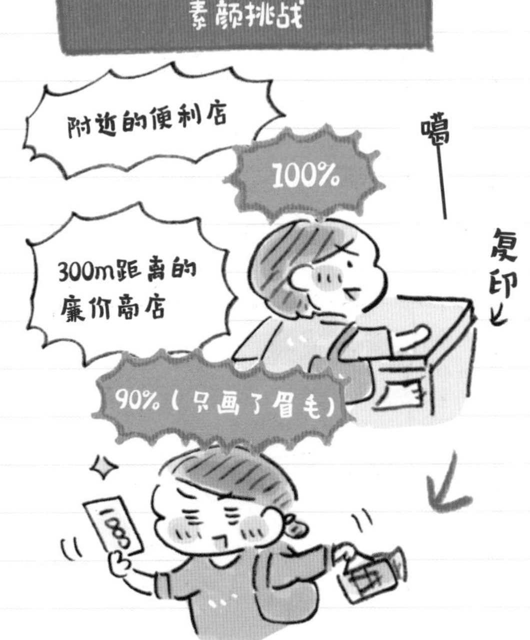


## 散步路线

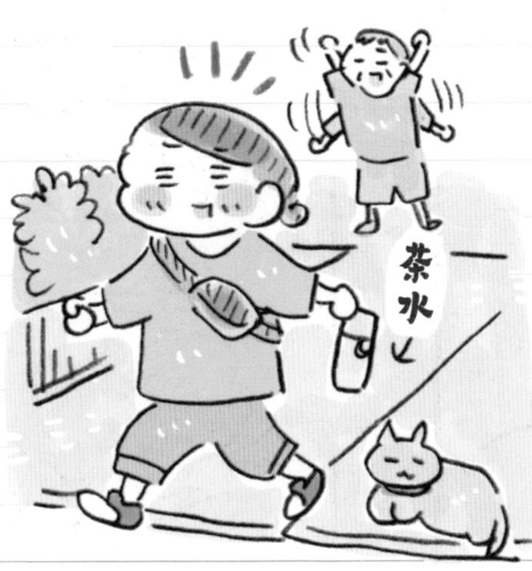


到了傍晚时会在家附近轻松散步 1 小时左右。渐渐地，散步路线确定了下来，经常会碰到别人养的猫咪，眼熟的老大爷，等等，伴随着熟悉的成员变多，自己的心情也愈发柔和。

## 想要自言自语

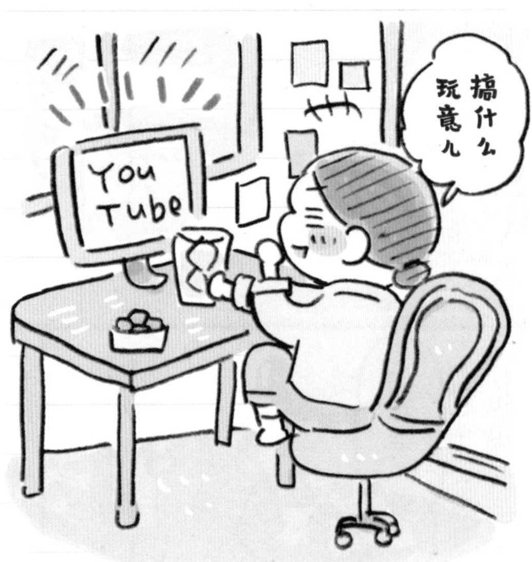


看电视或看 YouTube 的时候会不自觉地自言自语起来。也许是关西人的缘故，看着就会忍不住吐槽，有时候也会意识到“这是今天说的第一句话……”，有时候也会特意积极地自言自语。

## 宅家日

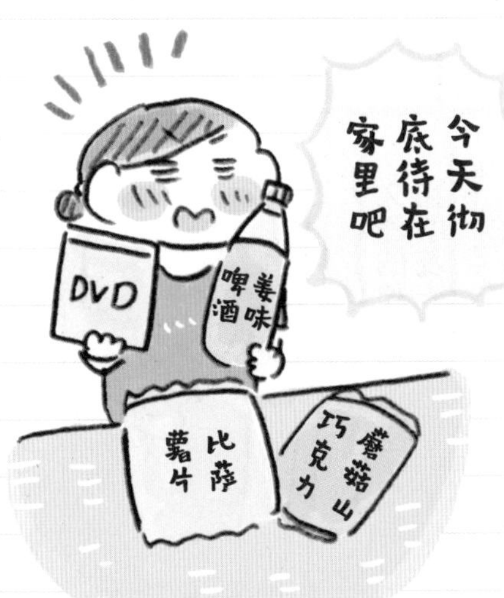


偶尔一步也不想离开家，就让这天成为“宅家日”。前些天买的点心呀饮料啊，以及借来的 DVD 等充分利用起来，在家待上一整天。一瞬间会感慨，这也是一个人生活的特权呢。

## 一个人喝酒的段位逐渐提升

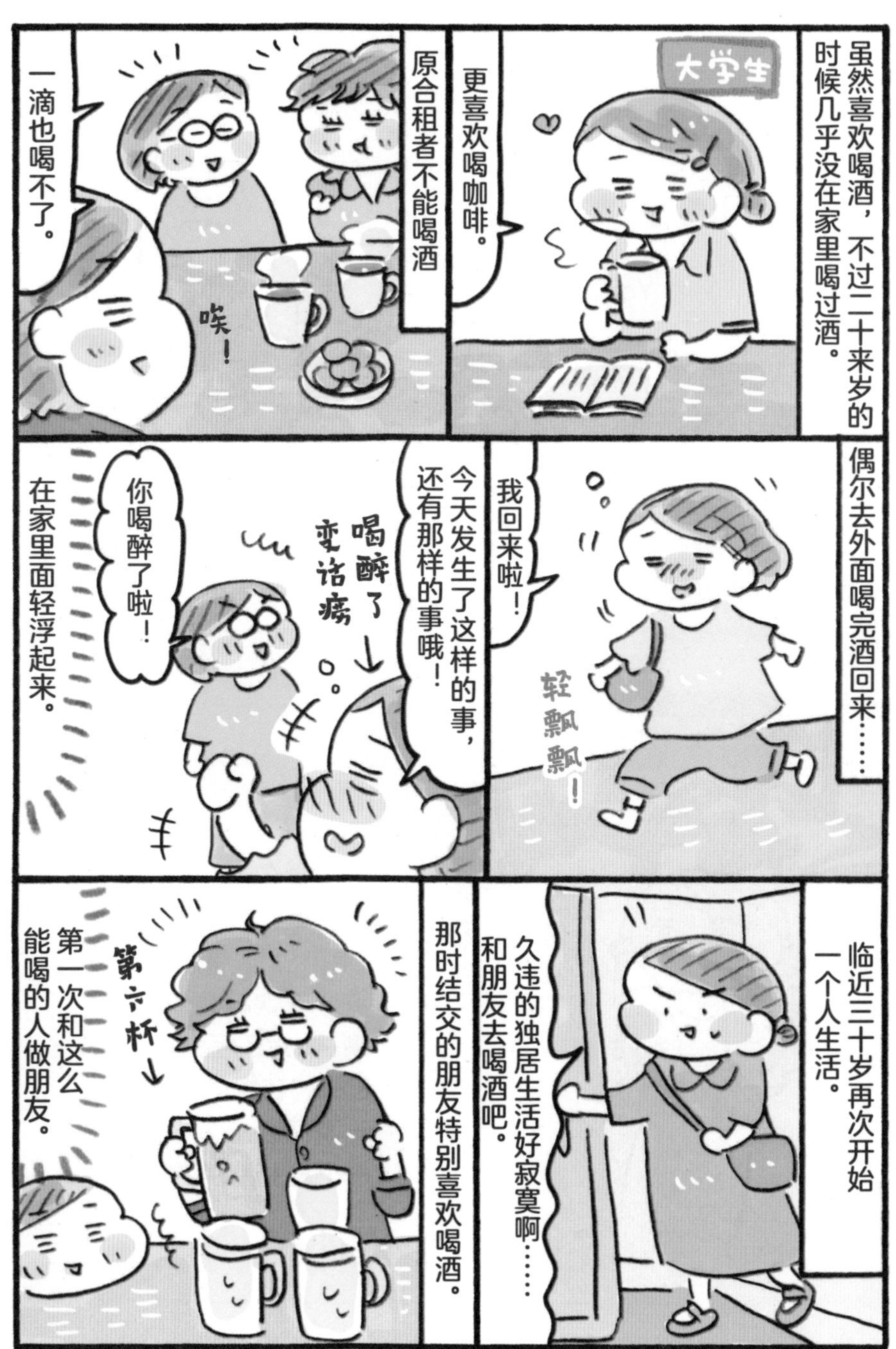

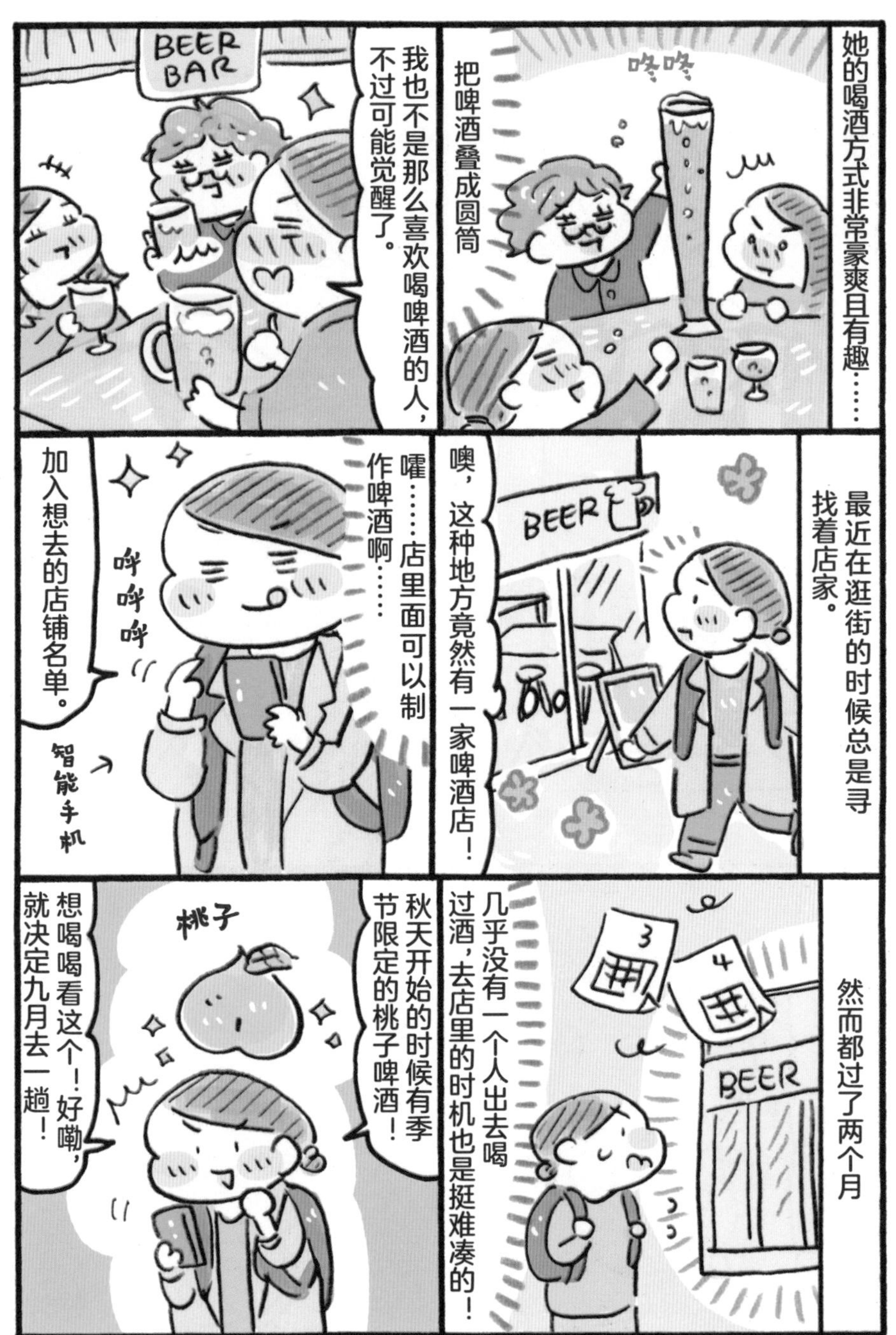
她的喝酒方式非常豪爽且有趣……
咚咚
把啤酒叠成圆筒
BEER BAR
我也不是那么喜欢喝啤酒的人，不过可能觉醒了。
最近在逛街的时候总是寻找着店家。
BEER
噢，这种地方竟然有一家啤酒店！
嚯……店里面可以制作啤酒啊……
呼呼呼
加入想去的店铺名单。
智能手机
然而都过了两个月
3
4
BEER
几乎没有一个人出去喝过酒，去店里的时机也是挺难凑的！
秋天开始的时候有季节限定的桃子啤酒！
桃子
想喝喝看这个！好嘞，就决定九月去一趟！

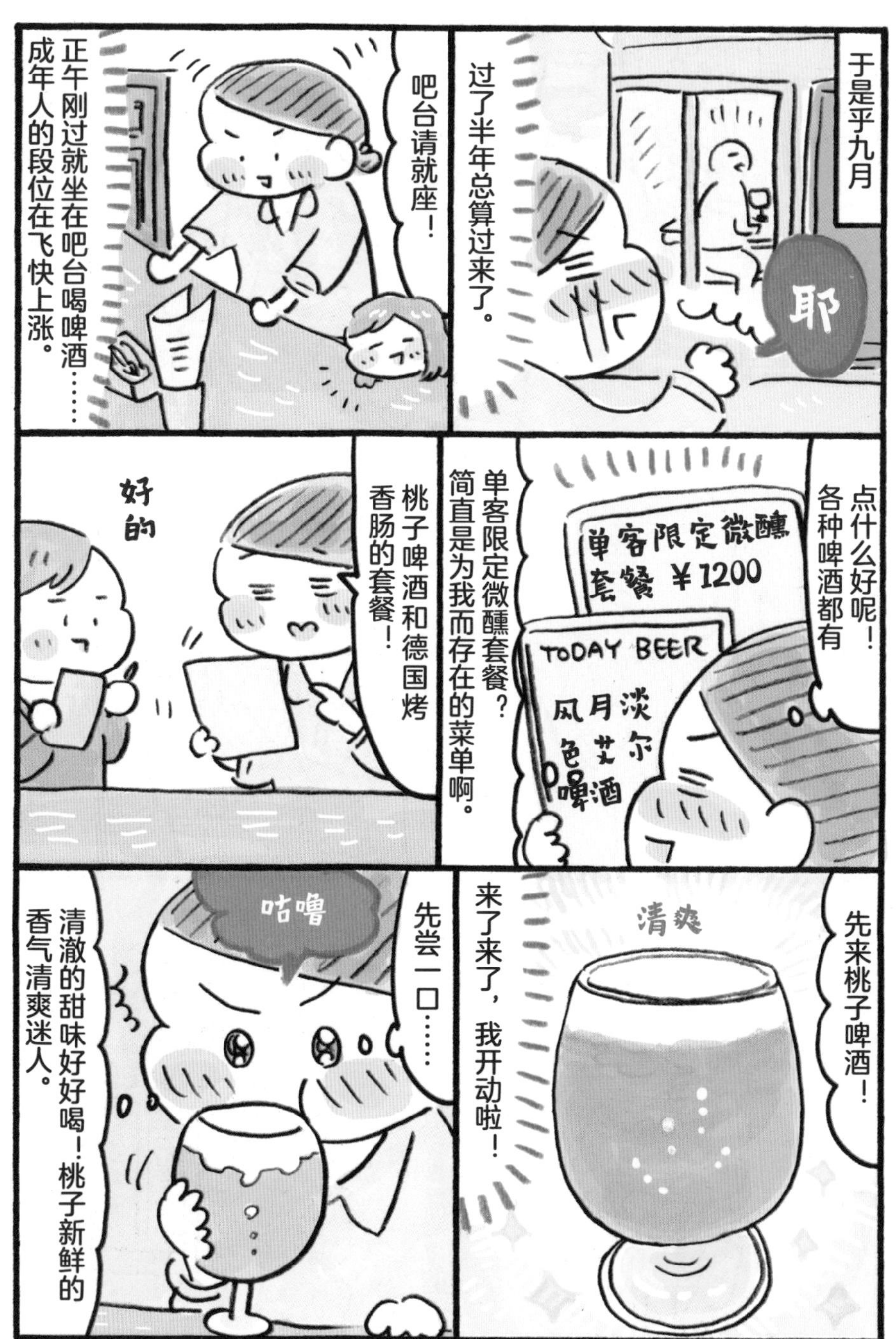

于是乎九月
过了半年总算过来了。
耶
吧台请就座！
正午刚过就坐在吧台喝啤酒……成年人的段位在飞快上涨。
点什么好呢！各种啤酒都有
单客限定微醺套餐 ￥1200
TODAY BEER
风月淡色艾尔啤酒
单客限定微醺套餐？简直是为我而存在的菜单啊。
桃子啤酒和德国烤香肠的套餐！
好的
先来桃子啤酒！
清爽
来了来了，我开动啦！
先尝一口……
咕噜
清澈的甜味好好喝！桃子新鲜的香气清爽迷人。

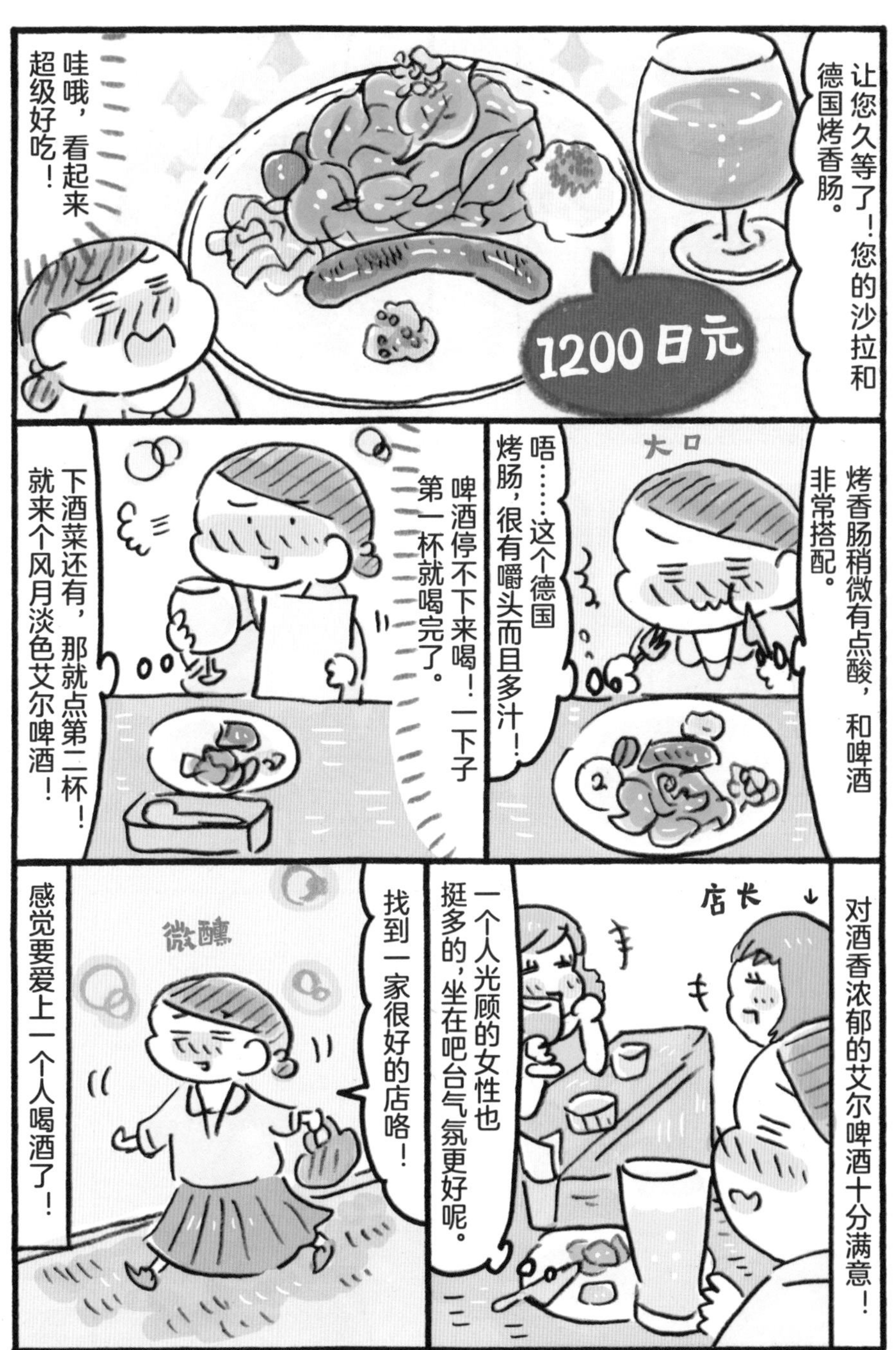

让您久等了！您的沙拉和德国烤香肠。
1200日元
哇哦，看起来超级好吃！
烤香肠稍微有点酸，和啤酒非常搭配。
大口
唔……这个德国烤肠，很有嚼头而且多汁！
啤酒停不下来喝！一下子第一杯就喝完了。
下酒菜还有，那就点第二杯！就来个风月淡色艾尔啤酒！
对酒香浓郁的艾尔啤酒十分满意！
店长
一个人光顾的女性也挺多的，坐在吧台气氛更好呢。
找到一家很好的店咯！
微醺
感觉要爱上一个人喝酒了！

# 一个人吃拉面的乐趣

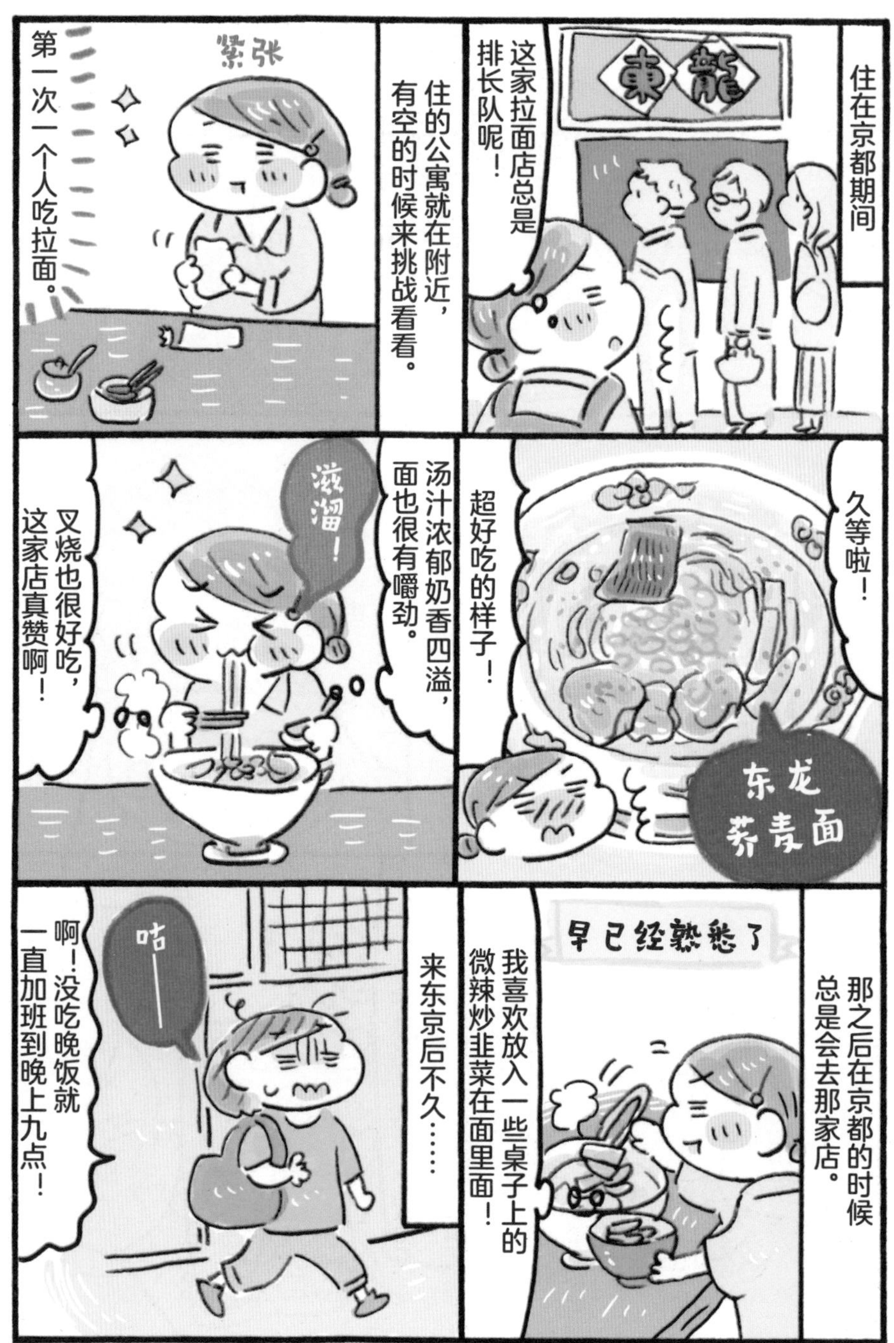
住在京都期间
東龍
这家拉面店总是排长队呢！
住的公寓就在附近，有空的时候来挑战看看。
紧张
第一次一个人吃拉面。
久等啦！
超好吃的样子！
东龙荞麦面
汤汁浓郁奶香四溢，面也很有嚼劲。
滋溜！
叉烧也很好吃，这家店真赞啊！
那之后在京都的时候总是会去那家店。
早已经熟悉了
我喜欢放入一些桌子上的微辣炒韭菜在面里面！
来东京后不久……
咕——
啊！没吃晚饭就一直加班到晚上九点！

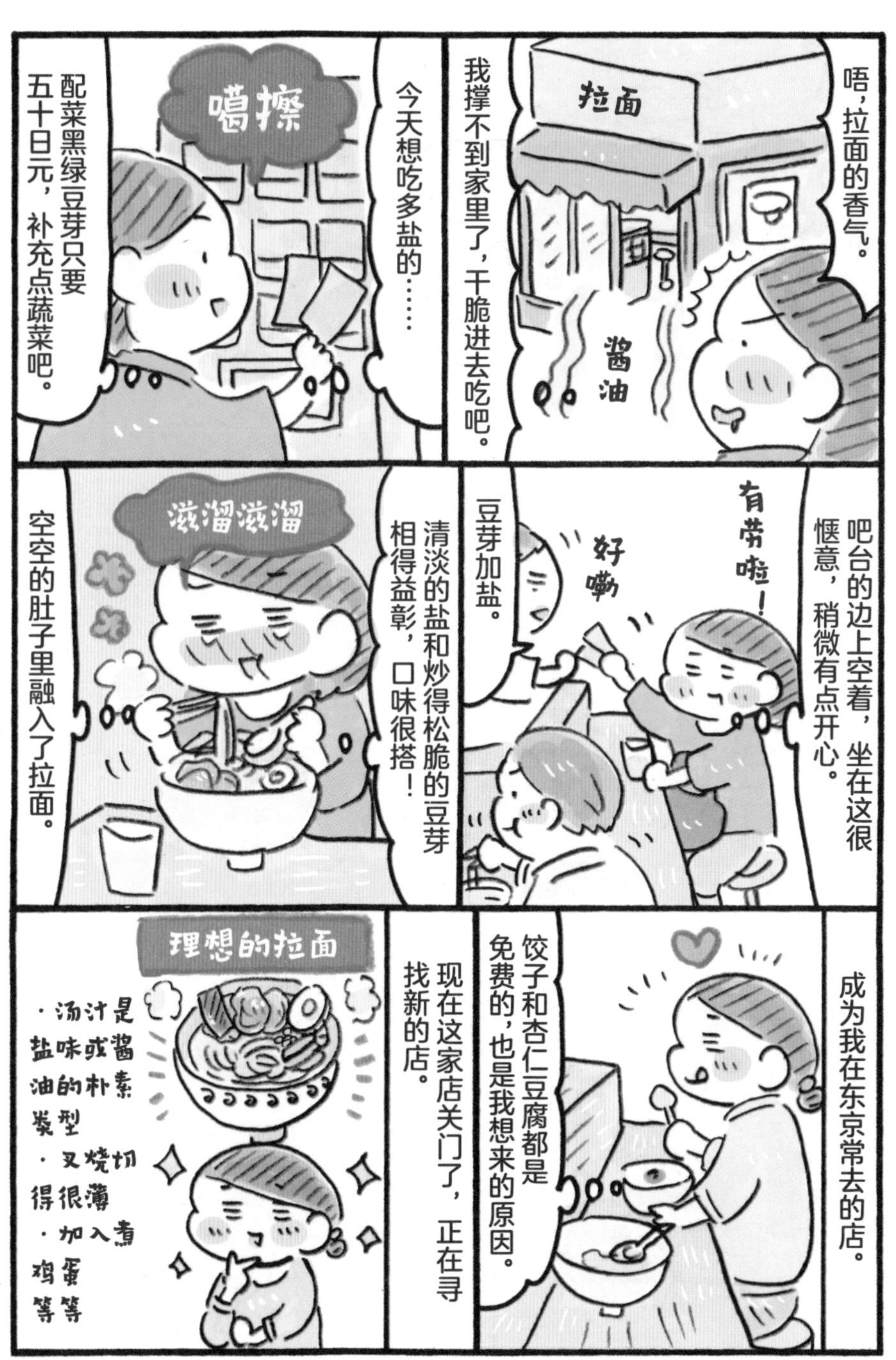
唔，拉面的香气。
拉面
酱油
我撑不到家里了，干脆进去吃吧。
今天想吃多盐的……
嘀擦
配菜黑绿豆芽只要五十日元，补充点蔬菜吧。
吧台的边上空着，坐在这很惬意，稍微有点开心。
有劳啦！
好嘞
豆芽加盐。
清淡的盐和炒得松脆的豆芽相得益彰，口味很搭！
滋溜滋溜
空空的肚子里融入了拉面。
成为我在东京常去的店。
饺子和杏仁豆腐都是免费的，也是我想来的原因。
现在这家店关门了，正在寻找新的店。
理想的拉面
·汤汁是盐味或酱油的朴素类型
·叉烧切得很薄
·加入煮鸡蛋
等等

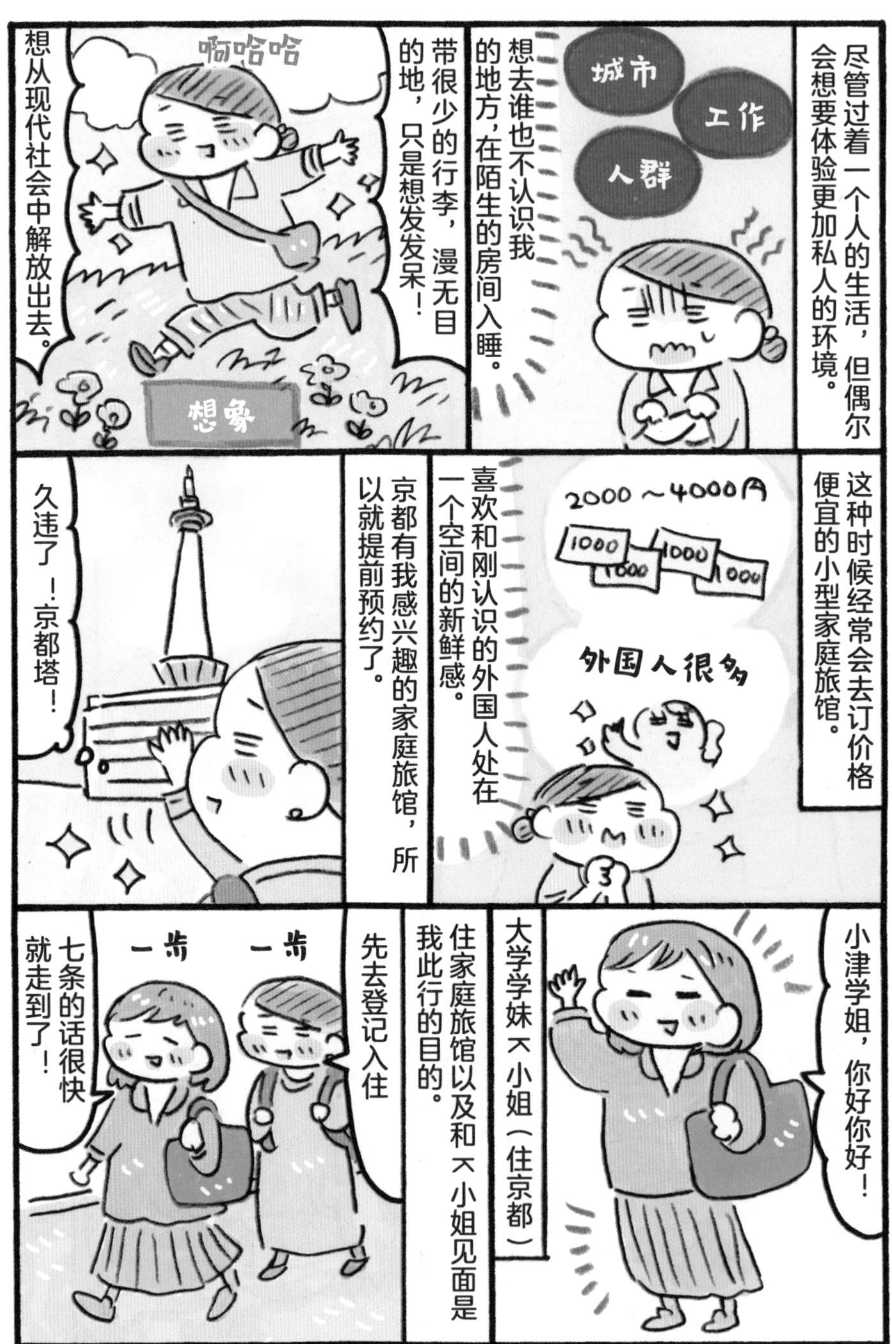

尽管过着一个人的生活，但偶尔会想要体验更加私人的环境。
城市
工作
人群
想去谁也不认识我的地方，在陌生的房间入睡。
带很少的行李，漫无目的地，只是想发发呆！
啊哈哈
想象
想从现代社会中解放出去。
这种时候经常会去订价格便宜的小型家庭旅馆。
2000～4000円
1000
1000
1000
1000
外国人很多
喜欢和刚认识的外国人处在一个空间的新鲜感。
京都有我感兴趣的家庭旅馆，所以就提前预约了。
久违了！京都塔！
小津学姐，你好你好！
大学学妹K小姐（住京都）
住家庭旅馆以及和K小姐见面是我此行的目的。
先去登记入住
一步
一步
七条的话很快就走到了！

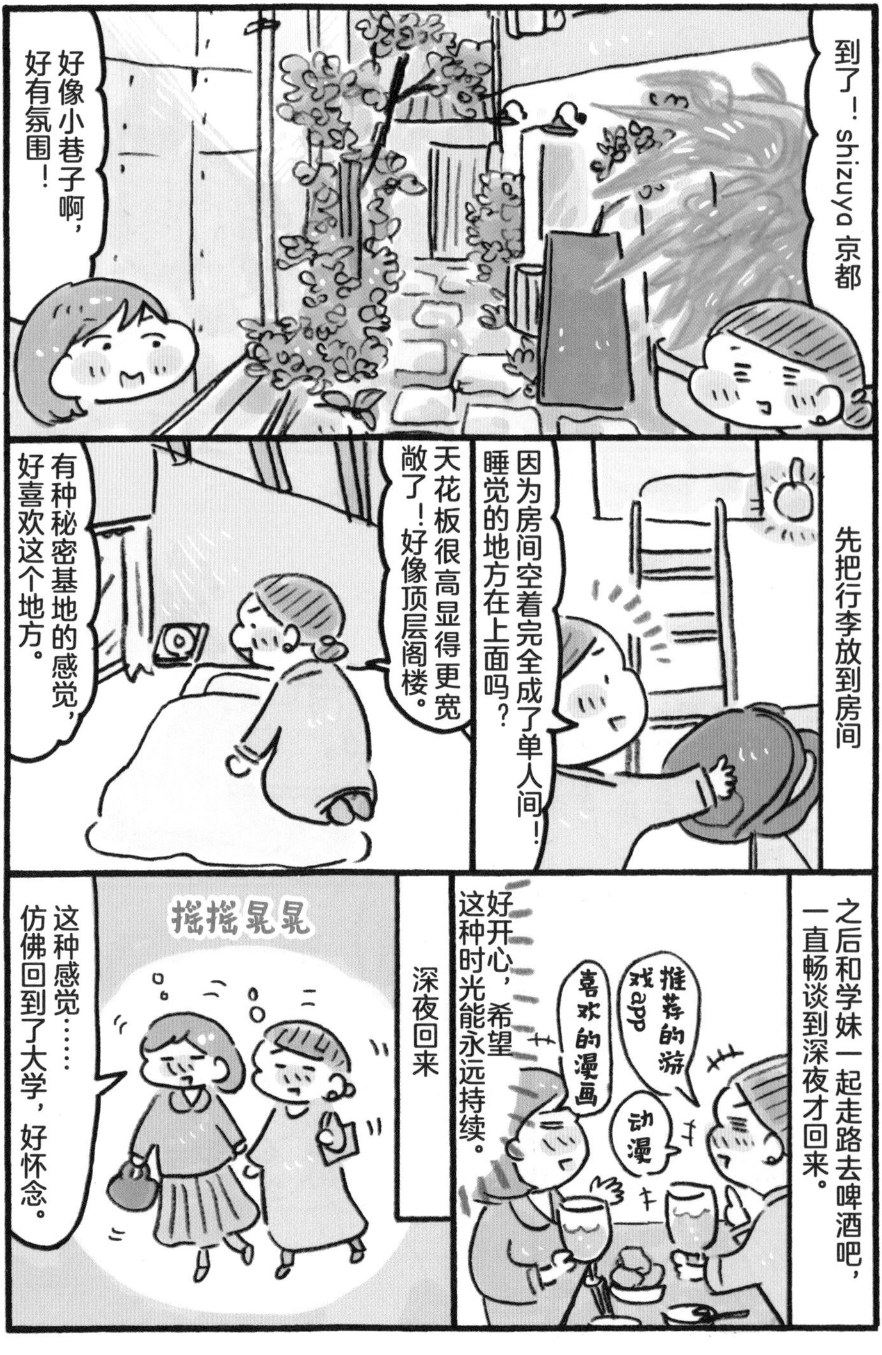

到了！shizuya 京都

好像小巷子啊，好有氛围！

*注释：家庭旅馆经常和陌生人合住一个房间。

先把行李放到房间

因为房间空着完全成了单人间！睡觉的地方在上面吗？

天花板很高显得更宽敞了！好像顶层阁楼。

有种秘密基地的感觉，好喜欢这个地方。

之后和学妹一起走路去啤酒吧，一直畅谈到深夜才回来。

推荐的游戏app

喜欢的漫画

动漫

好开心，希望这种时光能永远持续。

深夜回来

摇摇晃晃

这种感觉……仿佛回到了大学，好怀念。

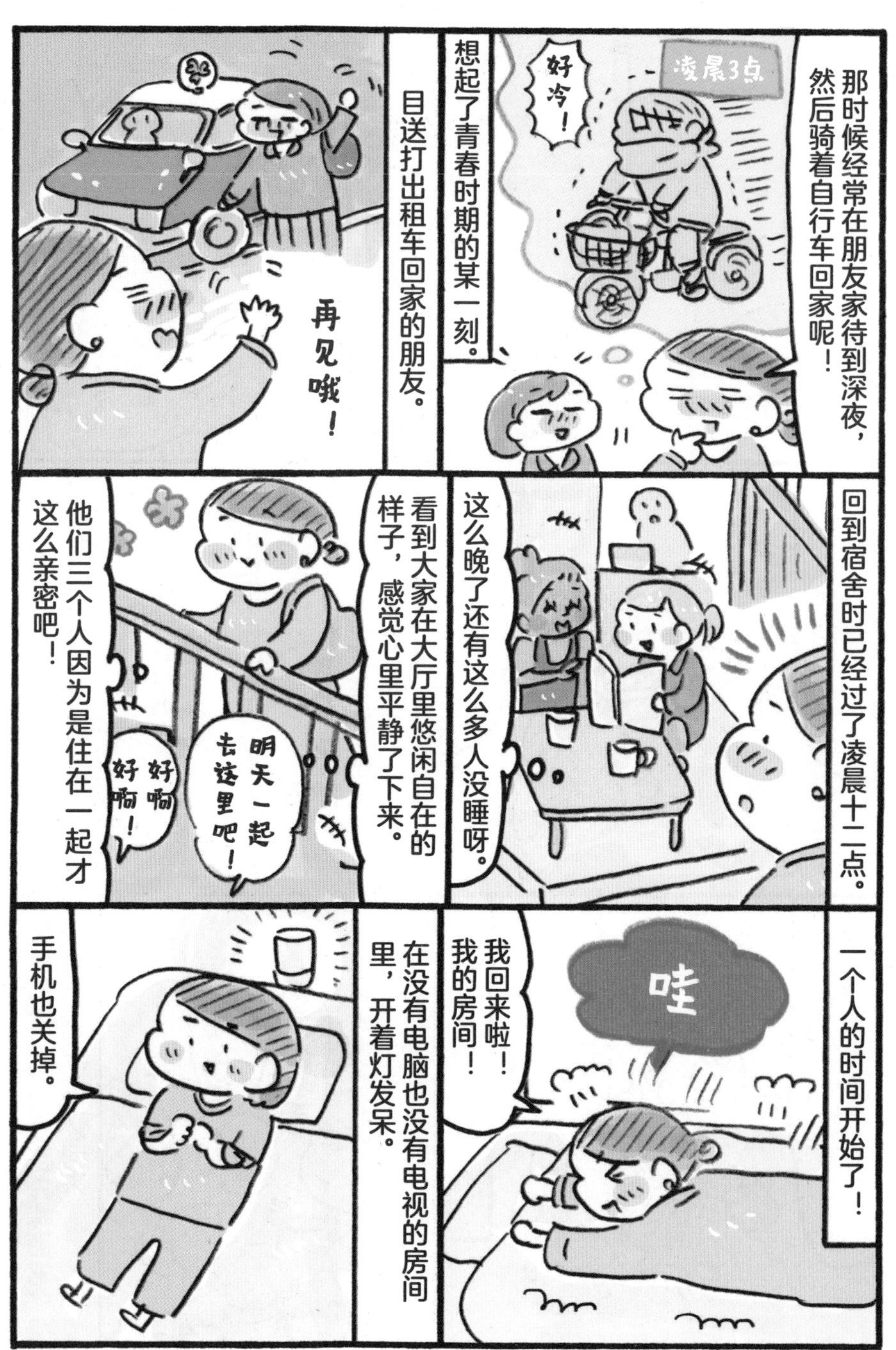
那时候经常在朋友家待到深夜，然后骑着自行车回家呢！
凌晨3点
好冷！
想起了青春时期的某一刻。
目送打出租车回家的朋友。
再见哦！
回到宿舍时已经过了凌晨十二点。
这么晚了还有这么多人没睡呀。
看到大家在大厅里悠闲自在的样子，感觉心里平静了下来。
明天一起去这里吧！
好啊
好啊！
他们三个人因为是住在一起才这么亲密吧！
一个人的时间开始了！
哇
我回来啦！我的房间！
在没有电脑也没有电视的房间里，开着灯发呆。
手机也关掉。

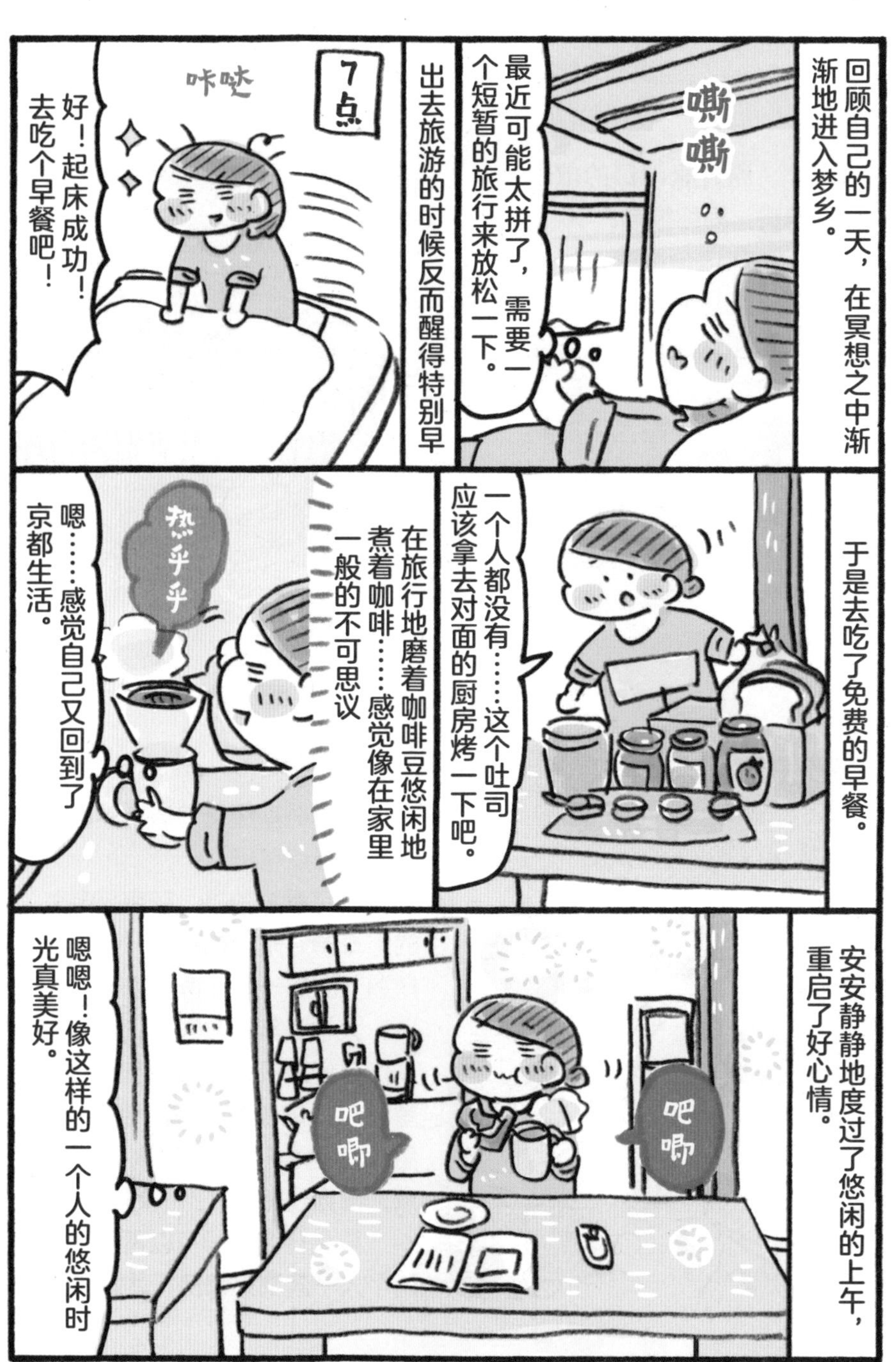

回顾自己的一天，在冥想之中渐渐地进入梦乡。
嘶嘶
最近可能太拼了，需要一个短暂的旅行来放松一下。
出去旅游的时候反而醒得特别早
7点
咔哒
好！起床成功！去吃个早餐吧！
于是去吃了免费的早餐。
一个人都没有……这个吐司应该拿去对面的厨房烤一下吧。
在旅行地磨着咖啡豆悠闲地煮着咖啡……感觉像在家里一般的不可思议
热乎乎
嗯……感觉自己又回到了京都生活。
安安静静地度过了悠闲的上午，重启了好心情。
吧唧
吧唧
嗯嗯！像这样的一个人的悠闲时光真美好。

column

# 喜欢京都的这些景点

## 载满感情的叡山电铁

通过家门口的叡山电铁，简称叡电。

在这个区里走一会儿就能见到叡山电铁的线路和站台，是通行整个左景区的地上电车。

若是夕阳西下时站在叡电的站台，便会渐渐地多愁善感起来，不知不觉地就会想要哼出京都本土乐队“团团转乐团”的歌谣！

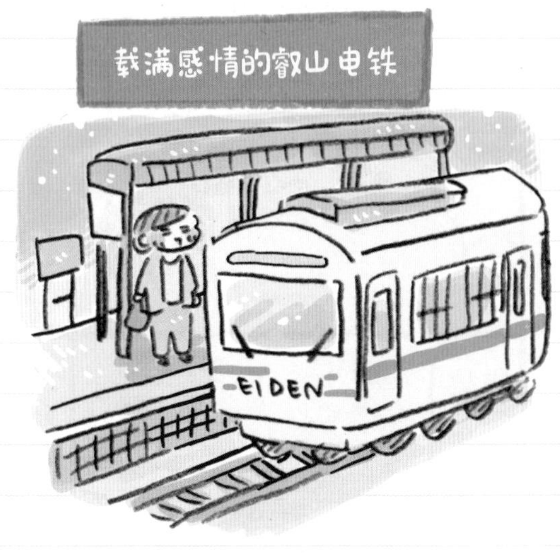


## 充满回忆的鸭川三角洲

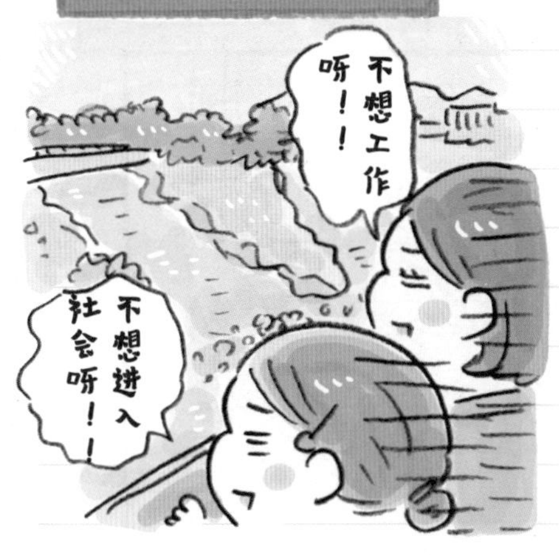


大学时期经常造访京都市内的著名景点鸭川。

尤其难忘的是，在京阪电车的出町柳站附近被称为“鸭川三角洲”的那一块三角洲地区。

大学三年级的时候，因为找工作而疲惫不堪，和朋友一起眺望着鸭川的美景聊了很多很多。后来和这位朋友一起来到了东京，直到现在也关系很好。

要是什么时候可以再和朋友两个人一起到京都旅行就好了。

## 在充满京都风情的花见小路漫无目的地闲逛

大学时期几乎没有什么钱，所以无法体验完整的京都文化。

成为社会人之后，便经常来到祇园的花见小路旅行。

京都的古早铺面鳞次栉比，在这里只要随意地走一小会儿，便会发自内心地感叹道“这就是京都啊”。

特别的是，在这一区域，连路障和便利店都是茶色的，非常有趣！

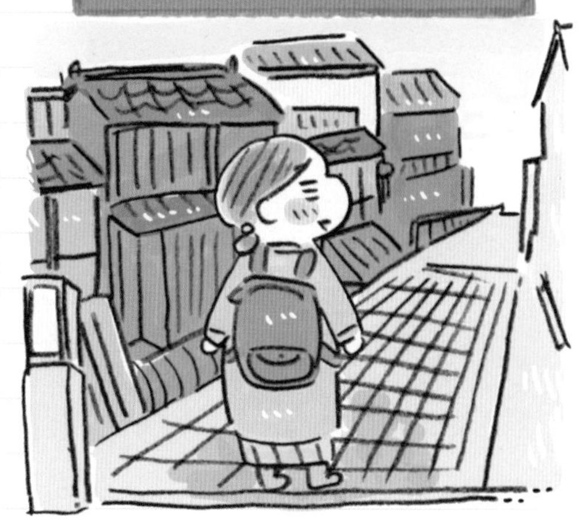

## 高木咖啡的早餐套餐

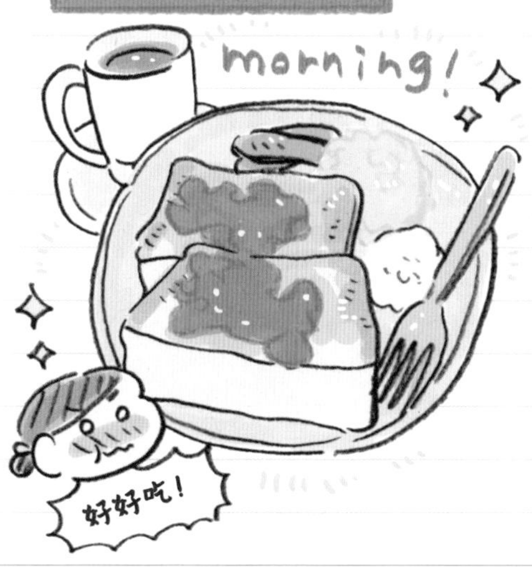


京都有很多的茶馆和咖啡店，每次来到京都的时候，就会去没去过的茶馆喝茶。

最近品尝了高木咖啡的早餐。厚切的吐司配上湿滑的炒蛋，还有沙拉和咖啡，松松软软的面包配上细腻嫩滑的黄油，真是完美的早晨！

独居的第 9 年，最终话继续要讲
的是 30 岁出头时关于搬家的事

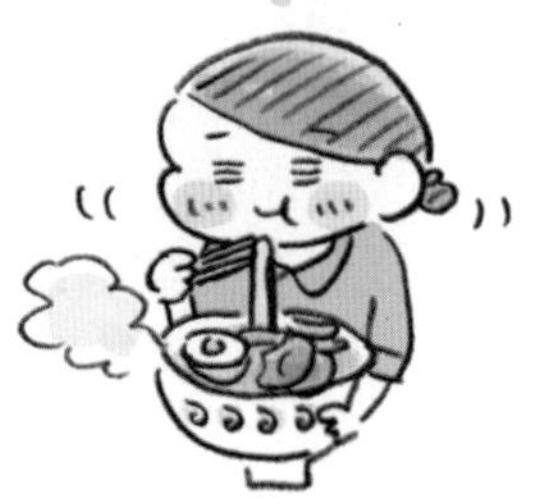

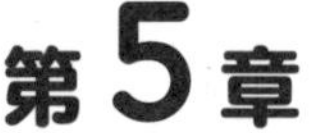

# 第5章

# 悠闲自得

## 转变心境的独居生活

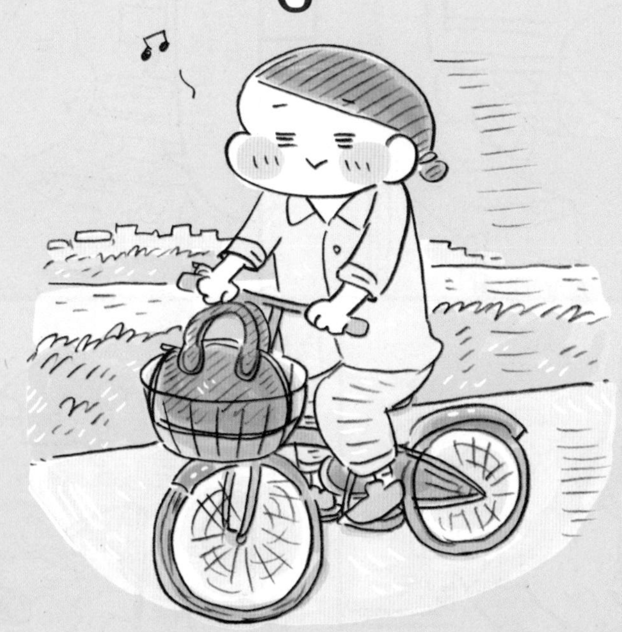

第一次实地看房！命运般的租房经历

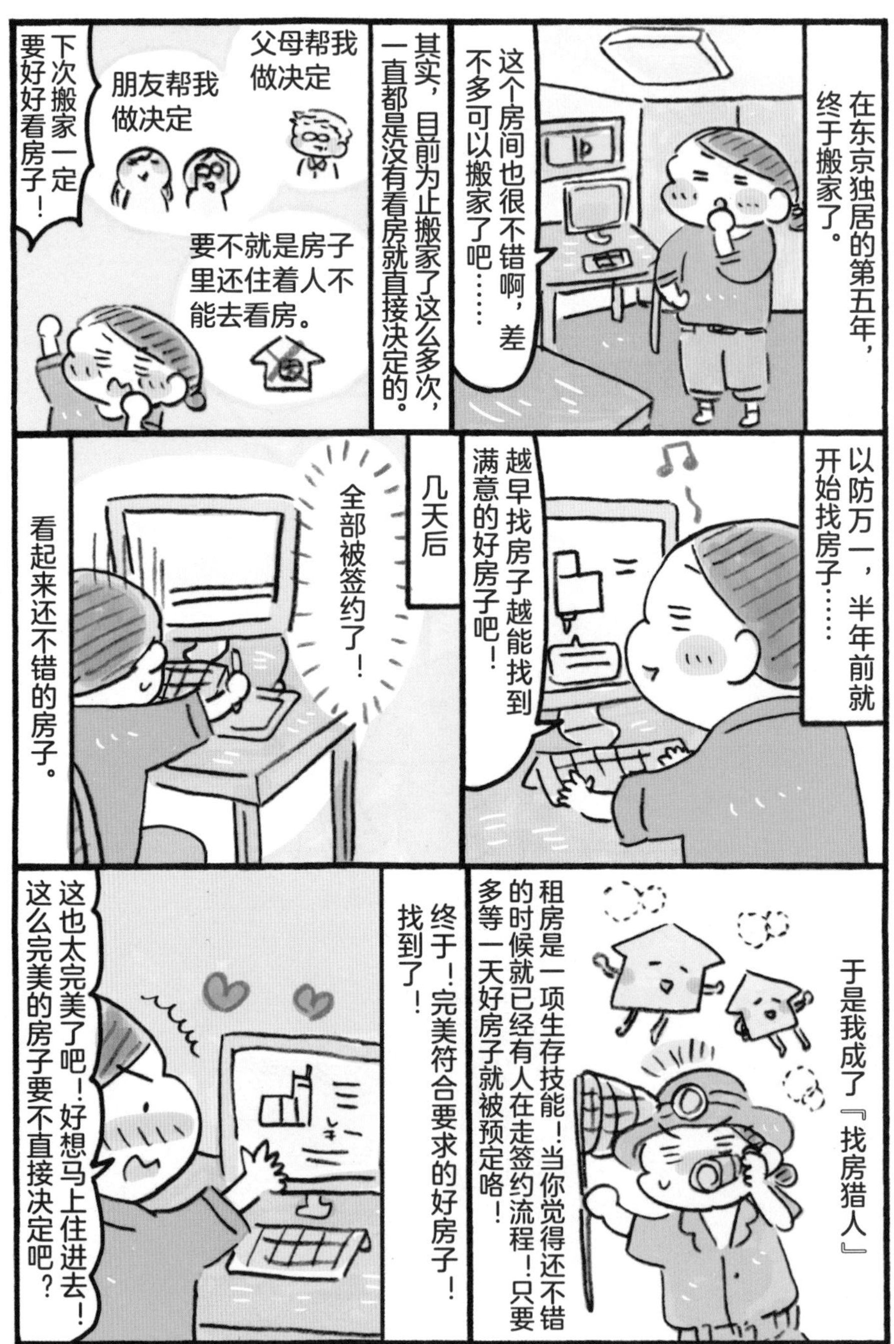

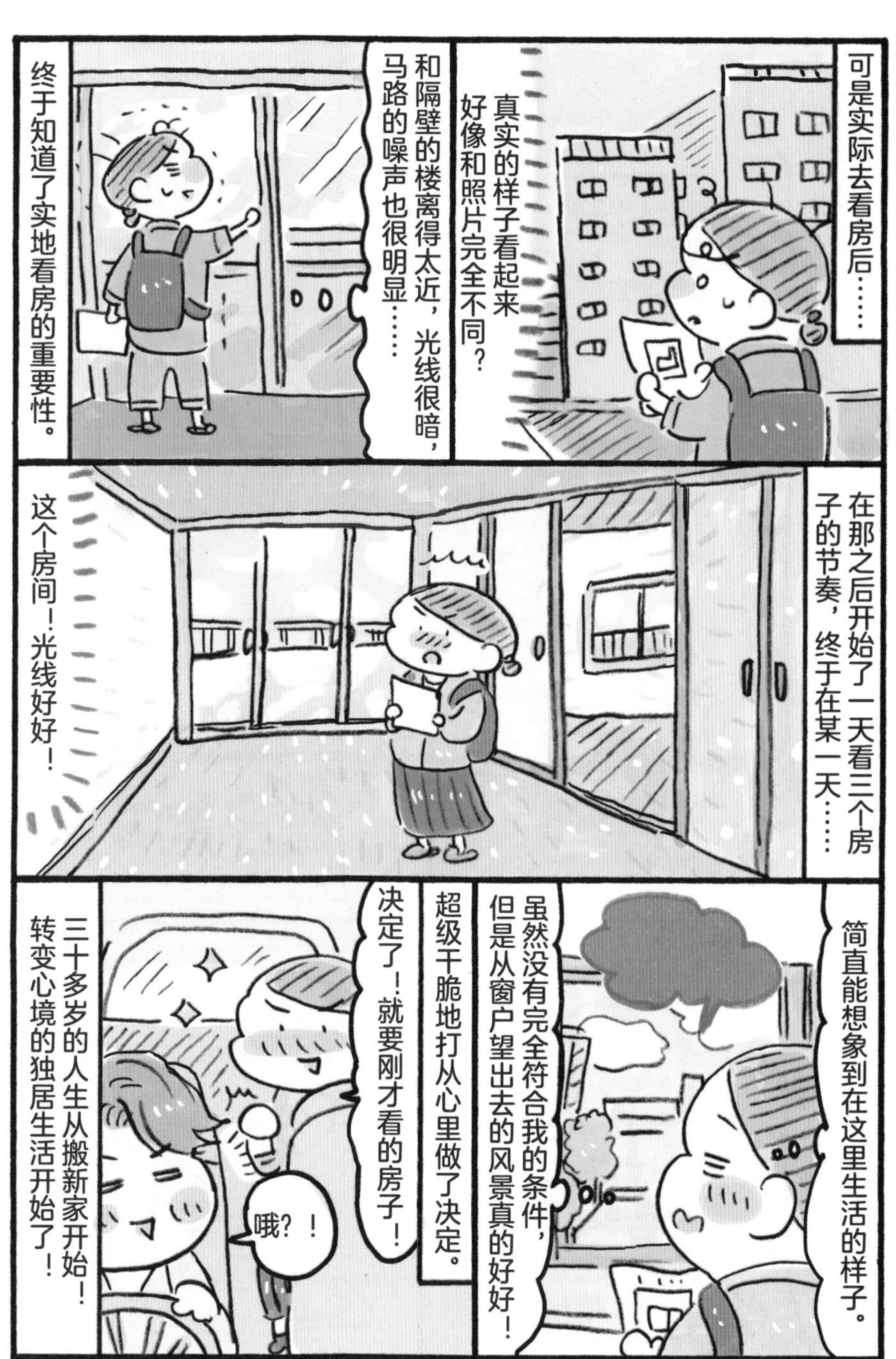
可是实际去看房后……
真实的样子看起来好像和照片完全不同？
和隔壁的楼离得太近，光线很暗，马路的噪声也很明显……
终于知道了实地看房的重要性。
在那之后开始了一天看三个房子的节奏，终于在某一天……
这个房间！光线好好！
简直能想象到在这里生活的样子。
虽然没有完全符合我的条件，但是从窗户望出去的风景真的好好！
超级干脆地打从心里做了决定。
决定了！就要刚才看的房子！
哦？！
三十多岁的人生从搬新家开始！
转变心境的独居生活开始了！

# 对五年来从没用过的双口煤气灶 不知所措

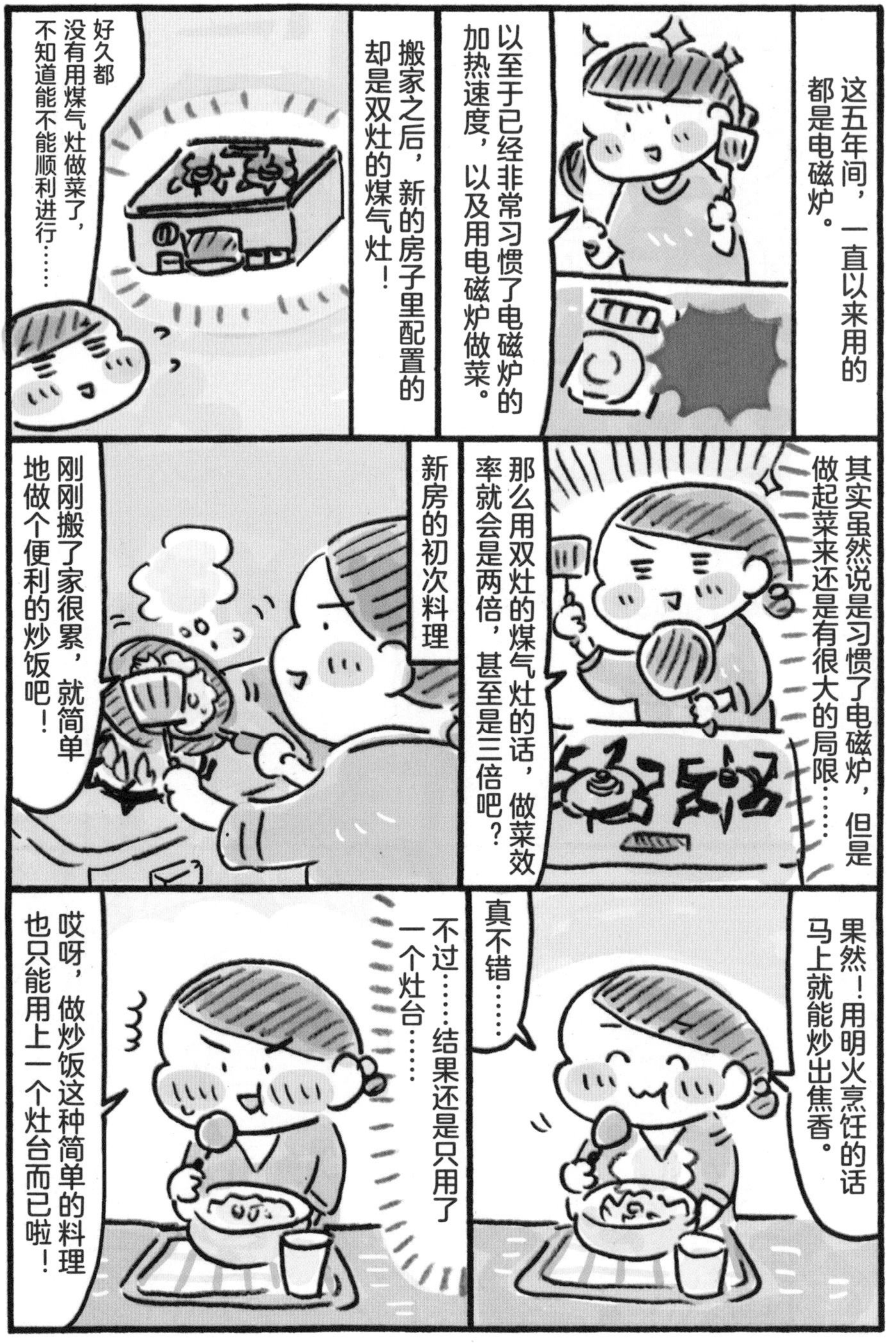

这五年间，一直以来用的都是电磁炉。

以至于已经非常习惯了电磁炉的加热速度，以及用电磁炉做菜。

搬家之后，新的房子里配置的却是双灶的煤气灶！

好久都没有用煤气灶做菜了，不知道能不能顺利进行……

其实虽然说是习惯了电磁炉，但是做起菜来还是有很大的局限……

那么用双灶的煤气灶的话，做菜效率就会是两倍，甚至是三倍吧？

新房的初次料理

刚刚搬了家很累，就简单地做个便利的炒饭吧！

果然！用明火烹饪的话马上就能炒出焦香。

真不错……

不过……结果还是只用了一个灶台……

哎呀，做炒饭这种简单的料理也只能用上一个灶台而已啦！

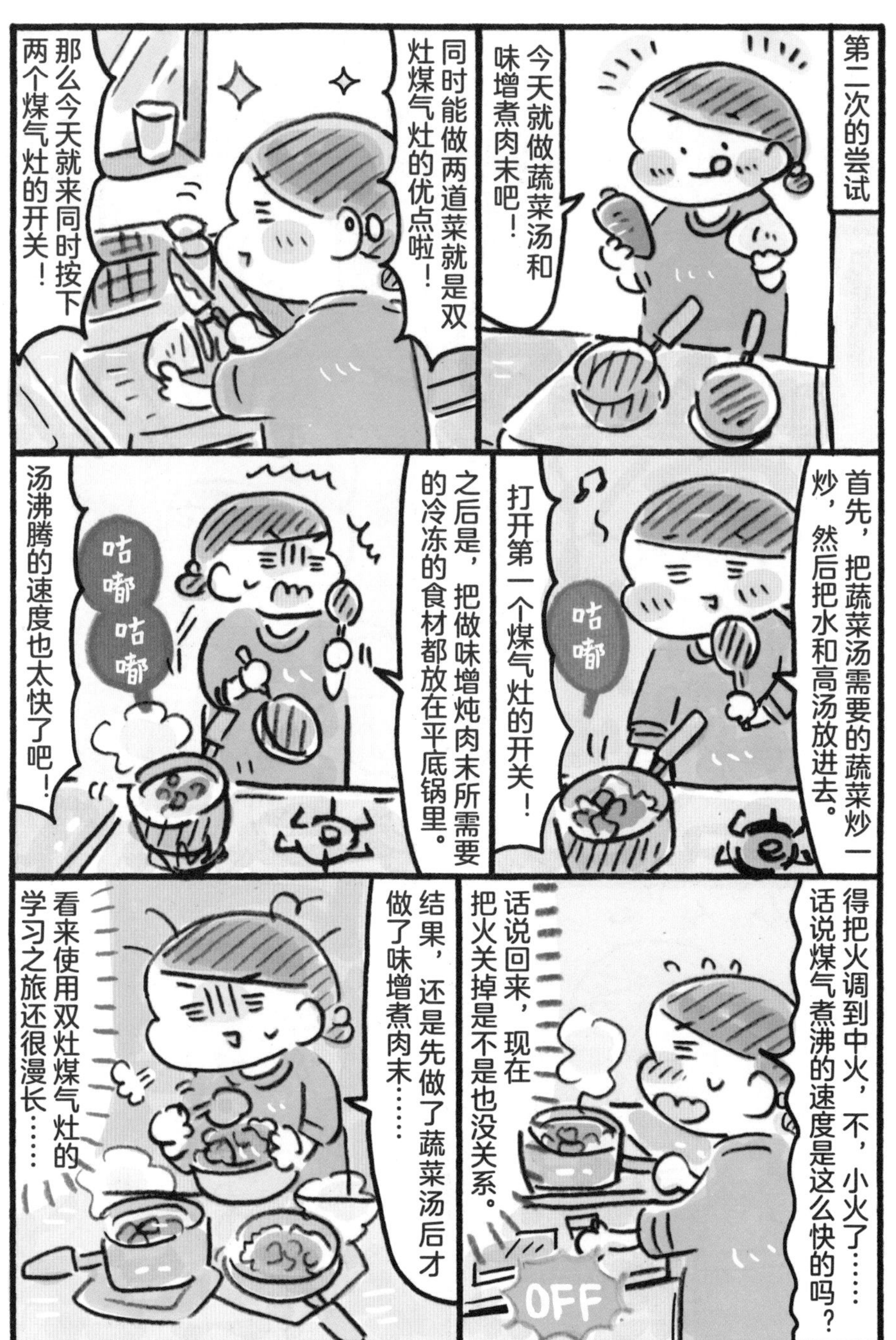

第二次的尝试
今天就做蔬菜汤和味增煮肉末吧！
同时能做两道菜就是双灶煤气灶的优点啦！
那么今天就来同时按下两个煤气灶的开关！
首先，把蔬菜汤需要的蔬菜炒一炒，然后把水和高汤放进去。
打开第一个煤气灶的开关！
咕嘟
之后是，把做味增炖肉末所需要的冷冻的食材都放在平底锅里。
咕嘟咕嘟
汤沸腾的速度也太快了吧！
得把火调到中火，不，小火了……话说煤气煮沸的速度是这么快的吗？
话说回来，现在把火关掉是不是也没关系。
OFF
结果，还是先做了蔬菜汤后才做了味增煮肉末……
看来使用双灶煤气灶的学习之旅还很漫长……

新街区的和睦气氛

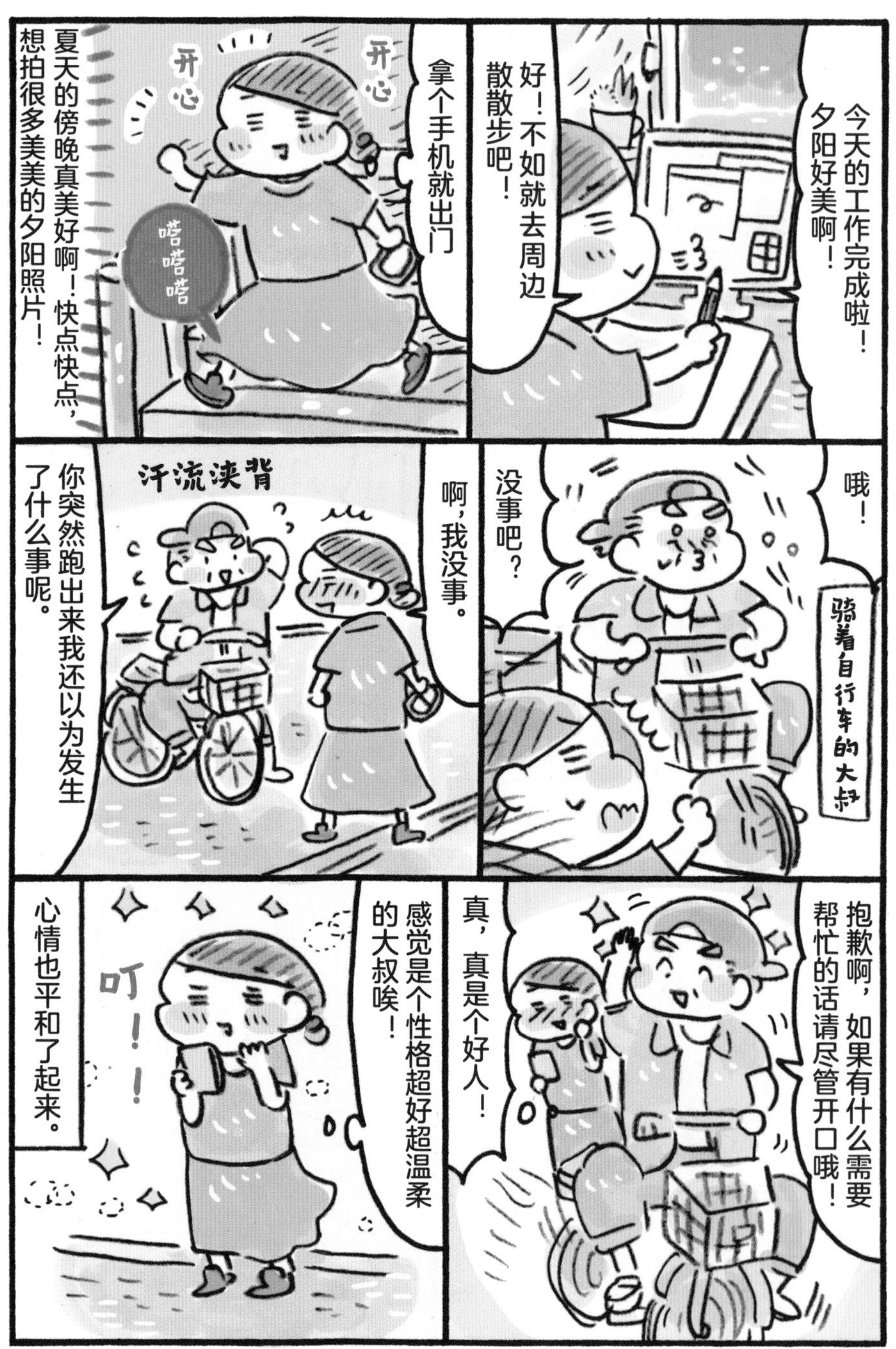
今天的工作完成啦！夕阳好美啊！
好！不如就去周边散散步吧！
拿个手机就出门
开心
开心
嗒嗒嗒
夏天的傍晚真美好啊！快点快点，想拍很多美美的夕阳照片！
哦！
骑着自行车的大叔
没事吧？
啊，我没事。
汗流浃背
你突然跑出来我还以为发生了什么事呢。
抱歉啊，如果有什么需要帮忙的话请尽管开口哦！
真，真是个好人！
感觉是个性格超好超温柔的大叔唉！
叮！！
心情也平和了起来。

# 在街角被治愈的小事

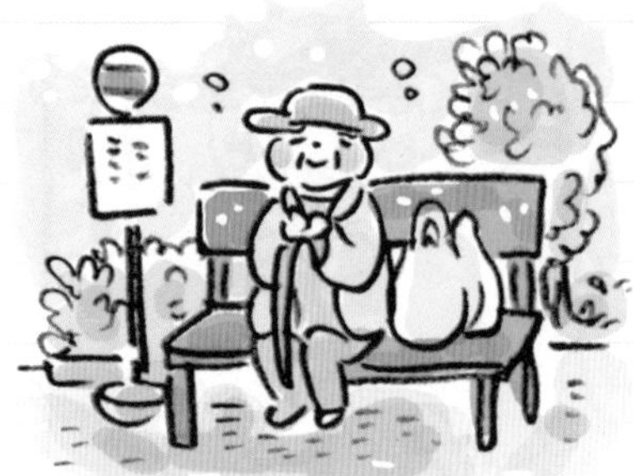

坐在红色长椅上等待巴士的大爷

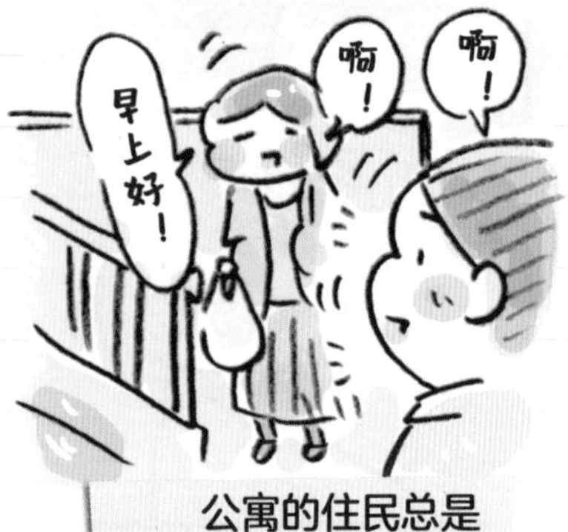


公寓的住民总是笑容满面地打着招呼

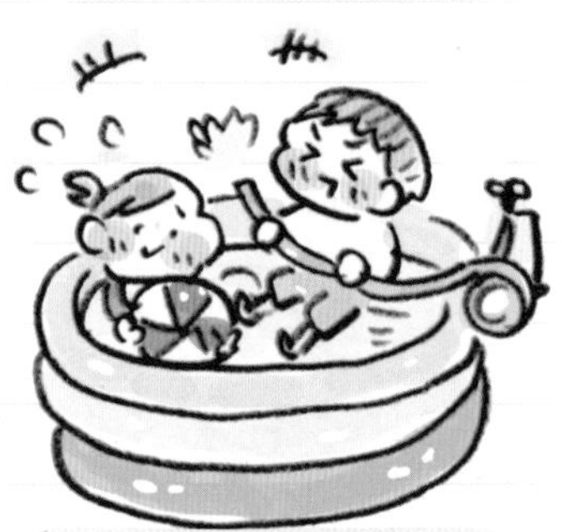

在小泳池里玩耍的小孩子们

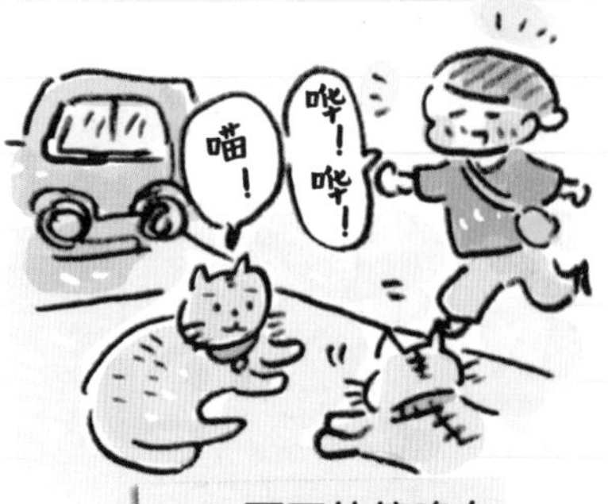


夏天的傍晚在街边乘凉的小猫们

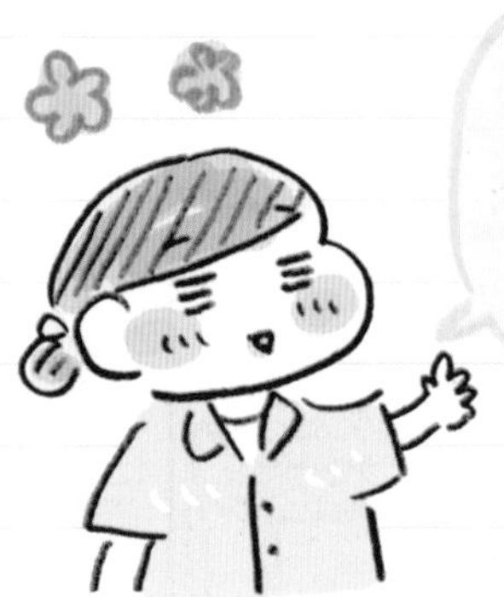


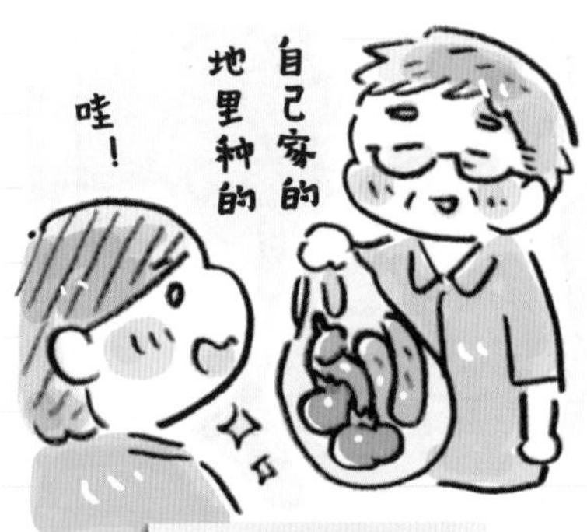


房东给我的自家种植的蔬菜

# 三十岁开始慢慢地重视健康

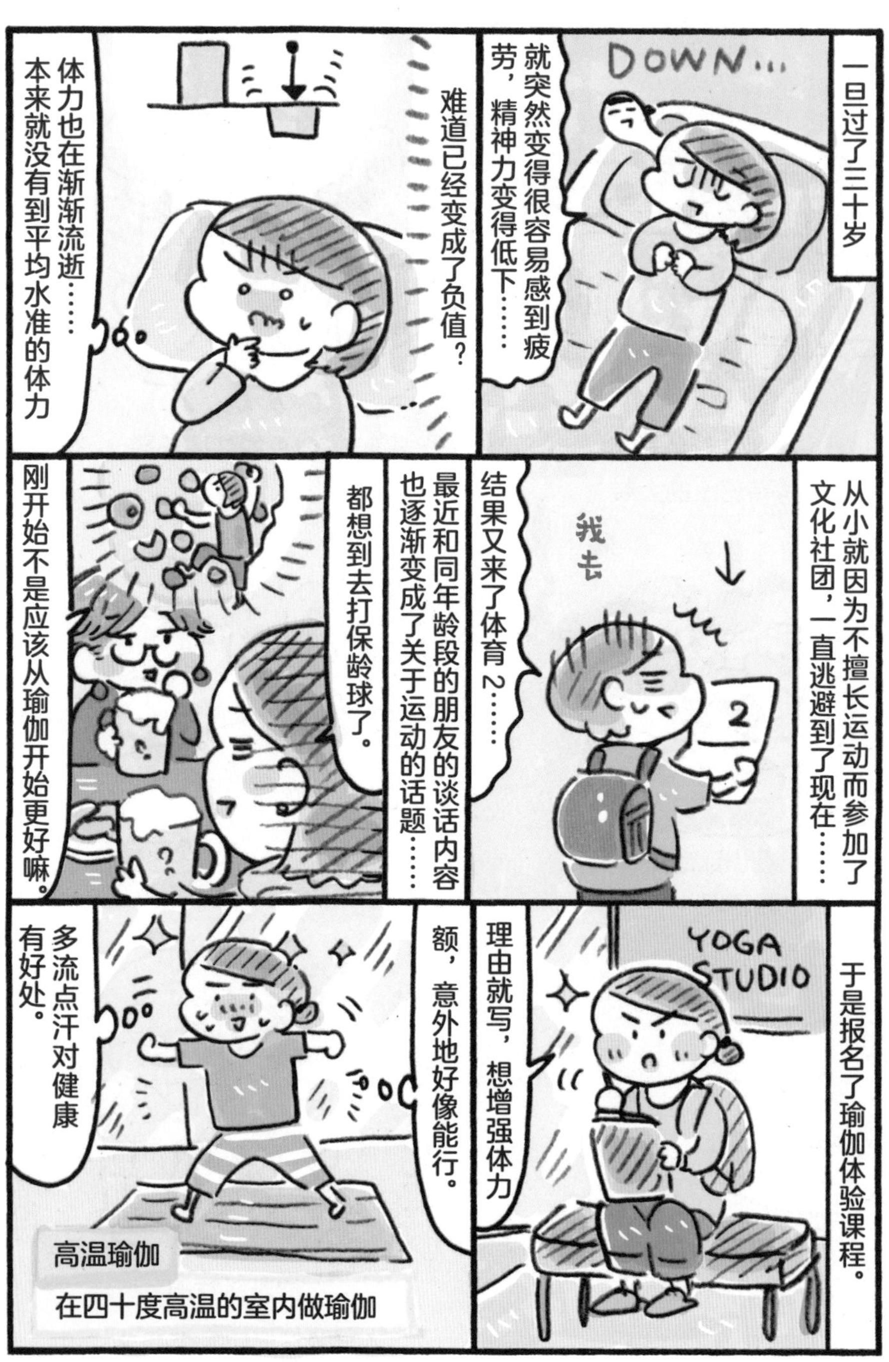

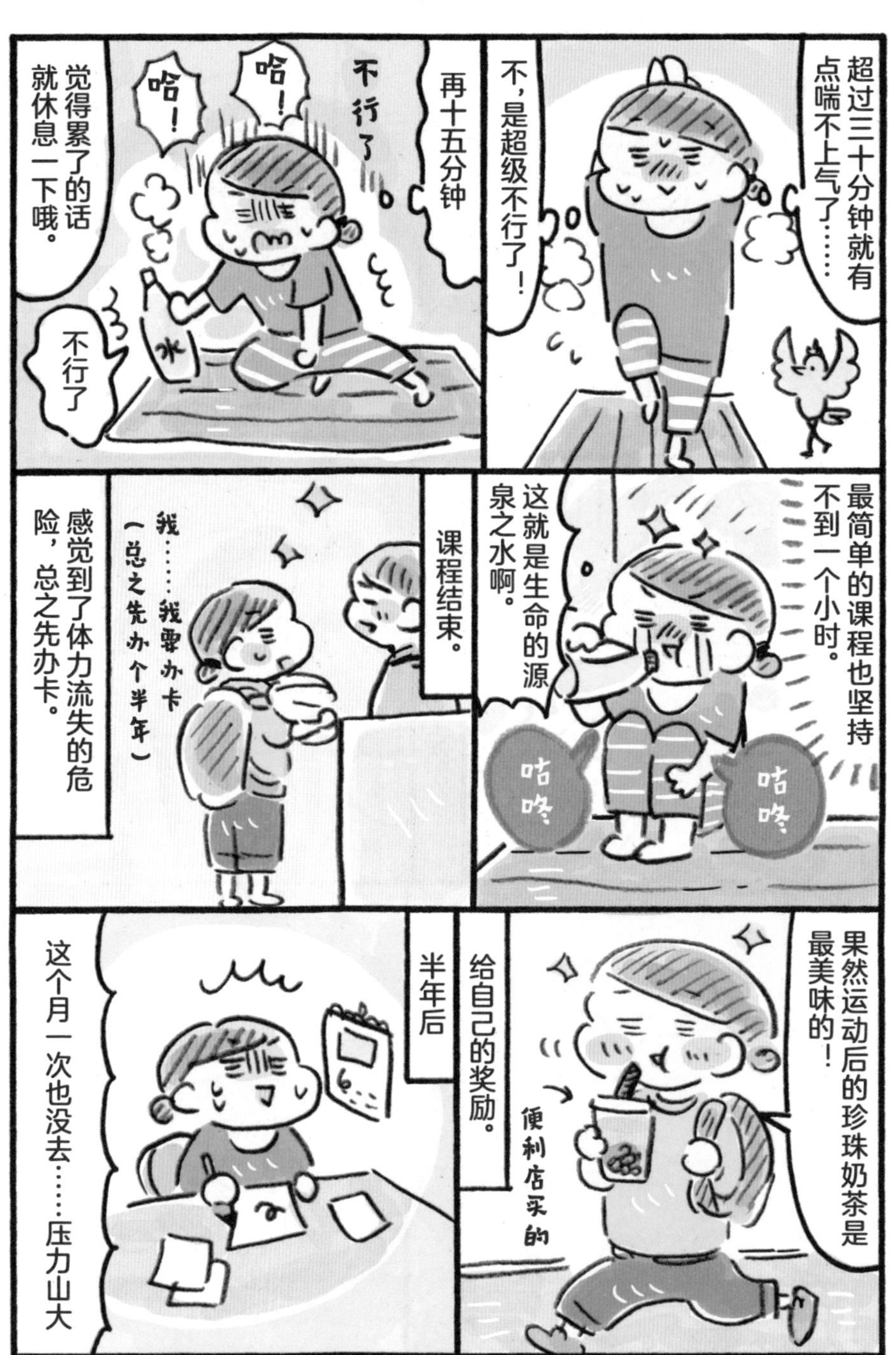
超过三十分钟就有点喘不上气了……
不，是超级不行了！
再十五分钟
不行了
哈！
哈！
水
觉得累了的话就休息一下哦。
不行了
最简单的课程也坚持不到一个小时。
这就是生命的源泉之水啊。
咕咚
咕咚
课程结束。
我……我要办卡
（总之先办个半年）
感觉到了体力流失的危险，总之先办卡。
果然运动后的珍珠奶茶是最美味的！
给自己的奖励。
便利店买的
半年后
这个月一次也没去……压力山大

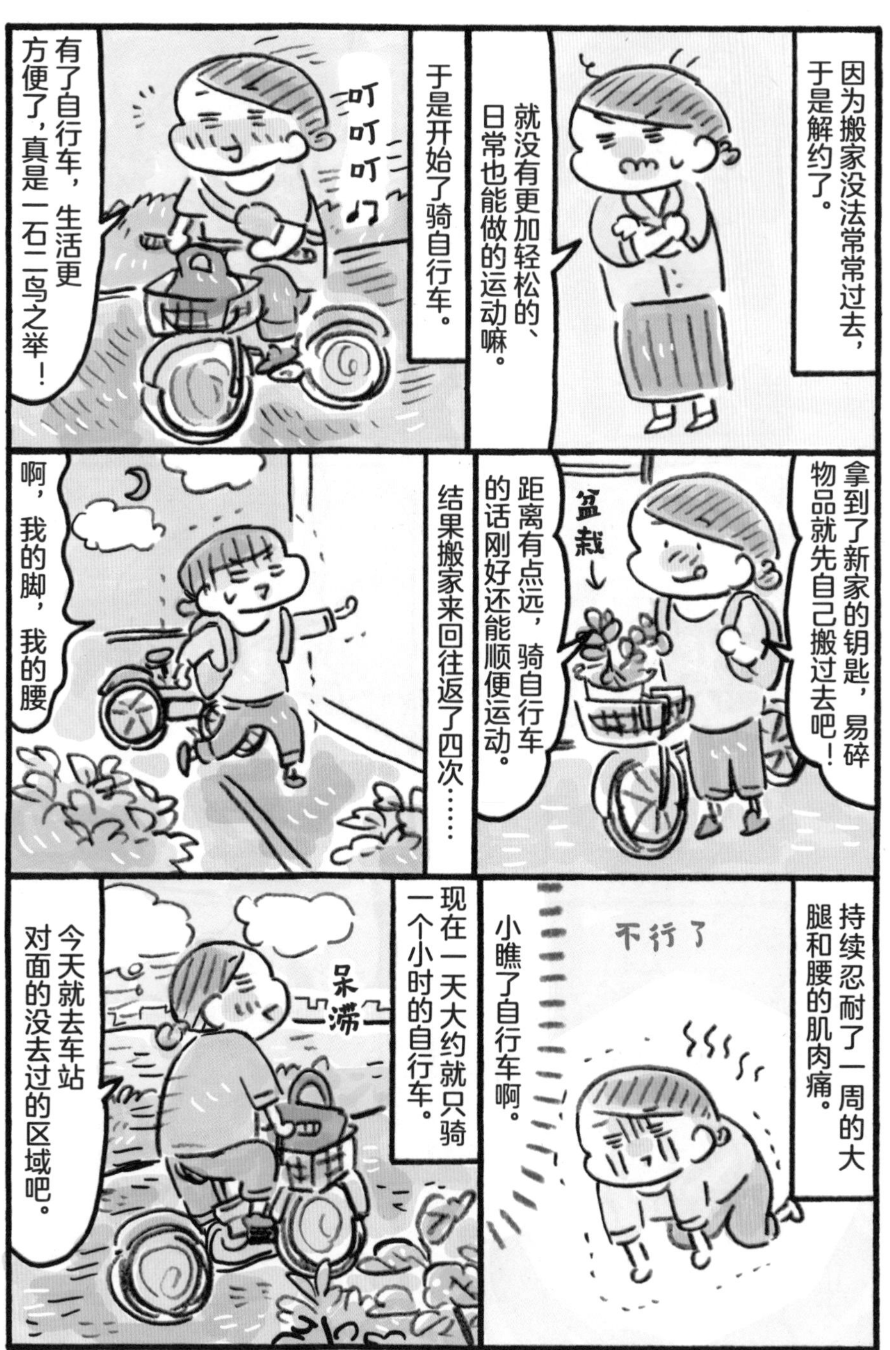
因为搬家没法常常过去，于是解约了。
就没有更加轻松的、日常也能做的运动嘛。
于是开始了骑自行车。
叮叮叮♪
有了自行车，生活更方便了，真是一石二鸟之举！
拿到了新家的钥匙，易碎物品就先自己搬过去吧！
盆栽
距离有点远，骑自行车的话刚好还能顺便运动。
结果搬家来回往返了四次……
啊，我的脚，我的腰
持续忍耐了一周的大腿和腰的肌肉痛。
不行了
小瞧了自行车啊。
现在一天大约就只骑一个小时的自行车。
呆滞
今天就去车站对面的没去过的区域吧。

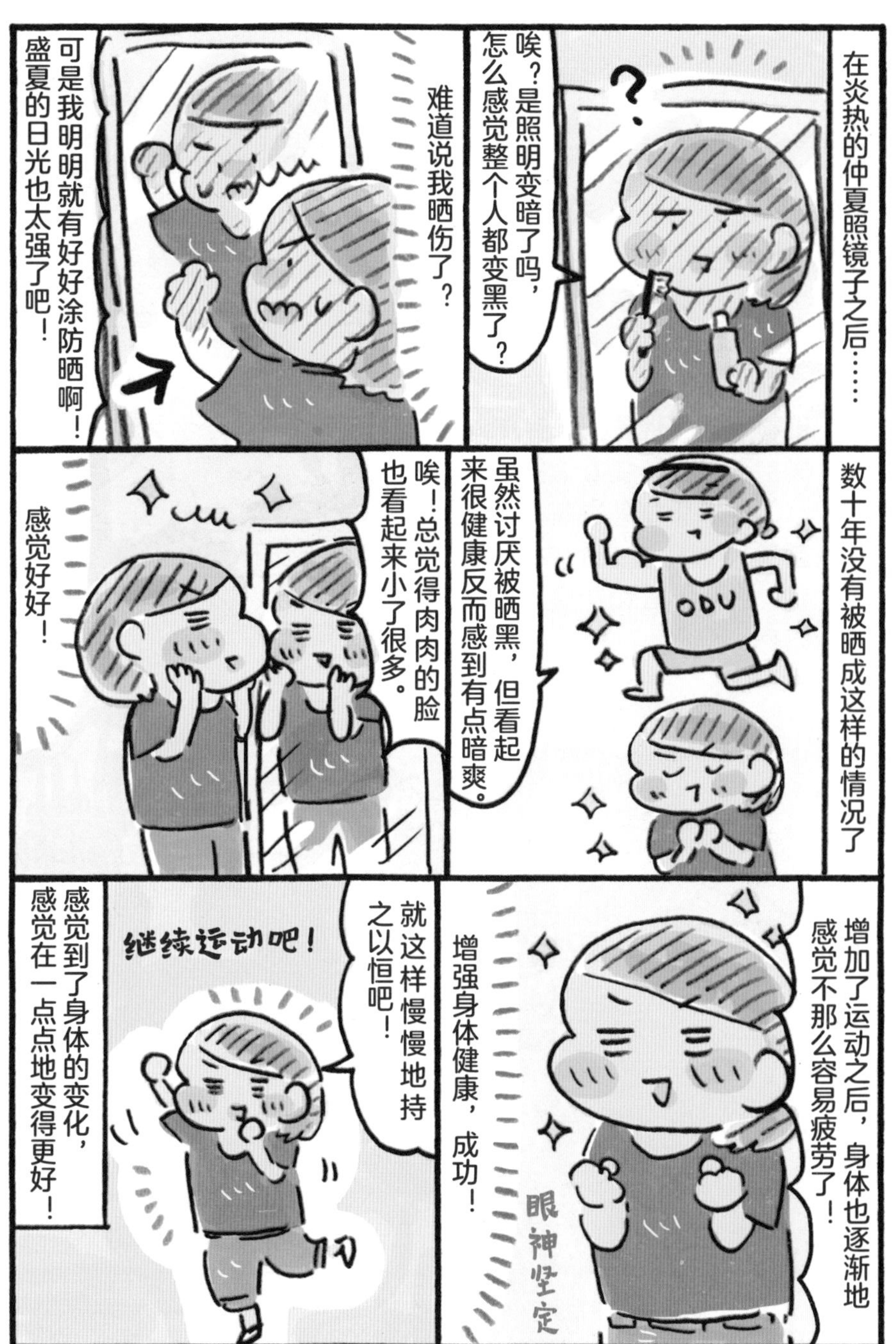
在炎热的仲夏照镜子之后……
唉？是照明变暗了吗，怎么感觉整个人都变黑了？
难道说我晒伤了？
可是我明明就有好好涂防晒啊！盛夏的日光也太强了吧！
数十年没有被晒成这样的情况了
ODU
虽然讨厌被晒黑，但看起来很健康反而感到有点暗爽。
唉！总觉得肉肉的脸也看起来小了很多。
感觉好好！
增加了运动之后，身体也逐渐地感觉不那么容易疲劳了！
增强身体健康，成功！
眼神坚定
就这样慢慢地持之以恒吧！
继续运动吧！
感觉到了身体的变化，感觉在一点点地变得更好！

column

# 一个人生活的乐趣

## 从窗户远眺窗外的景色

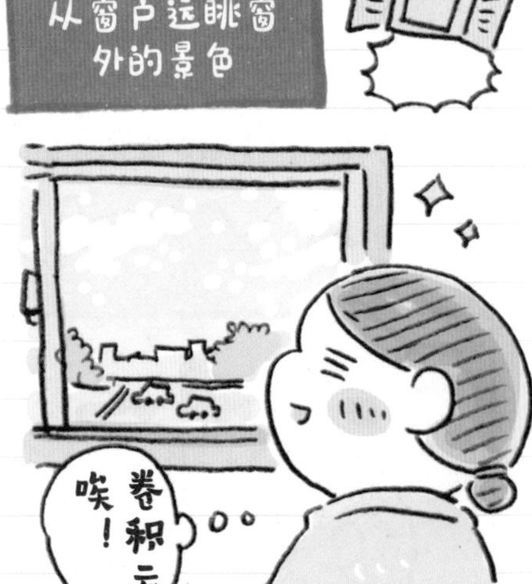


喜欢从窗户远眺，呆呆地看着窗外的景色。

从小就特别喜欢观察天空的变化。

从新家的窗户看出去能够很清楚地看到大片的天空，想要转变心情的时候，便单手拿着咖啡，看着天空观察云朵的变化：哦！是积雨云吗？是卷积云呀，秋天到了呢。

## 卡比兽的玩偶

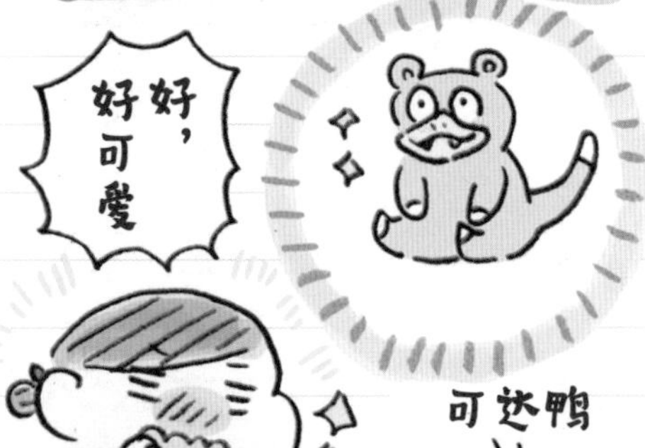


有一次给喜欢宠物小精灵中可达鸭的朋友去买礼物时，可达鸭的玩偶刚好售罄了。

结果我对卡比兽的玩偶一见钟情，最后变成了为自己买下了玩偶。

长大之后，第一次对玩偶一见钟情。

因为卡比兽的样子很治愈，每次在房间里看到它，心境就会变得平和起来。

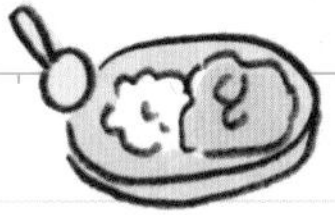

## 铁锅炖咖喱！

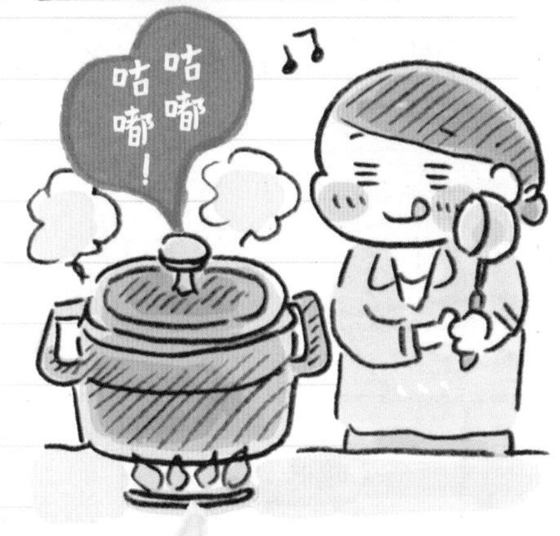


作为搬家的祝贺礼收到了一口时髦的珐琅锅！

我很喜欢煮咖喱。

炖煮是一种能把食物做得非常美味的调理方法，肉在铁锅里咕嘟咕嘟地冒着热气会让人感到非常幸福而感动！

但是现在的条件也只能煮一煮咖喱了。

## 在谷根千街区一边拍照一边散步

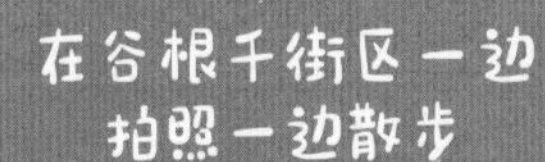


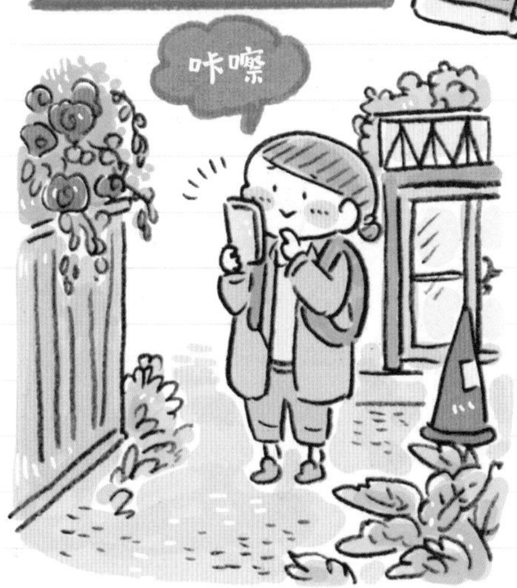


刚来东京时，我爱上了谷根千街区，便经常造访。

搬了家之后离谷根千街区更近了，于是重燃了对它的热情。

一个人，单手拿着手机，在充满幸福感的小巷子里一边摄影，一边散步。时常边吃着美食边闲逛，直到夜晚才回家！

## 喜欢有大河流淌经过的街道

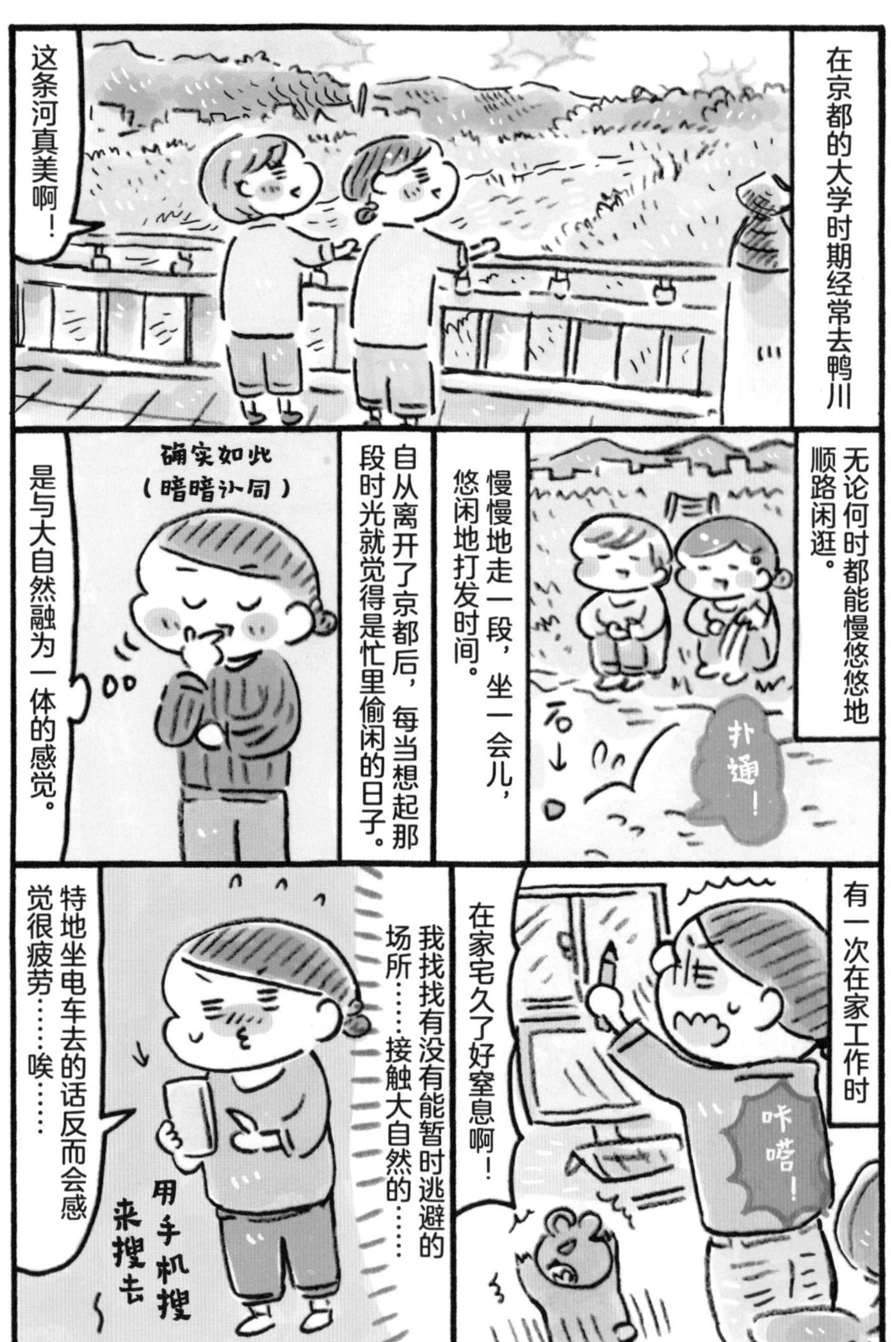

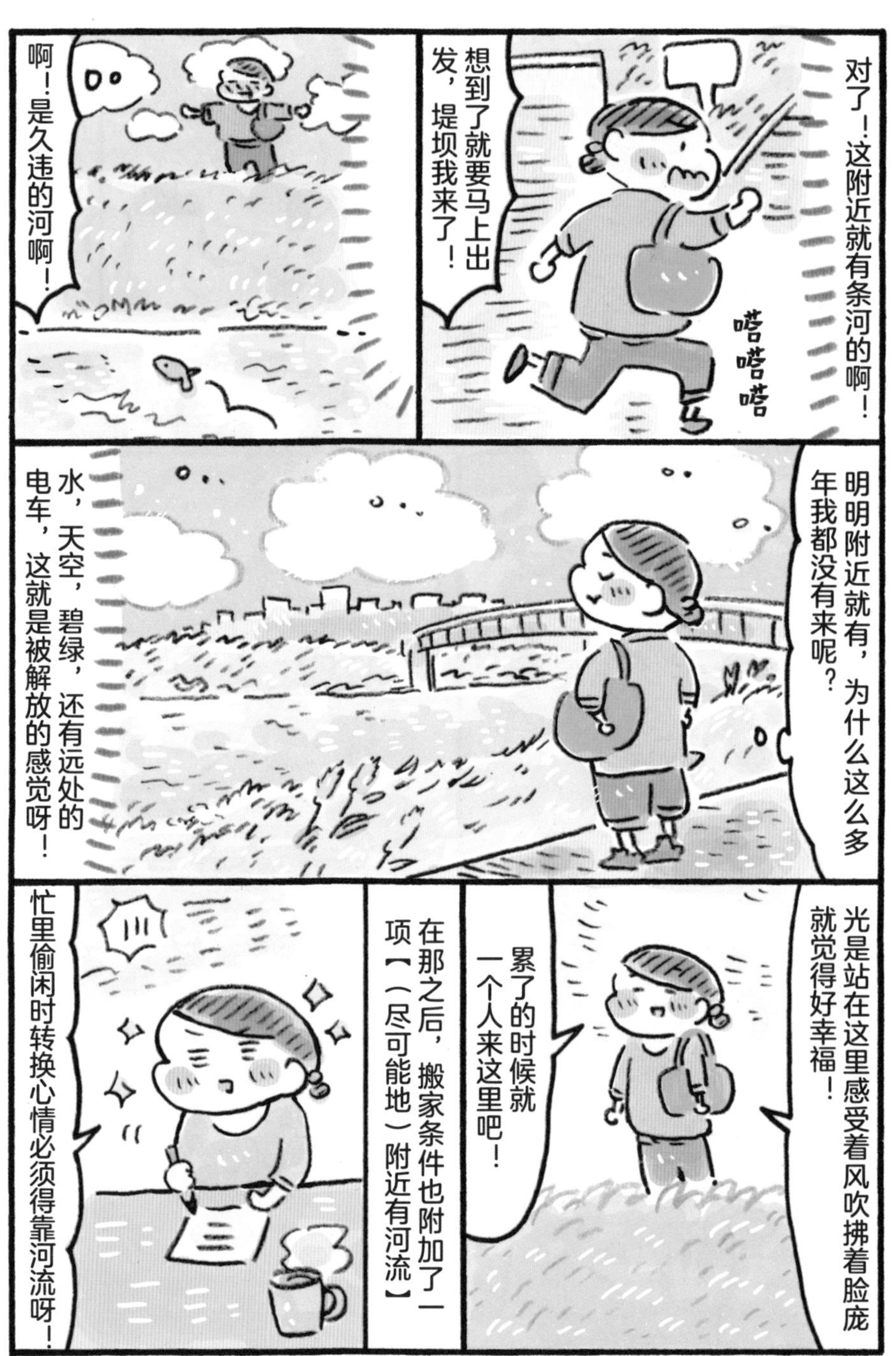
对了！这附近就有条河的啊！
嗒嗒嗒
想到了就要马上出发，堤坝我来了！
啊！是久违的河啊！
明明附近就有，为什么这么多年我都没有来呢？
水，天空，碧绿，还有远处的电车，这就是被解放的感觉呀！
光是站在这里感受着风吹拂着脸庞就觉得好幸福！
累了的时候就一个人来这里吧！
在那之后，搬家条件也附加了一项【（尽可能地）附近有河流】
忙里偷闲时转换心情必须得靠河流呀！

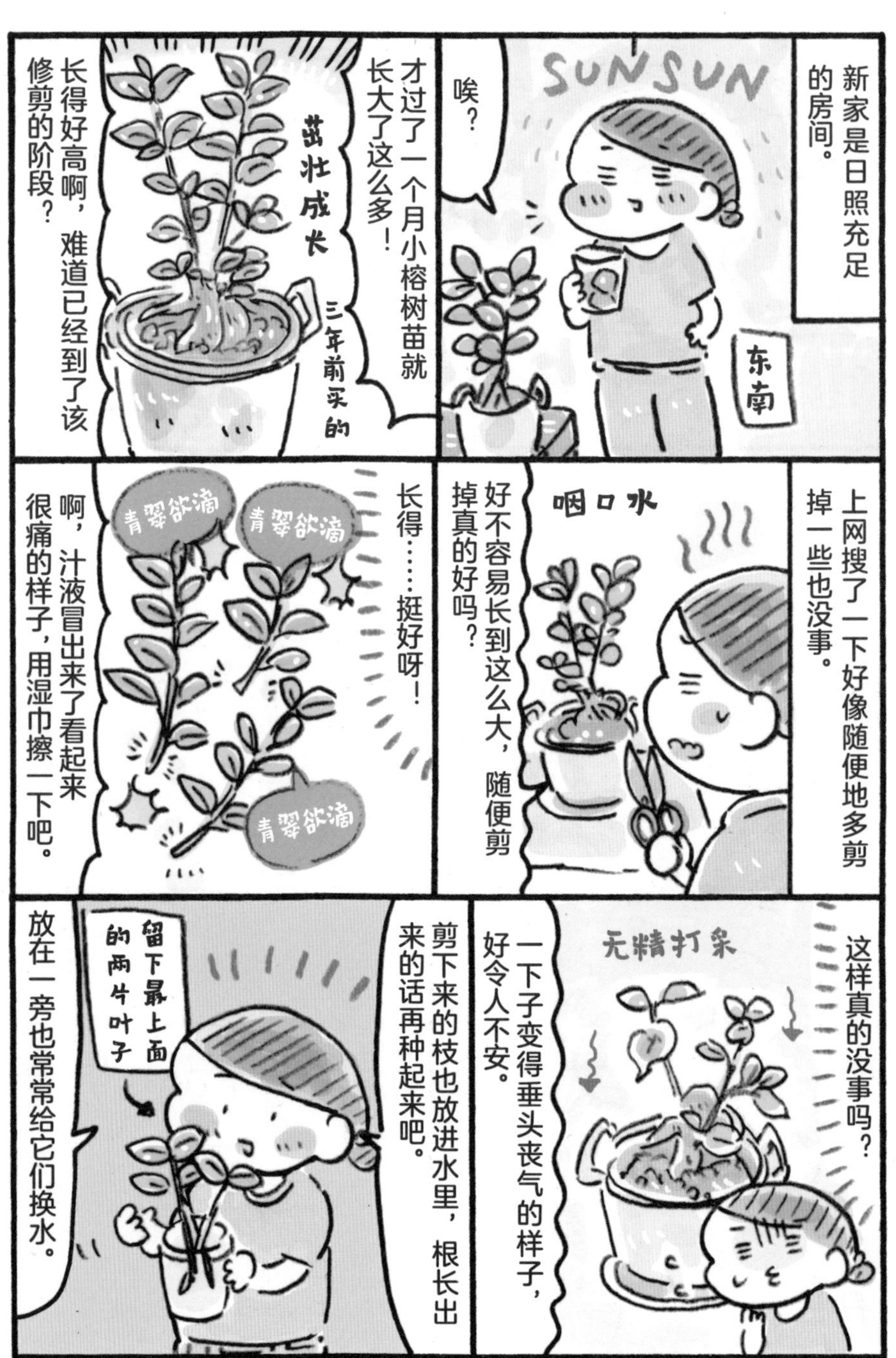
新家是日照充足的房间。
SUNSUN
东南
唉？
才过了一个月小榕树苗就长大了这么多！
茁壮成长
三年前买的
长得好高啊，难道已经到了该修剪的阶段？
上网搜了一下好像随便地多剪掉一些也没事。
咽口水
好不容易长到这么大，随便剪掉真的好吗？
长得……挺好呀！
青翠欲滴
青翠欲滴
青翠欲滴
啊，汁液冒出来了看起来很痛的样子，用湿巾擦一下吧。
这样真的没事吗？
无精打采
一下子变得垂头丧气的样子，好令人不安。
剪下来的枝也放进水里，根长出来的话再种起来吧。
留下最上面的两片叶子
放在一旁也常常给它们换水。

这不错！期待大家生命力的表现。

半日阴

复苏吧，绿色们！

*注释：半日阴指的是光照 50% 的场所。

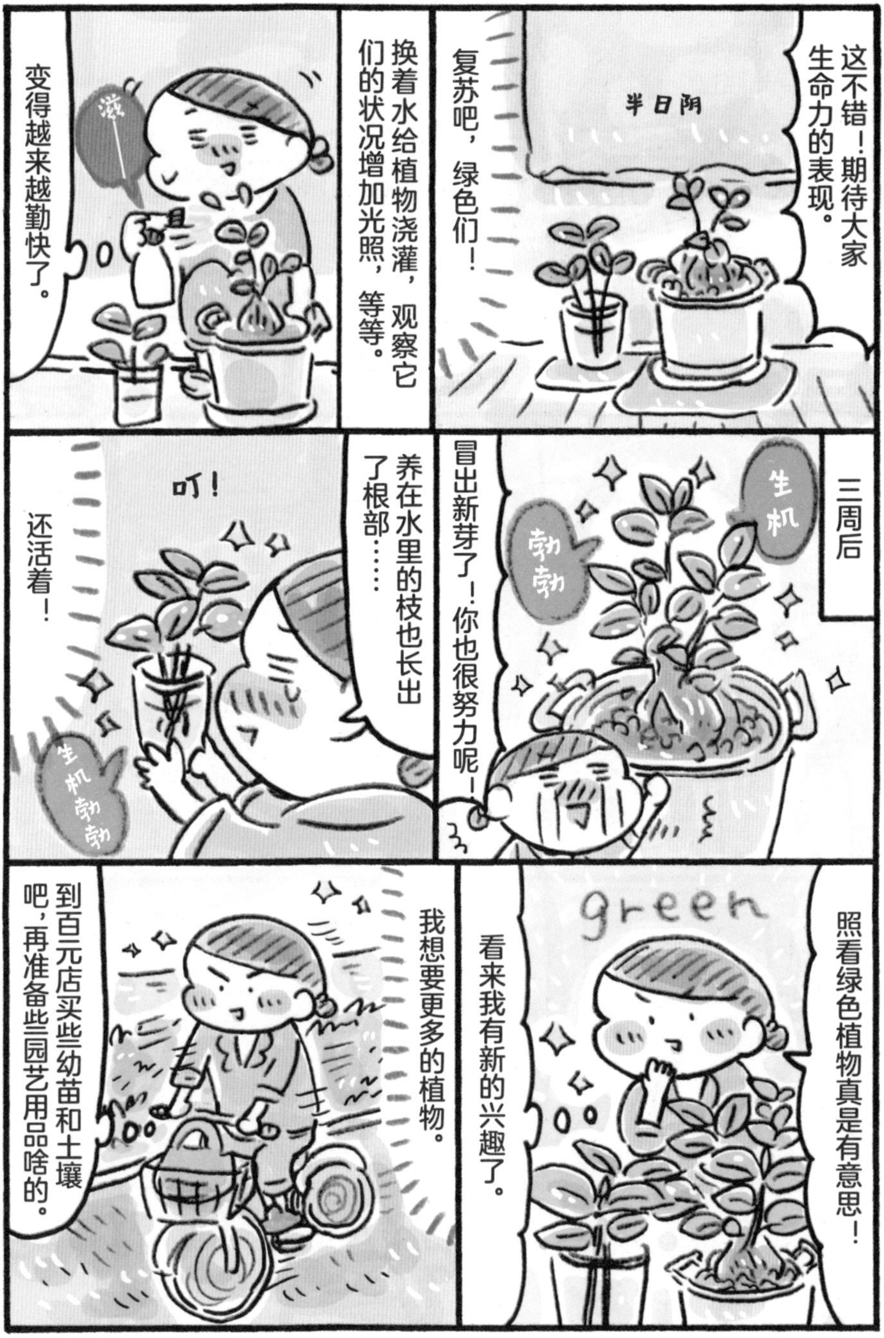

换着水给植物浇灌，观察它们的状况增加光照，等等。

滋

变得越来越勤快了。

三周后

生机

勃勃

冒出新芽了！你也很努力呢！

养在水里的枝也长出了根部……

叮！

还活着！

生机勃勃

照看绿色植物真是有意思！

green

看来我有新的兴趣了。

我想要更多的植物。

到百元店买些幼苗和土壤吧，再准备些园艺用品啥的。

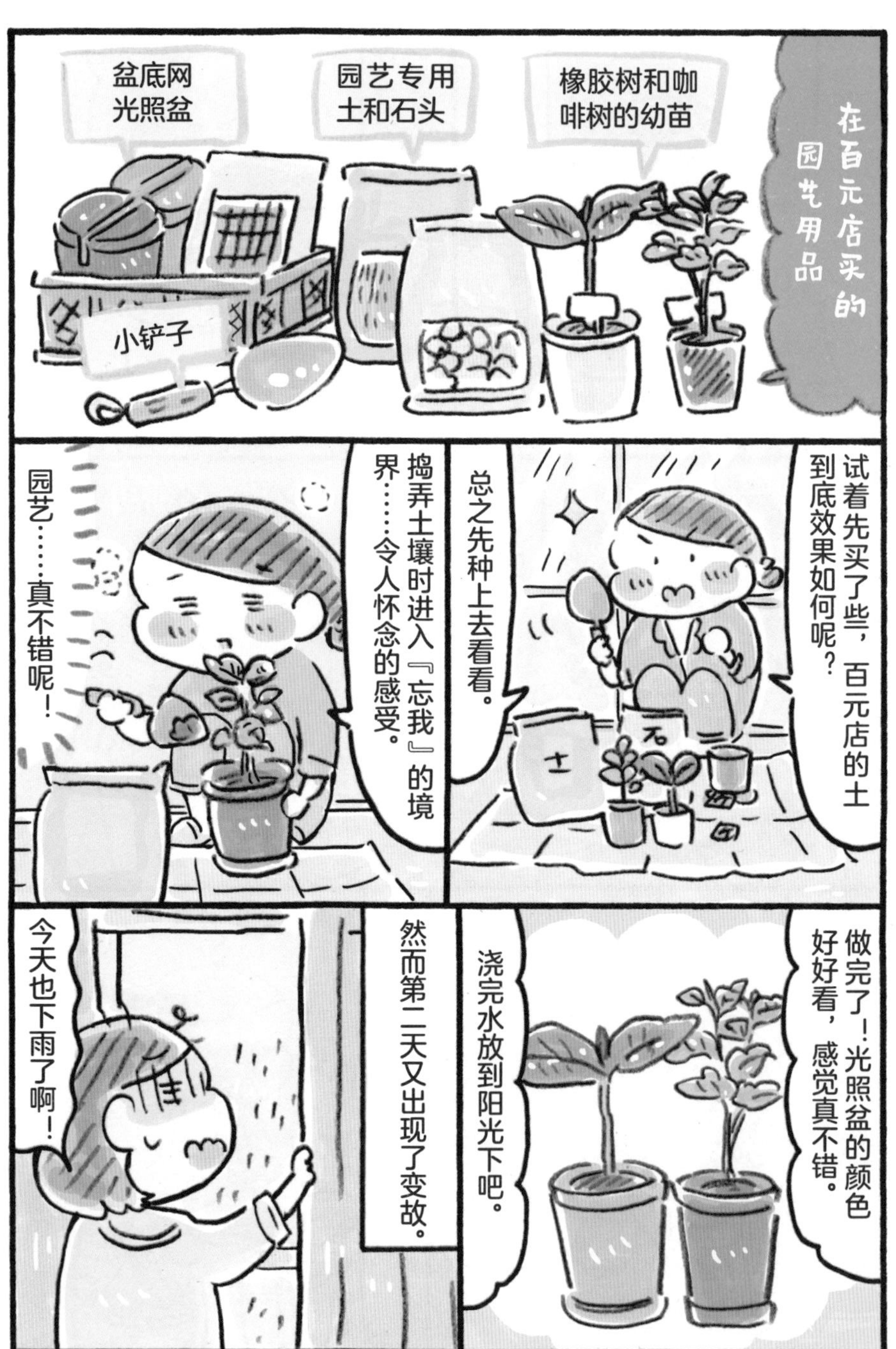

在百元店买的园艺用品
橡胶树和咖啡树的幼苗
园艺专用土和石头
盆底网光照盆
小铲子
试着先买了些，百元店的土到底效果如何呢？
总之先种上去看看。
石
土
捣弄土壤时进入『忘我』的境界……令人怀念的感受。
园艺……真不错呢！
做完了！光照盆的颜色好好看，感觉真不错。
浇完水放到阳光下吧。
然而第二天又出现了变故。
今天也下雨了啊！

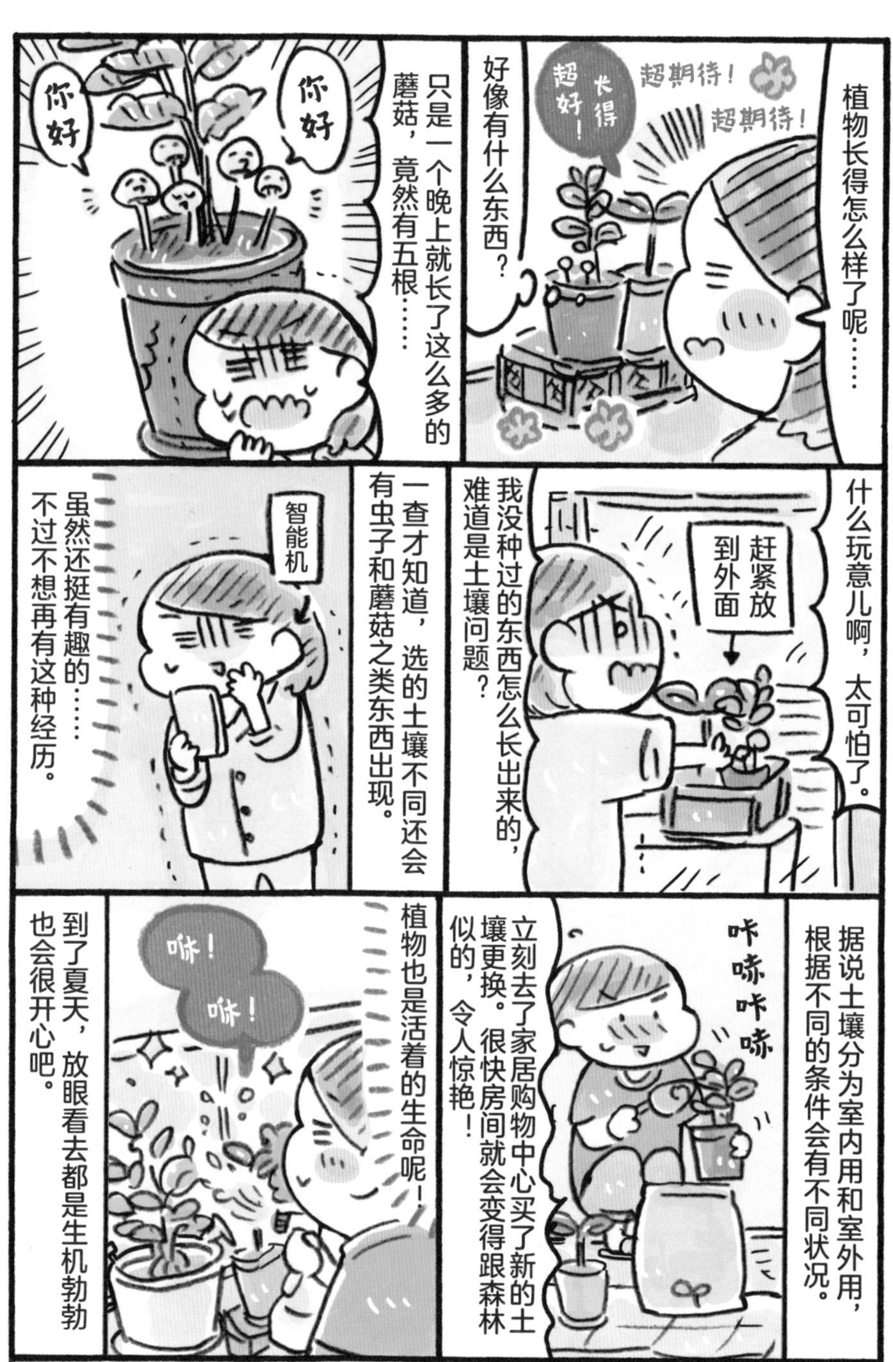
植物长得怎么样了呢……
超期待！
超期待！
长得超好！
好像有什么东西？
只是一个晚上就长了这么多的蘑菇，竟然有五根……
你好
你好
什么玩意儿啊，太可怕了。
赶紧放到外面
我没种过的东西怎么长出来的，难道是土壤问题？
一查才知道，选的土壤不同还会有虫子和蘑菇之类东西出现。
智能机
虽然还挺有趣的……不过不想再有这种经历。
据说土壤分为室内用和室外用，根据不同的条件会有不同状况。
咔哧咔哧
立刻去了家居购物中心买了新的土壤更换。很快房间就会变得跟森林似的，令人惊艳！
植物也是活着的生命呢！
咻！
咻！
到了夏天，放眼看去都是生机勃勃也会很开心吧。

## 家居购物中心is天堂

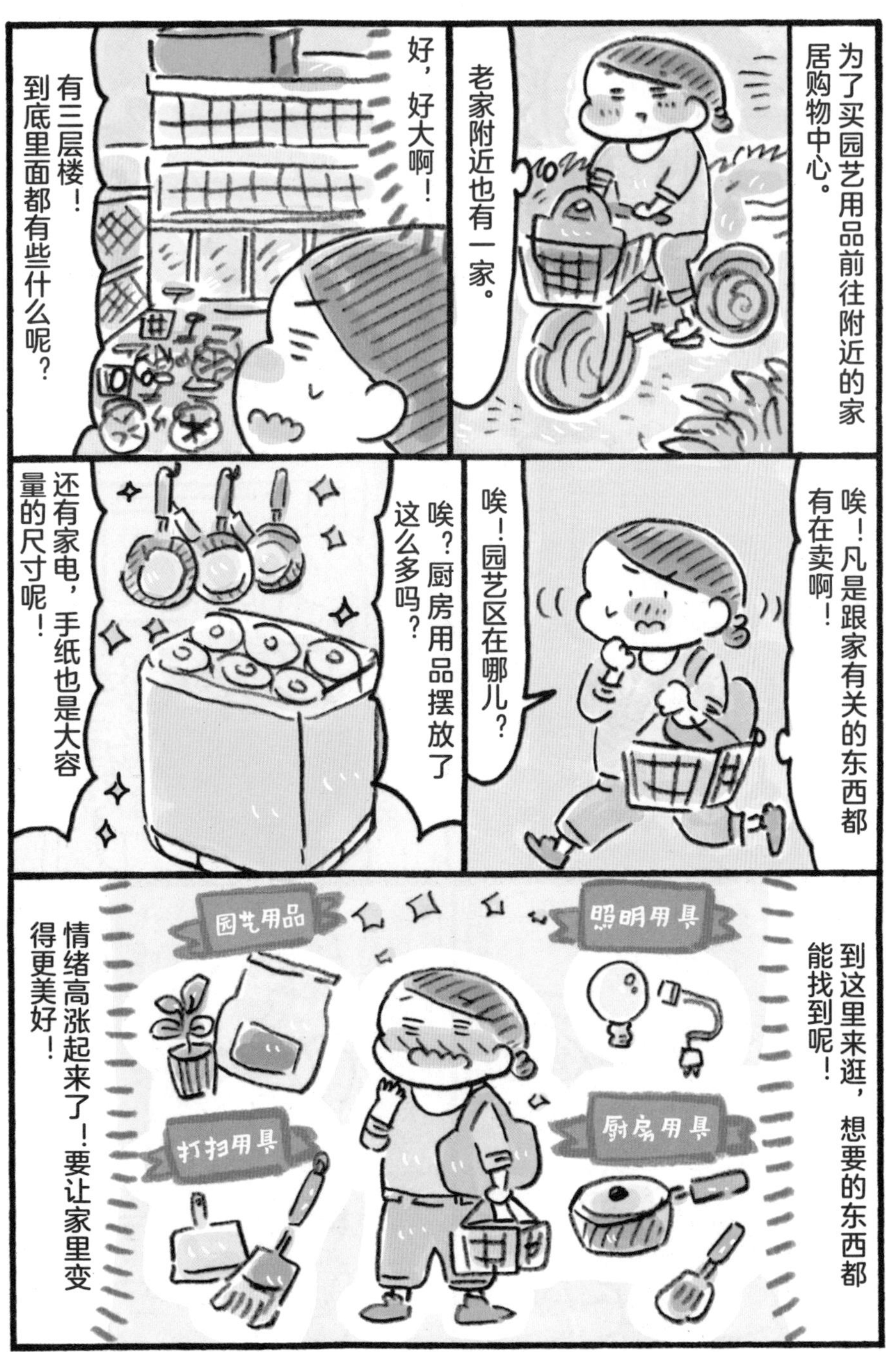

为了买园艺用品前往附近的家居购物中心。
老家附近也有一家。
好，好大啊！
有三层楼！
到底里面都有些什么呢？
唉！凡是跟家有关的东西都有在卖啊！
唉！园艺区在哪儿？
唉？厨房用品摆放了这么多吗？
还有家电，手纸也是大容量的尺寸呢！
到这里来逛，想要的东西都能找到呢！
照明用具
园艺用品
厨房用具
打扫用具
情绪高涨起来了！要让家里变得更美好！

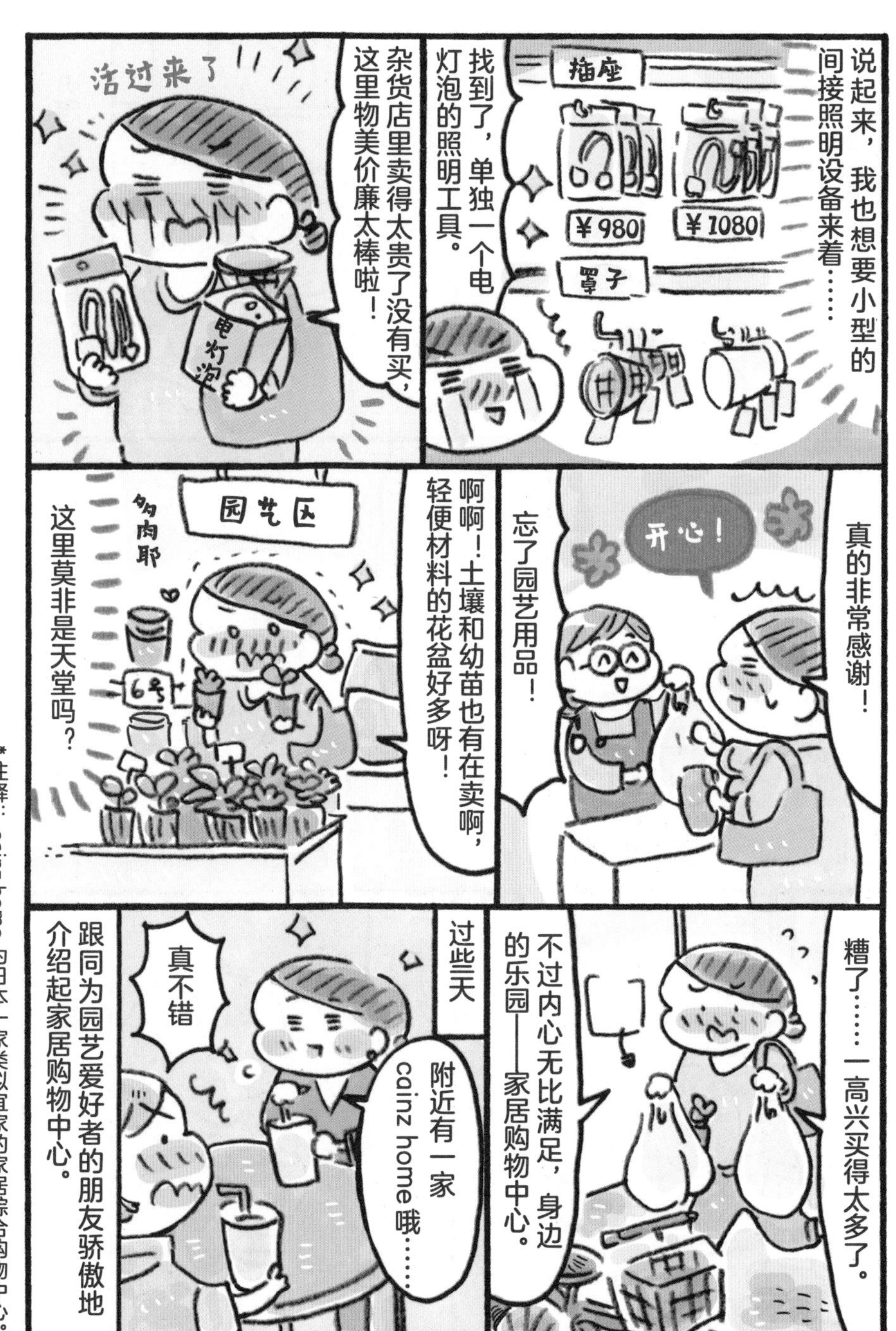


*注释：cainz home为日本一家类似宜家的家居综合购物中心。

## 适合我待的地方

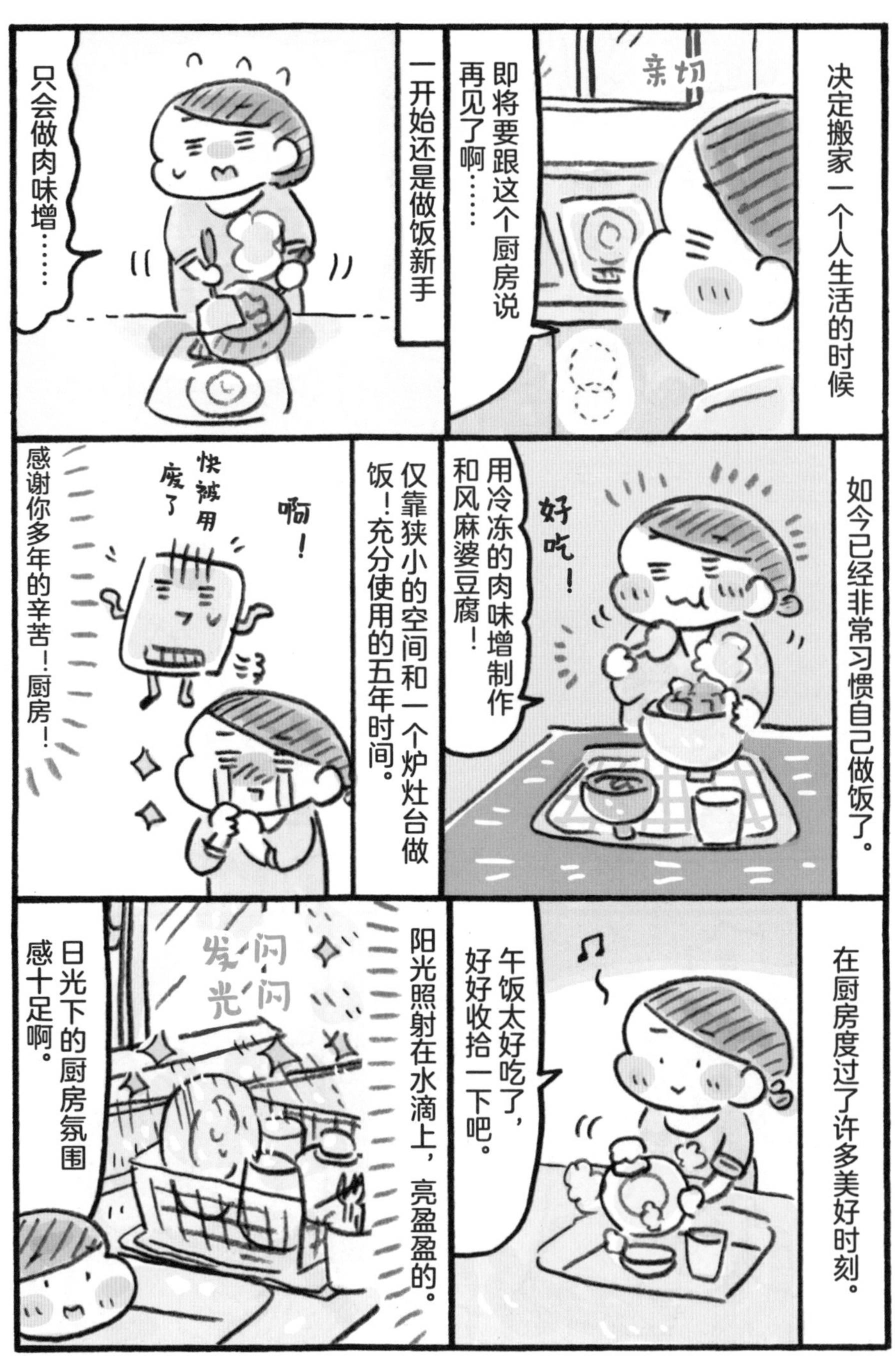

决定搬家一个人生活的时候
亲切
即将要跟这个厨房说再见了啊……
一开始还是做饭新手
只会做肉味增……
如今已经非常习惯自己做饭了。
好吃！
用冷冻的肉味增制作和风麻婆豆腐！
仅靠狭小的空间和一个炉灶做饭！充分使用的五年时间。
啊！
快被用废了
感谢你多年的辛苦！厨房！
在厨房度过了许多美好时刻。
午饭太好吃了，好好收拾一下吧。
阳光照射在水滴上，亮盈盈的。
闪闪发光
日光下的厨房氛围感十足啊。

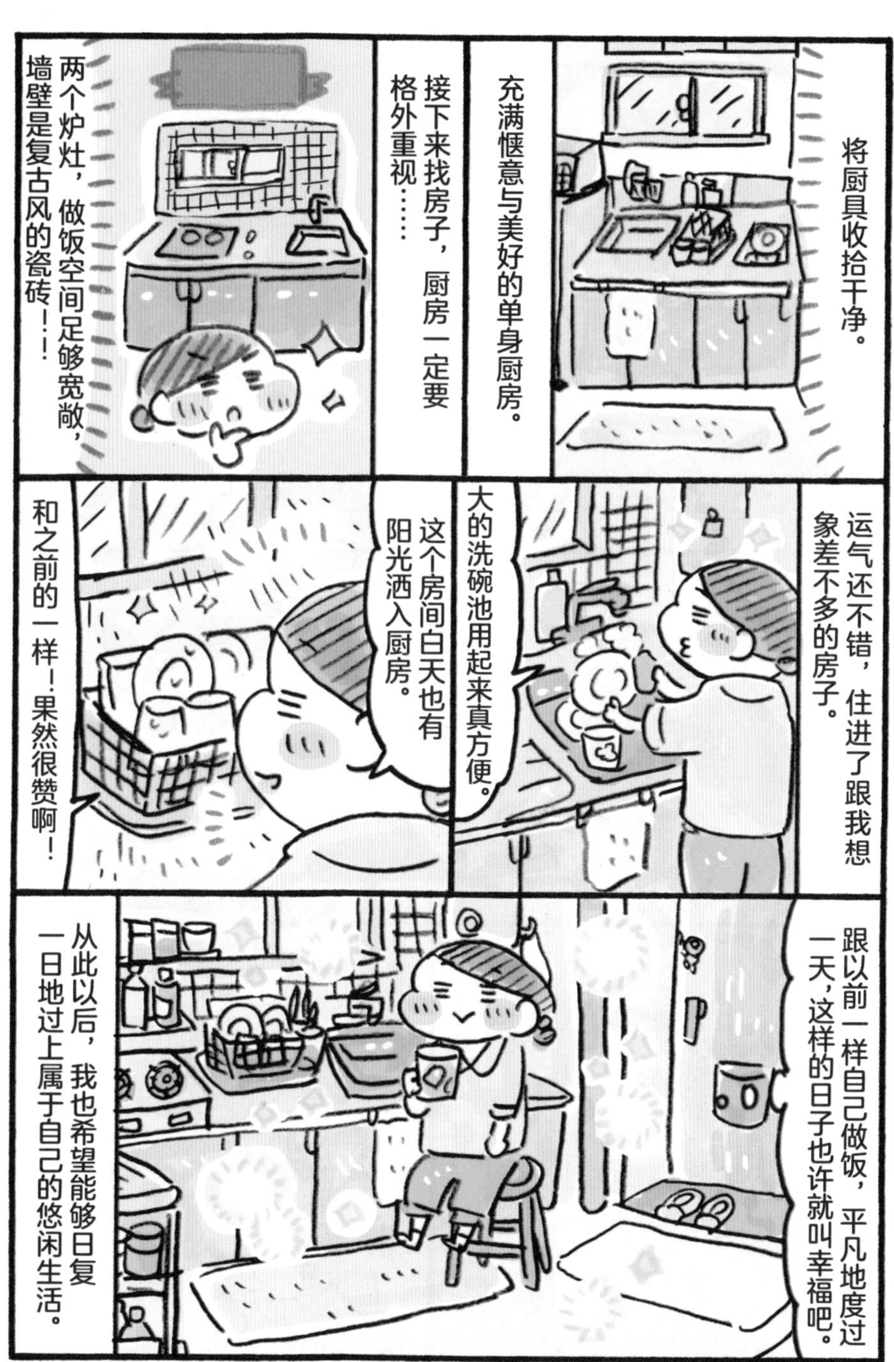
将厨具收拾干净。
充满惬意与美好的单身厨房。
接下来找房子，厨房一定要格外重视……
两个炉灶，做饭空间足够宽敞，墙壁是复古风的瓷砖！！
运气还不错，住进了跟我想象差不多的房子。
大的洗碗池用起来真方便。
这个房间白天也有阳光洒入厨房。
和之前的一样！果然很赞啊！
跟以前一样自己做饭，平凡地度过一天，这样的日子也许就叫幸福吧。
从此以后，我也希望能够日复一日地过上属于自己的悠闲生活。

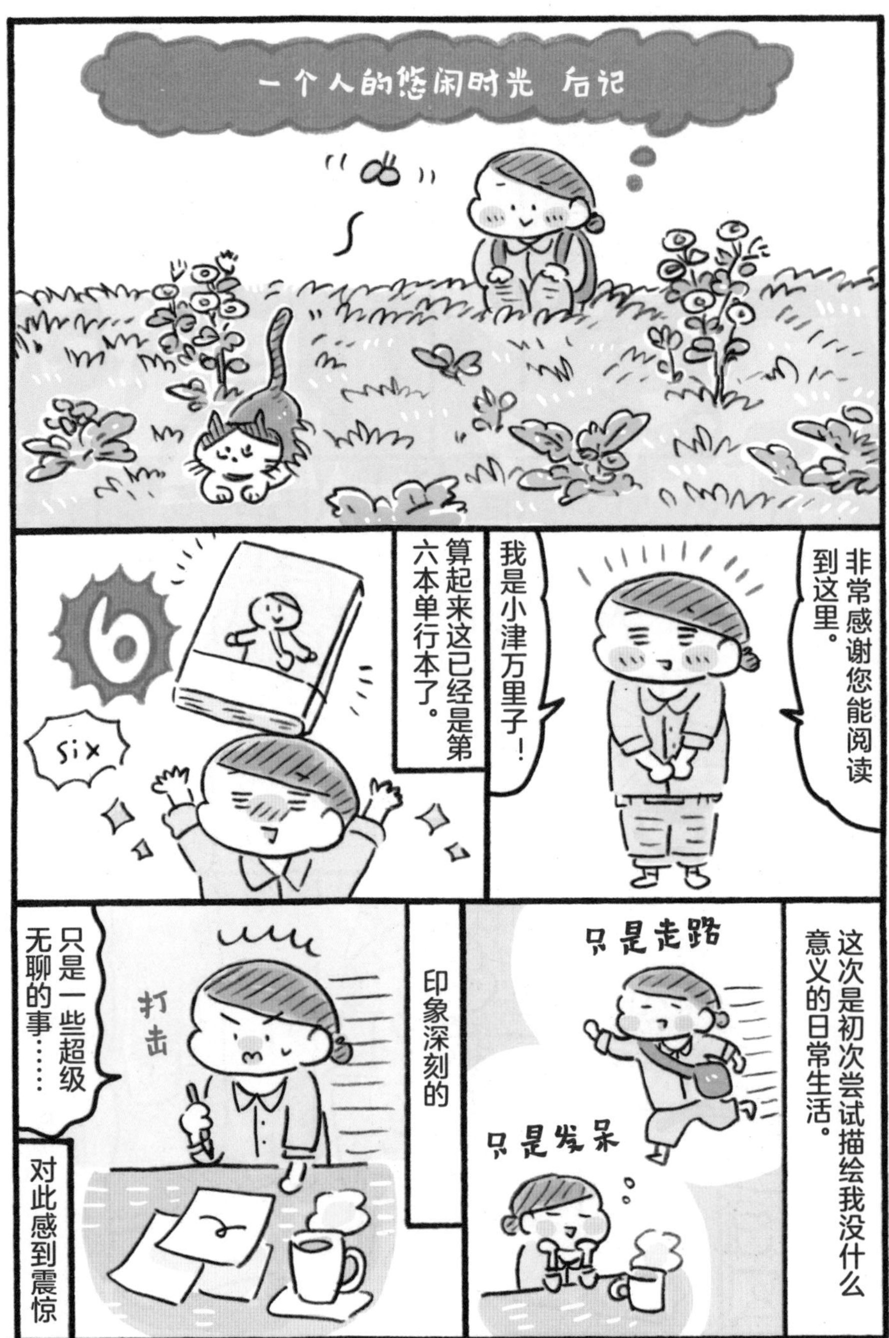
一个人的悠闲时光 后记
非常感谢您能阅读到这里。
我是小津万里子！
算起来这已经是第六本单行本了。
six
这次是初次尝试描绘我没什么意义的日常生活。
只是走路
只是发呆
印象深刻的
打击
只是一些超级无聊的事……
对此感到震惊

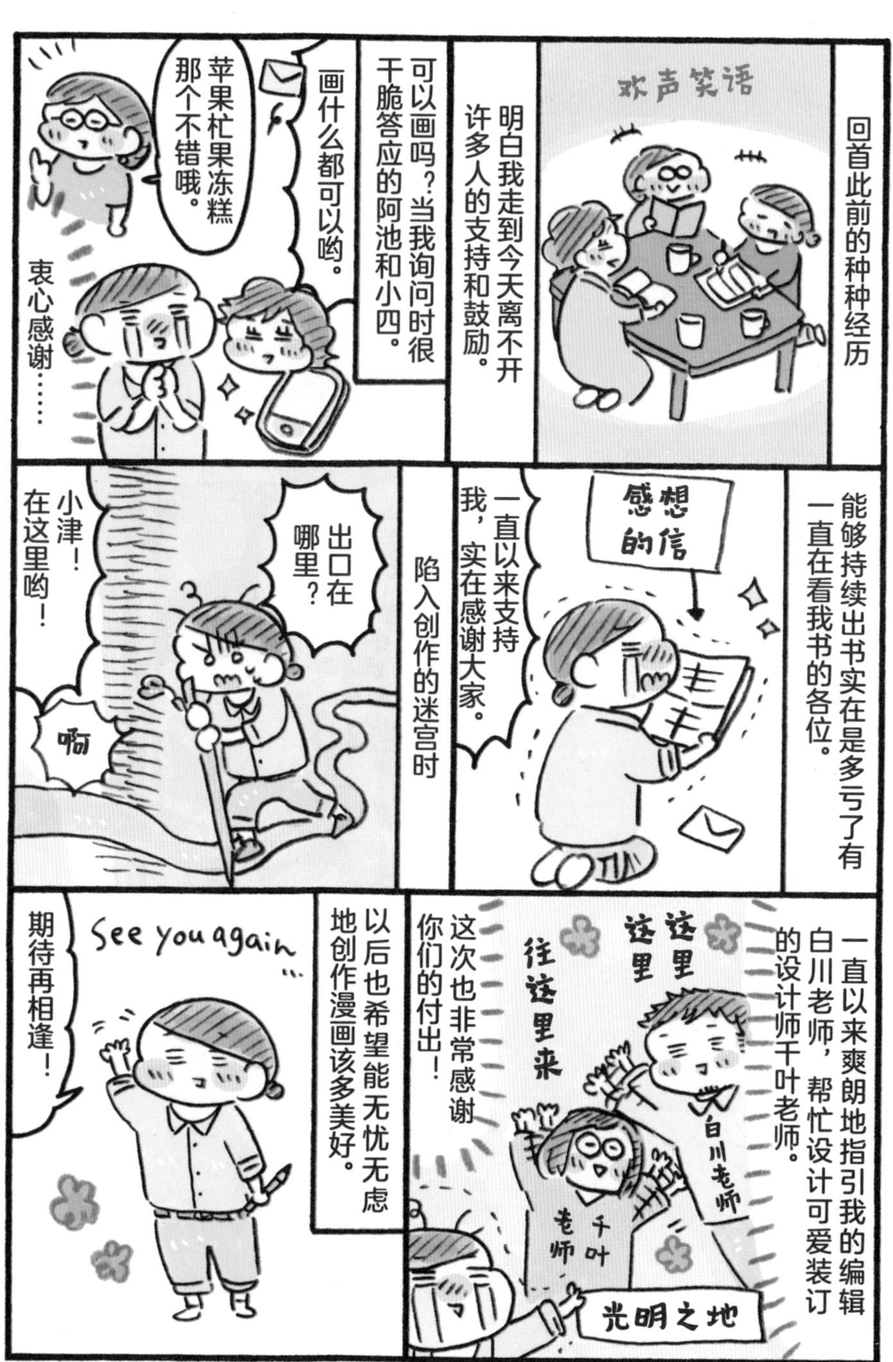

回首此前的种种经历
欢声笑语
明白我走到今天离不开许多人的支持和鼓励。
可以画吗？当我询问时很干脆答应的阿池和小四。
画什么都可以哟。
苹果杧果冻糕那个不错哦。
衷心感谢……
能够持续出书实在是多亏了有一直在看我书的各位。
感想的信
一直以来支持我，实在感谢大家。
陷入创作的迷宫时
出口在哪里？
啊
小津！在这里哟！
一直以来爽朗地指引我的编辑白川老师，帮忙设计可爱装订的设计师千叶老师。
这里
这里
往这里来
这次也非常感谢你们的付出！
白川老师
千叶老师
光明之地
以后也希望能无忧无虑地创作漫画该多美好。
See you again…
期待再相逢！